"传播法研究"丛书

丛书主编 / 展　江　徐　迅

学术顾问 / 魏永征

IT 时代隐私观念与隐私权保护研究

李　兵◎著

中国出版集团

世界图书出版公司

广州·上海·西安·北京

图书在版编目（CIP）数据

IT 时代隐私观念与隐私权保护研究 / 李兵著. -- 广州 : 世界图书出版广东有限公司, 2016.6
ISBN 978-7-5192-1507-1

Ⅰ. ①I… Ⅱ. ①李… Ⅲ. ①计算机网络－隐私权－法律保护－研究－中国 Ⅳ. ① D923.04

中国版本图书馆 CIP 数据核字（2016）第 150782 号

IT 时代隐私观念与隐私权保护研究

策划编辑 赵 泓
责任编辑 汪再祥
封面设计 梁嘉欣
出版发行 世界图书出版广东有限公司
地　　址 广州市新港西路大江冲 25 号
电　　话 020-84459702
印　　刷 虎彩印艺股份有限公司
规　　格 787mm×1092mm　1/16
印　　张 17.5
字　　数 277 千
版　　次 2016 年 6 月第 1 版　2017 年 2 月第 2 次印刷
I S B N 978-7-5192-1507-1/D・0139
定　　价 58.00 元

“传播法研究”丛书

总　序

传播法（communication law），又称媒介法、媒体法（media law）、大众传媒法（mass media law），是指调整与信息传播活动这一特定社会活动有关的各类社会关系的法律规范的总和。通常说的新闻法、新闻传播法，是其中重要组成部分。传播法是一个学术概念，除个别国家外，通常并没有传播法这样一部法律，也不是传统意义上的法律部门。它不是根据调整社会关系的性质和方法为标准，而是以其调整信息传播这个特定社会活动为目标、打破现有法律部门的分野而重新排列组合的一种综合性的法律规范的体系。

我国法律体系中包括宪法相关法、民商法、行政法、经济法、社会法、刑法、诉讼和非诉讼程序法等多个法律部门，在这些法律部门里，只要是用来调整信息传播活动的，就是传播法的内容。传播法涉及所有现行的公法和私法领域，传播法研究主要涉及宪法、诽谤法、隐私法、侵权责任法、知识产权法、诉讼法、保密法、信息法、电信法、广告法等以及关于各类特定媒体的专门法。

我国对传播法的研究始于上世纪80年代。30年来，作为一门跨学科的边缘性研究，新闻传播学界和法学界的众多学人携手合作、相互切磋，作出了重大成绩。许多研究成果，从不同侧面推动了国家社会主义法制建设，从而丰富了现有传播法的内容，同时经过各种阐释和传播，推动广大专业从业人员和以各种方式参与传播活动的人们知法用法，夯实了传播法治的基础。

编选出版这套传播法丛书，希望为有志于传播法研究的广大学人搭建一座平台，推广和交流各项成果，推进整个传播法的研究，这在当前尤其意义重大。

首先，随着传播科技迅猛发展，各类媒体趋向融合，新兴媒体不断出现，整个传播格局发生了颠覆性的变化，单一的专业的大众传播渠道已经变为专业的大众传播和广大自媒体生成内容（UGC）并行互动的局面，媒体的功能也从单一的传播信息而日益进入社会的经济、文化生活的诸多领域（互联网 +），这对传播活动的规范不断提出了新的挑战，如何建立一个既能切实保障人们的表达自由、传播自由，又能有效维护他人各种合法权益和社会公共利益的传播新秩序，这是全世界都面临的一个课题，我国的传播法研究理应为国际社会做出应有的贡献。

其次，在国内，随着我国形成社会主义法律体系，中央又做出了全面推进依法治国的决定，在各个社会领域推进社会主义法治建设。在传播领域，如何进一步弘扬宪法的权威，切实在宪法的实施和监督上下功夫，如何按照全面反映客观规律和人民意愿的要求，克服利益博弈的倾向，推进传播法制建设，都有大量工作要做，传播法研究完全应该也可以对一些重大问题作出科学而有价值的回答。

其三，法律的生命力和权威在于实施，而实施的基础在于得到广大人民群众的广泛认同。某一条法律规定再好，人民群众特别是主要的相关权利和义务主体还不知道、不了解，这样的规定无异束诸高阁，是谈不上切实贯彻实施的，这种现象在传播法领域也时有发现。传播法研究可以通过对现行法律法规的解读、阐述，对其实务应用的评说，将这些规范进一步推向广大人民群众特别是专业工作者，这样才谈得上可能真正实现传播法治。

希望这套丛书能够不断推出传播法研究的成果。

魏永征

2015 年 5 月 5 日于上海悉尼阳光

目录

第一章 | CHAPTER 1

导论

第一节 问题的提出

一、作为一种普世价值的隐私权

隐私权问题是一个时代重大问题。隐私意识的诞生是一件很久远的事情。有学者主张，在原始社会中，人们用树叶遮挡私处就是最早的隐私意识起源。[1]这种隐约的隐私意识最终成为一种明确的权利主张，始自1890年美国的两位律师塞缪尔·沃伦（Samuel Warren）和路易斯·布兰代斯（Louis Brandeis）

---

[1] 张新宝.隐私权的法律保护（第二版）.北京：群众出版社.2004:3.

的名文《隐私权》（“The right to privacy”）。[1] 而今天，隐私作为一种重要的人性之善（human good），[2] 其核心价值已经为众多思想家所接受。1968年，美国法学家和律师查尔斯·弗里德（Charles Fried）说，“没有隐私我们将失去人之为人的完整性。”[3] 本宁顿学院院长爱德华·布劳斯坦（Edward Bloustein）在《隐私作为人格尊严的一个方面：对普罗瑟的一个回应》中认为隐私利益的背后是人格利益。[4]1976 年，美国大学哲学与宗教系教授杰弗里·雷曼（Jeffrey Reiman）对此种说法表示赞同，认为隐私对我们的人格具有重要意义。[5] 而且，这一主张被广为接受。[6]

隐私之所以受到瞩目是因为其对个人及社会至少具有多重的价值。一些社会哲学家和社会科学家指出我们之所以这么看重隐私是因为它“允许我们与其他人保持各种各样的关系。”[7] 那么，隐私究竟有何价值？对这个问题的讨论可以从个人和社会两个角度来说明。

对隐私价值进行最完整的阐释的是哥伦比亚大学公法教授艾伦·弗曼·韦斯廷（Alan FurmanWestin）在《隐私与自由》（Privacy and Freedom）中的论述。他认为，在民主国家中，隐私对于个人和集体有 4 个主要的功能，其中包括：

1.“自治”（personal autonomy）：隐私能够保护个人免受其他人的操纵或控制；

2.“情绪释放”（emotional release）：隐私为个人提供各种情绪释放的方式；

3.“自我评价”（self-evaluation）：隐私保证个体在各种各样的事件中展示个性；

[1] Samuel D. Warren and Louis D. Brandeis. The right to privacy[J]. Harvard law review, 1890: 193-220.

[2] James Q. Whitman. The two western cultures of privacy: Dignity versus liberty[J]. Yale Law Journal, 2004: 1151-1221.

[3] Charles Fried, Privacy[J]. 77 Yale Law Journal. 1968:475-477.

[4] Edward J. Bloustein.Privacy as an aspect of human dignity: An answer to Dean Prosser[J]. NYUL Rev., 1964, 39: 962.

[5] Jeffrey H. Reiman. Privacy, intimacy, and personhood[J]. Philosophy & Public Affairs, 1976: 26-44.

[6] Jonathan Kahn, Privacy as a Legal Principle of Identity Maintenance, 33 SETON HALL L. R EV. 371 (2003). Cf . Hugh Miller, III, DNA Blueprints, Personhood, and Genetic Privacy, 8 HEALTH MATRIX 179 (1998). Sally F. Goldfarb, Violence Against Women and the Persistence of Privacy, 61 OHIOS T. L.J. 1 (2000).

[7] James Rachels. Why privacy is important. Philosophy & Public Affairs, 1975: 323-333.

4.“限制和保护交流”（limited and protected communication）：隐私为共享秘密和亲密关系的维持提供机会。[1]

以色列希伯莱大学教授露丝·加维森（Ruth Gavison）在其名为《隐私及其法律限制》（“Privacy and the Limits of Law”）的文章中首次指出隐私能够通过“将个人与产生于与另一个人的过分亲密性产生的缓蚀作用（inhibitive effect）和纷扰隔绝”进而帮助人们保证“限制对个人的接近。”隐私可以通过三个独立但相关的方法获得：一是通过保密，没有人知道你的信息，二是通过隐名，无人注意到你；三是通过独处，无人接触到你。[2]

除此之外，她还指出，隐私能够改善行动的自由度，“防止了干涉、服从的压力、嘲笑、惩罚、反对意见及其他形式的敌对反应。就隐私所能起到的这种作用而言，通过消除某些行为的令人不快的结果从而增加做出这些行为的自由，它促进了行动的自由，”提高自治，增强人类关系。[3] 甚至隐私对民主的政体的至关重要。她说，隐私对民主至关重要，因为它为各政党提供了想出他们的政治立场的机会，在将他们的主张置于公众审视之下前，与反对阵营折衷。否定对这些互动必需的隐私将会破坏民主的程序。[4] 关于隐私对于政治参与以及民主社会的意义，美国州立格兰德瓦利大学管理系教授斯蒂芬·T·马古利斯（Stephen T. Margulis）曾提出过类似的主张，在政治民主中，隐私提供政治表达、政治批评、政治选择及避免受到警察干涉的机会；它为人们和组织提供私下准备和讨论问题的机会。[5]

如果从它允许人们逃离名声压力的角度来看待隐私的话，就会发现这个概念很具有启发意义。假定人们在他们自己的住宅这个私人空间内可以阅读任何他们喜欢的东西，或者从事在公共场所被法律或社会规范禁止的任何行为，这种在私密空间从事任何行为的权利受到法律保护。或者假定法律创造了一个远离公众观察的可以从事任何行为的圣殿。如果是这样的话，隐私

[1] Alan Furman Westin. Privacy and freedom[M]. New York: Atheneum, 1970:32-39.

[2] Ruth Gavison.Privacy and the Limits of Law.[J]. Yale law journal, 1980: 446-447.

[3] Ruth Gavison.Privacy and the Limits of Law.[J]. Yale law journal, 1980: 448-450.

[4] Ruth Gavison.Privacy and the Limits of Law.[J]. Yale law journal, 1980: 456.

[5] Stephen T. Margulis Privacy as a social issue and behavioral concept, Journal of social issues.2003.59(2). 转引自：吕耀怀．公民的政治参与：自治与隐私．江苏社会科学.2012(5):104-109.

权将会有效减少或者消除其他实在的或者感知的其他人的注视。因此帮助人们与顺从隔绝。[1] 也就是说，在隐私领域中，个人无需屈从于他人的观察，更不必服从他人意见。康奈尔大学历史和政治学家克林顿·罗西特（Clinton Rossiter）在论述特征之一的隐私时指出：隐私是一种特殊的独立，它可以被理解为保护自主的意图“可以不理睬现代社会的各种压力，假如必要的话。”[2]

因此，隐私的价值至少具有个人和社会两个层次。对个人来说，它可以使其拥有一个无所顾忌的私人领域，在其中，说什么做什么都由自己决定，远离他人的评价。而长远来看，每个人在有限私领域的自治将会培养其远离他人的注意和观察独立思考的能力，多元思考的结果必将对民主的培育及社会的发展不无裨益。自治领域的存在允许个人反抗遵循权威意见的社会压力并且能够为个人深思熟虑地参与政治事务提供机会。一个生动的民主政体需要公民拥有这样的能力。[3]

基于隐私具有的多重价值，不列颠哥伦比亚大学计算机科学系教授理查德·罗森堡（Richard Rosenberg）提出，隐私是人类的一项基本需求。[4] 现在，为了保护这一对人类的存在发展具有重要意义的普世价值，隐私已经成为各国普遍保障的一项基本权利。而在中国，不仅人们的隐私意识薄弱，相关的法律也极为缺乏，整个社会亟需建立起一套行之有效的隐私权保护制度。

二、IT时代与隐私问题

在社会科学研究中，技术越来越成为一个重要的研究对象或研究背景。事实证明，科学技术的伟大成果，不但改变了科学技术本身，也改变了整个社会的结构及其运作模式和逻辑。[5]

---

[1] Cass R. Sunstein,Why Societies Need Dissent, Harvard University Press,2003: 157–158.

[2] [美]乔万尼·萨托利．民主新论．冯克利．阎克文译．上海：上海人民出版社.2009:333.

[3] Rouvroy A, Poullet Y. The right to informational self-determination and the value of self-development: Reassessing the importance of privacy for democracy[M]//Reinventing Data Protection?. Springer Netherlands, 2009: 45-76.

[4] Richard Rosenberg. The social impact of computers[M]. Academic Press Professional. Inc. 1992:351.

[5] 高宣扬．当代社会理论(上册)．北京：中国人民大学出版社.2005:55.

在人类历史上，一些主要的技术和社会改变也促进了法律的发展。比如，在版权法的发展进程中，印刷技术的成熟催生了版权法；复制和传播领域的技术进步又不断地打破版权法所维持的利益平衡，促使版权法不断的变革。[1]

而在隐私法的产生过程中，技术也起了非常关键的作用。乔治华盛顿大学法学院教授丹尼尔·J·索洛夫（Daniel J. Solove）称，“正是对越来越擅长收集、散布和使用个人信息的技术改变的回应催生了新隐私法律的出现。”[2] 技术对隐私权法发展的影响以美国最为明显。

美国隐私权法的第一次发展始于19世纪末期。迈克尔·罗杰·鲁宾（Michael Rogers Rubin）主张，由于企业组织在未经允许的情况下在广告中随意使用他人的姓名或照片导致了隐私法的第一次发展。[3] 甚至，1890年沃伦和布兰代斯提出隐私权的动机都与当时的技术革新和社会现实有关。沃伦因对当时的“黄色小报”报道其家中的私事不满而滋生了写作此文的想法。允许陌生人相互拍照的瞬间摄影术的发明以及以追逐名人私生活为业的“黄色新闻业”的兴盛是关键的因素。这一观点也得到了其他学者的支持。[4]

到了20世纪60年代，美国发生了一场新的科技革命，一种可以放在咖啡机、壁炉、电灯、房檐、甚至鞋子里的微小设备迅速普及，警察用它来侦查破案，私家侦探用它来调查真相获取经济利益，这就是电子窃听器。它赋予政府莫大的权力，无辜的人们有可能在完全不知情的情况下被摄下影像，录下声音，这些影像和声音甚至可以作为定罪证据呈现在法庭上。这让法学家和法官感到恐惧，他们积极倡导，依据宪法《第四修正案》，通过一系列判例，限制政府权力，使得政府使用窃听器不再那么容易。这就是宪法《第四修正案》包含的隐私含义，它意味着政府的权力不能无理由不合理入侵公民的私人空间。其搜查和逮捕的实施必须经过特定的程序，携带特定的

[1] 罗莉．作为社会规范的技术与法律的协调——中国反技术规避规则检讨．中国社会科学．2006 (1): 72-84.

[2] Daniel J. Solove. A Brief History of Information Privacy Law. GWU Law School Public Research Paper No215. The George Washington University Law School.2006.

[3] Rubin M R. Dervin B. Private rights, public wrongs: The computer and personal privacy. Greenwood Publishing Group Inc. 1989:8.

[4] DeCew JC(2006) Privacy. Stanford encyclopedia of philosophy. Available at. http://plato.stanford.edu/entries/privacy/#PriTec 2014.4.5.

证明文件。将宪法《第四修正案》的“搜查与逮捕”与个人隐私结合起来首个有影响力的案例是 1928 年《奥姆斯特德诉美国案》（Olmstead v. United States）[1]。1967 年，美国最高法院对《卡茨诉美国案》（Katz v. United States）[2] 的判决确立了宪法《第四修正案》中包含的隐私的地位。

同时，避孕、堕胎技术突飞猛进式发展，1950 和 1960 年代拥有几乎 100% 成功率，接近于绝对的医疗安全的技术更新，使得之前被宗教、道德和安全隐忧——社会反对不想要的怀孕和私生子的阴魂不散的信条——笼罩着的州法律突然过时了。[3] 在这种背景下，美国宪法中的隐私权意义进一步扩张为关于婚姻、生殖、避孕、家庭关系、抚育子女和教育子女的权利有关的重要决定只能由个人做出，政府不得干预，这对保持社会和公民所珍视的“自由”价值至关重要。

在日本，对隐私权的重视以及法理保护直接根源于 20 世纪 50、60 年代电视媒体对个人隐私的窥探。[4]

由此可见，技术更新在隐私权的发展过程中一直扮演着非常重要的角色。隐私意识并非人类与生俱来的需求，而是随着物质经济发展到一定阶段产生的权利需求。隐私作为一种权利，产生于 19 世纪末期传播技术与人的尊严及独立的冲突。

而在当今，最重要的技术革新就是以互联网为核心的信息传播技术，其中包括各种网络技术在内的一系列收集、存储、散布、加工信息的技术。[5] 新技术给现代社会带来了全方位的影响，其对社会的影响是一个复杂的系统。在当下，新媒体技术是社会组织形式和文化模式的决定性因素。即，信息传播的技术网络成为一个社会发展形态的神经系统。[6]

以网络技术为核心的信息传播技术为人类带来的前所未有的福利。首先，是信息数量的暴增以及个人获取信息的便利性。互联网技术使得麦克卢汉预

---

[1] Olmstead v. United States 277U.S.438 (1928).

[2] Katz v. United States 389 U.S. 347 (1967).

[3] Ken Gormley. One Hundred Years of Privacy[J]. Wisconsin Law Review.1992:1335.

[4] 王秀哲等 . 我国隐私权的法律保护研究 . 北京 : 法律出版社 .2011:65.

[5] 在本书中，IT 技术、新技术、信息技术、新媒体技术都为此意，视语境不同交替使用。

[6] 陈卫星 . 传播的观念 . 北京 : 人民出版社 .2004:2.

言的“地球村”成为了现实。全世界共享着一个信息共同体，这个共同体内，每一个角落的村民可以通过无数条线路与地球上任一角落的另一不熟识的村民建立联系。信息的暴增产生了知识的增量，每一次搜索都是村民与村民之间的互动和交流，知识的累积是这种交流的善果之一。

其次，加入网络的门槛极低，也就意味着实现言论自由的成本极低。这使得停留在纸面上的言论自由走下神坛存在于网民的每一次发帖、每一次吐槽当中。网络使得个人不受约束地将所见所闻所思以言论自由的形式表现出来提供了一种制度性的技术可能性。其终极目的不是为了发现真理，而是为了保证社会的每一个人都能发出自己与众不同的声音，从这个意义上说，言论自由意味着这个世界没有也不应当有任何权威可以让芸芸众生用一个大脑思考，用一种声音说话。[1] 传播资源不再垄断在少数人手里，每个人都可以成为知识的创造者。

这一空前扩大知识增量和言论自由的新媒体技术为隐私权带来了什么？首先是作为隐私权的思想基础的隐私观念的变迁。比如：

在传统上，日记是最典型的隐私，它是自己与自己的对话，是内心最真实的想法，一般只为自己阅读、宣泄，不会主动向其他人公开。在互联网环境下，传统日记变成了博客、网络日志，这种形式的日记不再被锁在抽屉里、压在床底下，而是被挂到了网上，供认识的或不认识的网络用户阅读、欣赏和消费。“木子美性爱日记”是这种流行文化的典型表现。2003 年，某杂志专栏编辑木子美在网路上开辟了个人空间，在上面公布自己的性爱日记，主要描写自己性经历方面的隐私。甚至大胆直白地公开性爱对象的姓名，一举成名。她至今仍然活跃在微博上，以露骨大胆的言谈风格广聚人气。

除了性爱日志之外，在微博、微信、QQ 空间传自拍、美食、休闲、娱乐、工作、生活压力的照片也成为一种流行文化。点赞、评论、转发成为作者与读者交流的方式。

其次，新技术在给社会、个人赋权的同时，也给国家赋权。郑永年认为，互联网对国家和社会都进行了赋权，因为这二者都从互联网的发展中受

[1] 陈卫星 . 传播的观念 . 北京：人民出版社 .2004:254.

益。[1] 事实上，科技与权力的相互渗透，是当代社会的一个重要特征。培根（F. Bacon）曾说过的“Knowledge is power”，实际上指的是知识就是权力，其意味着近代社会就是靠知识来加强其权力的。在 20 世纪下半叶，科学技术本身的强有力的发展及其同国家政权的结合，在西方社会中已经成为非常重要的本质现象，影响到社会的结构及其运作过程，同时也影响到社会行动的模式和性质。[2] 美国学术与政治行动主义者劳伦斯·莱斯格（Lawrence Lessig）认为，在世界上的任何地方，政府都最可能管控互联网，管控的方式是控制底层代码和塑造它运行的合法环境。[3] 而根据法国哲学家米歇尔·福柯（Michel Foucault）的理论，早期现代国家的严酷终归于不必要。现代国家不再实施命令、强荐和惩罚，而是说教、告知、劝说和劝阻。[4] 援引福柯的思想，詹姆斯·博伊尔（James Boyle）认为，国家能够在互联网中建立多种的“监督”技巧，并因而达到有效的互联网审查。[5] 由此可见，互联网等新技术赋权时，由于国家所拥有的权力资源使其更容易借助新技术，以多种更为隐蔽的策略，扩大自身的控制力。此外，技术不仅赋权给国家、社会，还有商业力量、媒体等各个社会组织，其赋权性质是全方位的。

在这样的背景下，新媒体技术也为各种组织和个人侵犯他人隐私提供了更加便利的条件。比如，随着政府行政部门权力的不断扩大和膨胀，先进的新媒体技术使它们的社会控制有段更具威力，最典型的就是电子摄像头、网络数据库，这两项技术使个人行踪暴露于公权部门的视野之内，个人隐私一览无余。另外，他们掌握着这些关于个人的活动影像和数据，一旦遭到滥用，对个人隐私的危害后果难以预见。另外，新媒体技术和互联网技术已经深入每个人的日常生活当中，购物、交友、休闲，每一笔数字交易、每一次网络活动都会在留下数码痕迹，别有用心的组织企业会仔细收集这些痕迹，通过累积拼凑出一个真实的“个人侧面像”，它会成为现金交易的对象，以此方

[1] 郑永年 . 技术赋权：中国的互联网、国家与社会 . 邱道隆译 . 北京：东方出版社 . 2014:15.

[2] 高宣扬 . 当代社会理论 (上册). 北京 : 中国人民大学出版社 .2005:66.

[3] Lessig L. Code and other laws of cyberspace. Basic books. 1999.

[4] Michel Foucault. Discipline and punish: The birth of the prison. Random House LLC. 1977.

[5] G.Wacker. The Internet and censorship in China. China and the Internet: Politics of the digital leap forward. 2003: 58-82.

便广告商提供定制化服务。这些无疑都是对个人隐私的潜在威胁。

由此可见，在IT时代，隐私的方方面面都发生了根本性的变化，这些变化对于个人隐私的保护有着重要的意义。因此，本书的核心问题是，IT时代隐私发生了怎样的变化？本书将以三个分命题来阐述这个问题：第一，IT时代隐私观发生了怎样的变化；第二，以观念为基础，各国法律在IT时代对隐私权的保护做出了何种调整；第三，由于对隐私权的法律保护的局限性，IT时代对隐私权的侵犯呈现何种不同形态。

第二节 文献综述

一、国外相关研究文献综述：以“隐私悖论”为视角

在阐述本研究的思路之前，本节先介绍现有文献关于数字时代隐私问题研究的述评，作为本研究展开的背景。

新传播技术与隐私之间的关系这个话题并不是新兴事物。早在1996年，沙茨·拜福德（Schatz Byford）就主张，“近期，隐私问题比任何时期都更成为一个更重要的问题，因为技术发展已经导致一个能够收集、存储和散布越来越多的个人信息的‘信息社会’出现了。”[1] 亚当·乔伊森（Adam Joinson）和莫妮卡·惠蒂（Monica Whitty）指出，这种担忧针对的现象主要是信息泄露、工作场所监视等已经日趋成熟的实践活动。[2]

近20年之后，新技术与隐私之间的博弈依然没有停息，甚至有愈演愈烈之势。在齐齐·帕帕查理斯（Zizi Papacharissi）和佩奇·吉布森（Paige Gibson）看来，成因之一是以信息为核心的网络技术的指数发展，它以共享

[1] Schatz Byford K. Privacy in cyberspace: constructing a model of privacy for the electronic communications environment. Rutgers Comput Technol Law. 1996(24):1.

[2] Monica T. Whitty, Adam N. Joinson. Watched in the workplace. Infosecurity.2008.5(1):38–40.

和公开为生存之本，[1] 而且可以被用来监视以加强控制权力，这与以隐匿、私密、独处为核心价值的隐私有天然的冲突，因此，其为隐私带来的威胁和陷阱一直是研究者关注的重点，但是与此同时，网络用户似乎并未为新技术对隐私的威胁吓退，依然在网络媒体上进行自我披露、自我公开，自愿将个人信息贡献出来与他人共享。研究者将这种认知与行为的不协调称为“隐私悖论”（privacy paradox）。经过梳理发现，现有对数字时代的隐私的主要研究基本可以纳入这一框架之内。具体说来，对“隐私悖论”的研究可以整理出三方面内容，第一，什么是“隐私悖论”；第二，“隐私悖论”为什么会出现；第三，如何解决“隐私悖论”，即，如何在享受自我公开的好处的同时，保护个人隐私。

（一）概念界定

苏珊·巴恩斯（Susan Barnes）指出，所谓“隐私悖论”，指的是人们一方面看似知道隐私威胁，另一方面却不为隐私需要采取行动。[2] 也就是说，用户对隐私问题的理解和他们上传大量个人信息之间有普遍的差异。阿曼达·伦哈特（Amanda Lenhart）和玛丽·马登（Mary Madden）对此做出了具体的描述：一方面出于各种不同动机，用户经常选择公开个人信息，比如他们的物理特征，个人口味，喜好，习惯，甚至是他们的名字和地址。另一方面，他们也意识到张贴这些个人信息存在的潜在威胁。[3] 埃斯特·哈吉泰（Eszter Hargittai）指出了用户对此威胁采取的态度，他认为，虽然用户看似意识到社交网站上

[1] Zizi Papacharissi, Paige L. Gibson. Fifteen Minutes of Privacy: Privacy, Sociality, and Publicity on Social. Network Sites. Privacy Online, Springer-Verlag Berlin Heidelberg, 2011:76.

[2] Susan B. Barnes. A privacy paradox: Social networking in the Unites States. First Monday 11(9); Bernhard Debatin, Jennette P. Lovejoy, Ann-Kathrin Horn M.A, Brittany N. Hughes. Facebook and online privacy: attitudes, behaviors, and unintended consequences. J Comput-Mediat Commun 2009.15(1):83–108.

[3] Amanda Lenhart, Mary Madden. Teens, privacy & online social networks. Pew internet & American life project.2007; Kevin Lewis, Jason Kaufman, Nicholas Christakis. The taste for privacy: an analysis of college student privacy settings in an online social network. J Comput Mediat Commun. 2008(14):79–100; Sonia Livingstone. Taking risky opportunities in youthful content creation: teenagers’ use of social networking sites for intimacy, privacy and self-expression. New Media Soc. 2008(10):339–411; S. Utz, Nicole Krämer. The privacy paradox on social network sites revisited: the role of individual characteristics and group norms. J Psychosoc Res Cyberspace. 2009.

各种各样的隐私威胁，但是大多数用户不抱怨或者改变他们的在线披露行为。[1]而且，事实上，他们对保护隐私的技术手段也不如其所宣称的那样精通。比如，有研究者在2006年的一项研究结果显示，一方面，大多数Facebook用户"宣称知道怎样控制他们主页的可见性和可搜索性"，但是另一方面"相当多的成员不知道这些工具和选项。"[2]另对于在线隐私行为的研究表明社交网站的用户倾向于对他们的个人信息不怎么在意。多数用户很清楚地知道可能的风险，但是并未采取相应的行动：他们经常不怎么知道隐私政策，不持续或者完全不使用隐私设置。[3]蔡妮·塔费西（Zeynep Tufekci）的研究认为，最常见的隐私风险管理策略是建立屏障，比如通过使用"只有朋友可见"设置来限制信息的可见度的空间界限管理，但是用户"很少意识到，关注或者愿意因为信息的持续性对未来受众施加的'临时性'界限侵扰采取行动。"[4]而且，妮科尔·埃利森（Nicole Ellison）等人的研究还发现，甚至是"只有朋友可见"策略也只被三分之一到一半的用户使用。[5]更加糟糕的是，虽然"只对朋友可见"这一隐私设置允许用户控制谁和什么都够进入他们的在线主页，进而限制信息的可获取性。但是，这个限制也能轻而易举地通过贴标签被越过，因为至少那些贴标签的朋友的朋友就能看到这个信息。

哈维·琼斯（Harvey Jones）等人的研究还发现，在线上世界中，"朋

[1] danah boyd, Eszter Hargittai. Facebook privacy settings: Who cares? First Monday2010.15(8); Emily Christofides, Amy Muise, Serge Desmarais. Information disclosure and control on facebook: are they two sides of the same coin or two different processes? Cyberpsychol Behav.2009.12(3):341–345.

[2] AlessandroAcquisti1, RalphGross. in Golle, P. and Danezis, G. (Eds).Imagined communities: awareness, information sharing, and privacy on the Facebook. Proceedings of 6th Workshop on Privacy Enhancing Technologies, 28-30 June, Robinson College, Cambridge, UK. 2006.

[3] Bernhard Debatin, Jennette P. Lovejoy, Ann-Kathrin Horn M.A, Brittany N. Hughes3. Facebook and online privacy: attitudes, behaviors, and unintended consequences. J Comput-Mediat Commun 2009.15(1):83–108.

[4] Zeynep Tufekci . Can you see me now? Audience and disclosure regulation in online social network sites. B Sci Technol Soc. 2008.28(1):20–36.

[5] Nicole B. Ellison, Charles Steinfield, Cliff Lampe. The benefits of Facebook "friends": exploring the relationship between college students' use of online social networks and social capital. JComput-Mediat Commun 12, 4.2007; Bernhard Debatin, Jennette P. Lovejoy, Ann-Kathrin Horn M.A. Brittany N. Hughes. Facebook and online privacy: attitudes, behaviors, and unintended consequences. J Comput-Mediat Commun .2009.15(1):83–108.

友”这个词是有歧义的，灵魂伴侣，熟人，陌生人都在朋友之列。大多数Facebook用户有数百朋友，而且根据统计，大约三分之一的用户愿意接受完全陌生的人为朋友。[1]因此，在社交网站的影响下，朋友这个词获得了新的意义。克莱夫·汤普森（Clive Thompson）指出，友情是一个文化构建，能够有不同的含义；但是，对友情的普遍理解一般是，关系的自愿构成、相互喜欢和欣赏的存在，情感和实践的支持。友情超越了专业关系的限制边界并且没有家人之间的相互责任。友情一直都有一些属性特征，但是社交网站已经将它的边界扩展至这个关系中的任何人。[2]

文献梳理发现，“隐私悖论”研究的起始点是数字技术，尤其是社交网站为个人隐私带来的种种威胁，个人隐私在数字时代面临的威胁是主要研究议题。亚历山德罗·阿克奎斯蒂（Alessandro Acquisti）等人意识到，社交网站因为侵犯其用户的隐私而知名。[3]而研究者发现，信息公开能够对用户带来不利影响甚至波及他人。[4]伯恩哈特·德巴廷（Bernhard Debatin）把这种威胁划分为两种：第一，主动、自愿分享带来的威胁；第二，在不知情、非自愿情况下的信息收集带来的威胁。这种潜在的风险分别被称为水平的维度和垂直的维度。[5]水平的纬度能被用户看到；垂直的纬度不能为用户看到。水平纬度代表着用户之间的社会互动，人们通过主页和参与交流活动展示自己。垂直纬度是各方主体通过网络技术系统地收集、积累和使用信息。水平的互动出现在冰山表面，是可见的；而由用户生产的信息位于冰山的底部。德巴廷等人认为，对一般用户来说，垂直的隐私侵犯和第三方利用之进行潜在的

---

[1] Harvey Jones, José Hiram Soltren.Facebook: threats to privacy (white paper, December 14, 2005); Jump K. A new kind of fame: MU student garners a record 75,000 Facebook friends.Columbia Missourian, 1.9.2005.

[2] Clive Thompson. Brave new world of digital intimacy. The New York Times. 2008.

[3] Alessandro Acquisti, Sabrina Di Vimercati, Costos Lambrinoudakis, Stefanos Gritzalis (eds). Digital privacy: theory, technologies, and practices. Auerbach, Boca Raton. 2007.

[4] Alessandro Acquisti, Ralph Gross. Imagined communities: awareness, information sharing, and privacy on Facebook. Paper presented at the Privacy Enhancing Technology workshop, Cambridge, 2009; Emily Christofides, Amy Muise, Serge Desmarais. Information disclosure and control on Facebook: are they two sides of the same coin or two different processes? Cyberpsychol Behav.2009.12:341–345.

[5] Bernhard Debatin. Ethics, Privacy, and Self-Restraint in Social Networking. Privacy Online, Springer-Verlag Berlin Heidelberg, 2011:54.

商业或犯罪目的是不可见的。[1]

莫妮卡·塔迪肯（Monika Taddicken）等人在解释自愿共享之所以隐含着对隐私的威胁原因时认为，社交网站的一个主要特征是使信息共享更为容易，社交网站的用户可以随意下载、转发其他人的状态更新、图片、视频等等。一旦将一片信息放置在社交网站上，原始放置者就完全丧失了对其的控制。这种威胁的典型代表形式是“再情景化效果”（re-contextualization effects）[2]，也被称为“非情境化”（context collapse）、“控制的丧失”、“个人情景化的行为被破坏”，即，我们正在失去对自身行为的后果的控制和知识，因为如果我们所做的事情以数字化的方式被表现出来，它可以在将来的任何地点和时间出现。我们再也无法控制别人去接近我们所披露的东西。[3]

詹·宾德（Jens Binder）等人认为，这种情况完全适用社交网络平台。社交网络用户几乎不能控制自己的社交空间。[4] 莫妮卡等人分析了原因，这是因为用户可能经常不能意识到谁能真正读到他们的信息，因为观众都是暂时的而且是时空分割的。意图之中的公众可能不同于预期的观众，而他们又与实际达到的观众不是一回事，但是，甚至在意图的公众内，自我披露的目标受众也可能有不同的社会关系，比如，朋友，亲戚，熟人和同事。由于自我披露信息的数量、口气和风格不同，它可能会导致严重的后果：适合向亲密的朋友吐露的信息，比如聚会照片，可能不适合向其他人公开，比如父母或可能的雇主。自我披露信息也能被第三方再次散布和传输到其他的情境中，比如，为广告目的使用个人信息或者甚至促成拍照的朋友。结果，这些再情景

[1] Bernhard Debatin, Jennette P. Lovejoy, Ann-Kathrin Horn M.A, Brittany N. Hughes. Facebook and online privacy: attitudes, behaviors, and unintended consequences. J Comput-Mediat Commun 2009.15(1):83–108; Helen Nissenbaum. Privacy in context. technology, policy, and the integrity of social life.Stanford University Press, Stanford.2010:221ff.

[2] Monika Taddicken and Cornelia Jers .The Uses of Privacy Online: Trading a Loss of Privacy for Social Web Gratifications? Privacy Online, Springer-Verlag Berlin Heidelberg, 2011:148.

[3] 胡泳．众声喧哗．桂林：广西师范大学出版社 .2008:253.

[4] Jens Binder, A.Howes, A.Sutcliffe, in Greenberg, S., Hudson, S.E., Hinckley, K. and Morris, M.R. (Eds), The problem of conflicting social spheres: effects of network structure on experienced tension in social network sites. Proceedings of the 27th Annual CHI Conference on Human Factors in Computing Systems, 2009.4-9 April, ACM, Boston, MA.

化效果可能会对社交网络用户的隐私构成更严重的威胁。[1] 还有研究者称，Facebook 和其他社交网站是具有隐私陷阱的。[2] 个人无意间会披露可能被某些用户滥用的个人信息，比如，未来的雇主，或者使得身份窃贼成为可能或者产生其他负面的后果。社交网站的去情景化特征给个人隐私带来的威胁不胜枚举，轻则丢工作、被朋友甩，重则可能成为违法犯罪行为的对象。

琳达·克里斯琴森（Linda Christiansen）列出了社交网站上的个人信息可能被应用的情境：

• 雇主在做雇佣决定时查验可能雇员的背景。

• 保险公司定价或评估伤害或死亡的风险（比如以互联网搜索、博客和秘密在线支持组织为基础）。

• 雇主做出终止雇佣决定（比如，如果一个用户批评工作场所或者被发现向雇主撒谎）。

• 运动员教练做出的招募和奖学金决定。

• 在案件准备过程中，律师寻找相关证据。

• 为筹款检测政治倾向和找到在某个议题或候选人上未作出决定的个人。

• 方便了犯罪袭击。[3]

除了对自己披露的信息使用户置于威胁之下的研究外，研究者们还关注到朋友们所做的链接到他们的可见的传播也有这种效果。戴维·霍顿（David Houghton）等人研究显示，“朋友”主页之间的协作可以通过比如照片墙、评论和给照片贴标签或者定位的行为进行。这样的行为很可能比自我披露带来更大的隐私威胁，因为在决定散布信息时，对隐私和可能的伤害的担忧没

---

[1] Monika Taddicken and Cornelia Jers .The Uses of Privacy Online: Trading a Loss of Privacy for Social Web Gratifications? Privacy Online, Springer-Verlag Berlin Heidelberg, 2011:148.

[2] Alessandro Acquisti, Ralph Gross. Imagined communities: awareness, information sharing, and privacy
on the facebook. In: Privacy enhancing technologies: 6th international workshop, PET 2006,Springer, Cambridge, pp 36–58; Susan B. Barnes. A privacy paradox: social networking in United States. First Monday.11(9).2006: n.p; Ralph Gross, Alessandro Acquisti. Information revelation and privacy in online social networks.In: Proceedings of the workshop on privacy in the electronic society, ACM, Alexandria,2005:71–80.

[3] Linda Christiansen. Personal privacy and Internet marketing: An impossible conflict or a marriage made in heaven?[J]. Business horizons, 2011.54(6): 509-514.

有完全内化到其他用户的心里。[1] 如果由于疏忽、粗心、大意而造成的伤害还不足以说明问题的话，那么互联网空间追踪、骚扰、名誉伤害、[2] 网络欺凌（比如，流通关于一个人的虚假谣言或者在个人网站上张贴贬损信息）[3] 等对“朋友”的隐私、名誉或其他利益进行的侵害则足以证明其作为威胁来源之一的可能性。

社交网站本身的隐私保护政策的诸多不完善造成用户隐私处于危险之中也是研究者关注的对象。琼斯等人在 2005 年已经批评过社交网站不充分的、粗心的、误导性的隐私实践恶化了这种情况。社交网站在隐私保护和信息安全方面表现得很差。2010 年德国消费者组织“Stiftung Warentest”的一项研究发现社交网站的信息保护很脆弱。在所有的被调查对象中，10 家网站中只有 2 家被评价为“微小漏洞”，而 4 家是“明显的漏洞”，4 家是“严重的漏洞”，Facebook、LinkedIn 和 MySpace 都在严重之列。[4]

文献梳理显示，另一种更为严重的隐私威胁来自于政府、商业企业、个人，甚至社交网络服务提供者自身对用户在互联网上遗留的“数码痕迹”的挖掘，以此进行控制、盈利、或为私仇进行报复。与自愿披露相比，这种行为多数是在当事人无意识的情况下擅自收集，因此其危害更加出其不意。

阿克奎斯蒂等人发现，多数社交网站并未遵守约定保护用户的个人信息只被设置中包含的人看见，而是允许网络用户的主页照片、人口学信息，和网络群组能被任何连入互联网的用户看见。用户分享的关于其生活的看似良性的信息，比如联系方式、家乡、性别和政治倾向，生日，搭档的名字能被

[1] David J. Houghton, Adam N. Joinson. Privacy, social network sites, and social relations. J Technol Human Serv 2010.28(1):74–94.

[2] danah m. boyd, Nicole B. Ellison. Social network sites: definition, history, and scholarship. JComputMediat Commun 2008.13:210–230.Hoy MG, Milne G Gender differences in privacy-related measures for young adult facebook users. J Interactive Advertising 10(2):28–45.2010; Faye, Alan McLuckie, Mishna Saini. Real-world dangers in an online reality: a qualitative study examining online relationships and cyber abuse. Soc Work Res 2009.33(2):107–118.

[3] Aricak, T., Siyahhan, S., Uzunhasanoglu, A., Saribeyoglu, S., Ciplak, S., Yismaz, N. and Memmedov, C., Cyberbullying among Turkish adolescents. CyberPsychology & Behavior, Vol. 11 No. 3, 2008:253-61; Valkenburg, P.M. and Peter, J.Social consequences of the internet for adolescents: a decade of research.Current Directions in Psychological Science, Vol. 18 No. 1.2009:1-5.

[4] Jones H, Soltren JH. Facebook: threats to privacy (white paper, December 14, 2005).

挖掘、存储和滥用。[1] 而珍妮弗·林奇（Jennifer Lynch）发现，政府部门和企业未经授权使用他们的信息，同时可能受到黑客、网络钓鱼和数据挖掘者的威胁。[2] 克里斯琴·富克斯（Christian Fuchs）分析到，个人信息和使用行为被存储、分析和传输给第三方，因此用户的口味就能为广告公司收集，对其进行个性化的广告服务。[3] 这种信息被作为销售和营销策略的关键部分被移动广告[4]、恶意广告[5]、保险和媒体公司，信息代理、经济间谍活动或网络犯罪利用。阿布杜拉·哈茜布（Abdullah Hasib）对此进行了具体描述，他说，与隐私有关的威胁能以个人信息的数据库、面部识别，基于内容的图像检索，以及图像标记和交叉分析为基础。因此，与身份相关的威胁可能以网络钓鱼攻击，信息泄漏，并通过身份盗窃进行的“profile squatting”和以追踪和企业间谍行为为基础的社会威胁的形式出现。[6] 这能导致网络钓鱼、信息泄露、社

[1] Alessandro Acquisti, Ralph Gross. Imagined communities: awareness, information sharing, and privacy on Facebook. Paper presented at the Privacy Enhancing Technology workshop, Cambridge,2006; Alessandro Acquisti, Jens Grossklags. Privacy attitudes and privacy behavior: losses, gains, and hyperbolic discounting. In: Camp J, Lewis R (eds) The economics of information security, vol 12. Kluwer Academic Publishers, NY, 2004:165–178; Emily Christofides , Amy Muise, D Serge Desmarais. Information disclosure and control on Facebook: are they two sides of the same coin or two different processes? Cyberpsychol Behav 2009.12:341–345; Tabreez Govani, Harriet Pashley. Student awareness of the privacy implications when using Facebook.2005; Ralph Gross, Alessandro Acquisti. Information revelation and privacy in online social networks. Paper presented at the 2005 ACM workshop on privacy in the electronic society, Alexandria.2005; Oded Nov, Sunil Wattal. Social computing privacy concerns: antecedents and effects. Paper.2009; Zeynep Tufekci. Can you see me now? Audience and disclosure regulation in online social network sites. Bull Sci Technol Soc 28(1):20–36 presented at the CHI 2009, Boston; Alyson L. Young. Anabel Quan-Haase. Information revelation and Internet privacy concerns on social network sites: a case study of Facebook. Paper presented at the C&T ‘09, Pennsylvania.2009.

[2] Jennifer Lynch. New FOIA documents reveal DHS social media monitoring during Obama inauguration. Electronic Frontier Foundation, 13.10.2010; Leigh Clark, Sherry Roberts. Employer’ s use of social networking sites: a socially irresponsible practice. J Bus Ethics 95:507–525.2010; WebSense. Facebook used for phishing attacks and open redirects. In: WebSense Security.LabsBlog,29.11.2010.

[3] Christian Fuchs. studivz: social networking in the surveillance society. Ethics and Information Technology, 2010,12(2):171-85.

[4] ENISA.Online as Soon as it Happens, European Network and Information Security Agency (ENISA), Heraklion.2010.

[5] Sophos, Security Threat Report: 2010, Sophos Group, Boston, MA.

[6] Abdullah Al Hasib. Threats of online social networks. IJCSNS International Journal of Computer Science and Network Security. 2009.9(1):288-93.

会保障诈骗、在线骚扰[1]、身份诈骗、[2]线上和线下[3]的双重跟踪、[4]网络聚众滋扰[5]、情感和性虐待的对象。[6]因此，除了能见的社交网站为用户带来的好处之外，他们的信息还可能被利用来为上面提到的无法预见的多样目的服务。阿克奎斯蒂等人的研究指出，社交网络服务提供商也会从事用户的个人信息收集，它们有能力收集其用户的人口统计学资料。[7]海伦·尼森鲍姆（Helen Nissenbaum）也指出，用户所说的话被追踪，分析然后成为市场调查的资料

---

[1] Patti M. Valkenburg. Jochen Peter. Social consequences of the internet for adolescents: a decade of research, Current Directions in Psychological Science.2009.18(1).

[2] Ralph Gross, Alessandro Acquisti. and H.JohnHeinz III.in De Capitani Di Vimercati, S. and Dingledine, R. (Eds), Information revelation and privacy in online social networks (The Facebook case). Proceedings of the 2005 ACM Workshop on Privacy in the Electronic Society (WPES), 5-7 November, ACM, Alexandria, VA; Alyson L. Young. Anabel Quan-Haase, A. Information revelation and internet privacy concerns on social network sites: a case study of Facebook. Proceedings of the 4th International Conference on Communities & Technologies (C&T' 09), 25-27 June, ACM, Pennsylvania,PA,2009; Alessandro Acquisti, Ralph Gross. Predicting Social Security numbers from public data. Proceedings of the National Academy of Sciences (PNAS), 2009.106(27) : 10975-80; Haddadi, H. and Pan Hui, in IEEE (Ed.).To add or not to add: privacy and social honeypots. Proceedings of the ICC 2010: IEEE International Conference on Communications, 23-27 May, IEEE, Capetown, South Africa.

[3] Ulrike Hugl. Reviewing person's value of privacy of online social networking[J]. Internet Research, 2011, 21(4): 384-407.

[4] Alessandro Acquisti, Ralph Gross. Social insecurity: the unintended consequences of identity fraud prevention policies. Paper presented at the workshop on the economics of information security, University College London,2009; Ralph Gross, Alessandro Acquisti. Information revelation and privacy in online social networks. Paper presented at the 2005 ACM workshop on privacy in the electronic society, Alexandria; Abdullah Al Hasib. Threats of online social networks. Int J Comput Sci Netw Secur 2009.9(11):288–293; E.J. Westlake. Friend me if you Facebook: generation Y and performative surveillance. Drama Rev 52(4):21.2008.

[5] David Rosenblum. What anyone can know: the privacy risks of social networking sites. IEEE Security & Privacy. 2007.5(3):40-9.

[6] E. Donnerstein. The internet. In: S Victor C. Strasburger, Barbara J. Wilson, Amy B. Jordan (eds). Children,
adolescents, and the media. Sage, Thousand Oaks, 2009:471–498; Sameer Hinduja.Personal information of adolescents on the Internet: a quantitative content analysis of MySpace. J Adolesc. 2008(31):125–146.

[7] Alessandro Acquisti, Ralph Gross.Imagined communities: awareness, information sharing, and privacy on Facebook. Paper presented at the Privacy Enhancing Technology workshop, Cambridge, 2009; Emily Christofides , Amy Muise, D Serge Desmarais. Information disclosure and control on Facebook: are they two sides of the same coin or two different processes? Cyberpsychol Behav 2009(12):341–345.

来源。[1] 它们甚至以向第三方出售为目的收集个人信息，有时候甚至包括具体的特质或姓名，并将之存储至数据库。然后第三方公司将那些数据编辑入一个综合性的数据库，为的是长期的进一步的数据挖掘。拉尔夫·格罗斯（Ralph Gross）等人指出，只要付费，任何人都能获得这些个人的侧面像。除此之外，虽然用户可能会对张贴什么信息很小心谨慎，外部获取也能导致隐私侵犯和对个人的伤害。社交网站使用的不安全的登陆链接可能允许第三方轻而易举地获取用户的账户信息。[2]

甚至，市场上出现了专门以收集、出售个人信息为生的在线营销公司。比如，研究者发现，在线营销公司帮助感兴趣的公司找到潜在的顾客。在他们搜索社交网站上可得的用户侧面像之后，这样的公司就将潜在的顾客推荐给公司，然后它们直接接触这些顾客。一个用户拉一个人成为某家公司的朋友，他将会被这家公司支付15美分。同样的套路还可被用来收购公司的“粉丝”。[3] 因此，一些社交网站实际上已经变成了广告而非友情的网络。

非自愿收集之所以成为可能是因为各种网络追踪技术，比如，一种“flash cookies”存储在电脑的两个空间之内，坦津娜·维加（Vega Tanzina）指出，即使用户删除了cookie文件，它也能重新恢复之。[4] 斯特克洛·史蒂夫（Stecklow Steve）指出了一种更具侵犯性的分析网络冲浪过程中的“packets”，其目的是为了监督某个网络用户的所有线上活动，不只是网页浏览，结果是关于该用户的极其精细的侧面像。[5] 朱丽亚·安格温（Julia Angwin）等人指出了一种尤其令人担忧的信息收集方法：“Scraping”，它能够收集在论坛讨论和社交网站上共享的个人信息，其目的是扩展和充实一个人的个人侧面像，即使

---

[1] Helen F. Nissenbaum. Privacy in context: technology, policy, and the integrity of social life. Stanford Law Books, Palo Alto.2009.

[2] Ralph Gross, Alessandro Acquisti. Information revelation and privacy in online social networks. Paper presented at the 2005 ACM workshop on privacy in the electronic society, Alexandria.

[3] Esma Aimeur, Sébastien Gambs, Ai Ho. Towards a privacy-enhanced social networking site. In Availability, Reliability, and Security, 2010. ARES'10 International Conference on (pp. 172-179). IEEE.

[4] Vega Tanzina. Code that tracks users’ browsing prompts lawsuits. The New York Times. Retrieved April 24, 2011.

[5] Stecklow Steve, Sonne Paul. Shunned profiling technology on the verge of comeback. The Wall Street Journal. Retrieved April 24, 2011.

网站只为会员开放或者意在保密。[1] 罗伯特·霍茨（Robert Hotz）谈到了智能手机，它能够帮助追踪用户的行动、关系、情绪、健康、呼叫习惯和消费模式，还有在集会中的政治观点的扩散。[2]

对于这样的威胁，用户并非一无所知，经验研究结果表明，社交网络用户非常关注他们的隐私。[3] 虽然用户看似意识到这种情况，但是大多数用户不抱怨或者改变他们的在线披露行为。[4] 他们依然我行我素，在互联网，尤其是社交网站上分享着自己的的私密性的、真实的信息。研究者分析了 4540 个 Facebook 主页，得出的结论是，只有极少数用户改变了高隐私首选项默认许可，因此个人信息被慷慨地提供着。[5] 社交网站会要求用户生成一个个性化的在线主页，在上面提供着关于自己的信息，他们的物理特征，个人口味和喜好。[6] 埃米莉·克里斯托菲德斯（Emily Christofides）等人发现，多数博客和社交网站用户会披露细节化的个人信息，比如个人感受和想法；他们也会授

[1] Julia Angwin & Steve Stecklow. ‘Scrapers’ dig deep for data on Web. The Wall Street Journal. Retrieved April 24.2011.

[2] Robert Lee Hotz. The really smart phone. The Wall Street Journal. Retrieved April 24, 2011.

[3] Susan B. Barnes. A privacy paradox: Social networking in the United States. First Monday, 2006.11(9); Zeynep Tufekci. Can you see me now? audience and disclosure regulation in online socialnetwork sites. B Sci Technol Soc 2008(28):20–36; Bernhard Debatin, Jennette P. Lovejoy, Ann-Kathrin Horn M.A. and Brittany N. Hughes. Facebook and online privacy: attitudes, behaviors, and unintended consequences. J Comput Mediat Commun. 2009(15):83–108.

[4] danah boyd, H Eszter Hargittai. Facebook privacy settings: Who cares? First Monday 15(8) ,2010:320; Christofides E, Muise A, Desmarais S. Information disclosure and control on facebook: are they two sides of the same coin or two different processes? Cyberpsychol Behav 2009.12(3):341–345.

[5] Ralph Gross, Alessandro Acquisti. and H.JohnHeinz III. in De Capitani Di Vimercati, S. and Dingledine, R. (Eds), Information revelation and privacy in online social networks (The Facebook case).Proceedings of the 2005 ACM Workshop on Privacy in the Electronic Society (WPES), 5-7 November, ACM, Alexandria, VA.

[6] Liu Hugo. Social network profiles as taste performances. J Comput-Mediat Commun 13(1).2007;Liu Hugo, Maes PM, Davenport G. Unraveling the taste fabric of social networks. Int J Semantic Web Inf Syst 2006.2(1):42–71.

予其他人进入这些私人空间，查看关于他们与家人和朋友的生活细节。[1] 用户在自己和其他人的主页上张贴个人的、可识别的信息。[2] 他们还会张贴、分享自己和他人的照片，并在上面贴标签。[3] 比如，研究发现，99.35% 的用户在自己的主页上使用自己的真实姓和名。将近2/3 公布了他们的性取向和爱好（喜欢的电影、活动和书籍）；83.1% 提供了自己的电子邮箱地址，92.2% 提供了出生日期，80.5% 提供了他们目前的居住地，97.7% 提供了自己的一幅照片，96.1% 张贴了朋友的照片。[4] 塔费西发现了相似的结果，94.9% 的 Facebook 用户称自己会使用真实的姓名，80.3% 用户公开喜欢的音乐，66.2% 公开喜欢的书，77.7% 公开他们的性取向，47.7% 公开宗教信仰。[5] 这些以个人真实信息做成的个人主页侧面像是用户人格中的某些特定方面。通过这些特征，用户不可避免地建构和管理着他们的自我形象。研究者甚至发现，这样一个个人

---

[1] Emily Christofides, Amy Muise, Serge Desmarais. Information disclosure and control on facebook:
are they two sides of the same coin or two different processes? Cyberpsychol Behav 2009.12(3):341–345; Bernhard Debatin, Jennette P. Lovejoy, Ann-Kathrin Horn M.A. and Brittany N. Hughes. Facebook and online privacy: attitudes, behaviors, and unintended consequences. J Comput Mediat Commun 2009.15:83–108; Sameer Hinduja. Personal information of adolescents on the internet: a quantitative content analysis of myspace. J Adolesc 2008.31:125–146; Bonnie A. Nardi, Diane J. Schiano, Michelle Gumbrecht. Blogging as social activity, or, would you let 900 million people read your diary? In: Proceedings of computer supported cooperative work 2004, Chicago; Zeynep Tufekci. Can you see me now? Audience and disclosure regulation in online social network sites. B Sci Technol Soc.2008.28(1):20–36.

[2] Christofides et al. 2009; Christofides E, Muise A, Desmarais S. Information disclosure and control on Facebook: are they two sides of the same coin or two different processes? Cyberpsychol Behav 2009(12):341–345; Alyson L. Young. Anabel Quan-Haase. Information revelation and Internet privacy concerns on social network sites: a case study of Facebook. Paper presented at the C&T '09, Pennsylvania.2009.

[3] Binder J, Andrew Howes, Sutcliffe A. The problem of conflicting social spheres: effects of network structure on experienced tension in social network sites. Paper presented at the CHI 2009, Boston; Gross R, Acquisti A. Information revelation and privacy in online social networks. Paper presented at the 2005 ACM workshop on privacy in the electronic society, Alexandria; Nov O, Wattal S. Social computing privacy concerns: antecedents and effects. Paper presented at the CHI 2009, Boston.

[4] Alyson Leigh Young, Quan-Haase, A. Information revelation and internet privacy concerns on social network sites: a case study of Facebook.Proceedings of the 4th International Conference on Communities & Technologies (C&T' 09), 25-27 June, ACM, Pennsylvania,PA.2009.

[5] Zeynep Tufekci. Can you see me now? Audience and disclosure regulation in online social network sites. Bulletin of Science, Technology & Society, 2008.28(1):20-36.

主页甚至允许一种比面对面互动更细致的自我呈现，而且人们的确利用它来强调“真实”自我的某些方面。[1] 社交网站不仅是一个潜在的自我呈现的途径，而且人们的确有很大的动机来利用这一新兴的空间展示他们自己。[2]

这种认知和行为的不协调广泛存在于各种类型的社交网站用户身上。比如，塔费西发现，大学生对在线隐私的担忧与信息披露行为之间有很少的联系或没有联系。[3] 诸多研究者也发现，在作为消费者的用户身上，这种认知不协调也广泛存在。虽然许多消费者说他们对隐私保护策略知道得很清楚，但是在使用互联网时，他们经常不采用它们。各种隐私保护策略，诸如，认真阅读隐私声明，管理 Cookies 和其他预防性的措施的使用率很低，即便是在那些宣称自己很是担忧隐私问题的人中也是这样。[4]

（二）成因分析

为什么社交网站用户对隐私侵犯这样的容忍依然是个复杂的未解答的问题。研究者试图对这一问题做出尽量完善的解释。比如，学者指出，可能原因之一是，人们对分享个人信息并未给予足够的注意。可能是由于没有花时间阅读网站的隐私政策、或者故意无视对隐私的可能保护性措施。而且个人经常在不考虑其对个人隐私会造成什么影响的情况下就略过告示、同意协议或隐私政策。[5] 还有学者指出“第三人效果”是可能的解释原因。即，用户

[1] John A. Bargh, Katelyn Y. A. McKenna.Grainne M. Fitzsimons.Can you see the real me? Activation and expression of the "true self" on the internet. J Soc Issues 2002.58(1):33–48; Haferkamp N, Nicole Krämer. Creating a digital self: impression management and impression formation on social networking sites. In: Drotner K, Schrøder KC (eds) Digital content creation: creativity, competence, critique. Peter Lang, New York, 2010:129–149.

[2] Haferkamp N, Nicole Krämer.Creating a digital self: impression management and impression formation on social networking sites. In: Drotner K, Schrøder KC (eds) Digital content creation: creativity, competence, critique. Peter Lang, New York, 2010:129–149.

[3] Zeynep Tufekci. Can you see me now? Audience and disclosure regulation in online social network sites. Bulletin of Science, Technology & Society, 2008.28(1):20-36.

[4] Bettina Berendt, Oliver Günther, Sarah Spiekermann. Privacy in e-commerce: stated preferences vs. actual behavior. Commun ACM 2005.48(4):101–106; Curt J. Dommeyer. Barbara L. Gross. What consumers know and what they do: an investigation of consumer knowledge, awareness, and use of privacy protection strategies. J Interact Mark2003.17:34–51; Tavani Herman.Privacy-enhancing technologies as a panacea for online privacy concerns. J Inform Ethics fall.2000:26–36.

[5] Linda Christiansen. Personal privacy and Internet marketing: An impossible conflict or a marriage made in heaven?[J]. Business horizons, 2011.54(6): 509-514.

感知得到风险的存在，但更倾向于认为可能的风险更可能发生在别人身上，而不是自己身上。[1] 其他研究者指出，社交网站上的各种看似为用户隐私安全考虑的设置选项实则是创造了一种安全和保有控制的错觉，实际上并未提供可靠的隐私保障。比如，前述所谓的“只对朋友可见”设置能轻而易举被破解，其是否能称得上是一种真正的“隐私提升行为”很值得怀疑。也许这项特殊的策略如普通隐私保护技术一样，只是简单地在用户中间制造了一种安全的错误感觉。这与研究者发现的用户倾向于满足于隐私控制这个单纯的想法或假象，而无需真正的控制一致。即，虽然他们可能使用隐私限制，“但是他们不怎么理解它们的隐私保护程度与朋友的数量，他们接受朋友的标准，以及在他们的主页上提供的个人信息的数量和质量有关，反而慷慨地披露出这些信息。”[2]

故意无视、第三人效果、隐私安全的错觉是解释这一矛盾的有力原因，但是更多的研究者从实用主义角度出发，认为之所以对隐私的担忧没有导致自我公开行为的减少，是因为自我公开为用户带来了切实的利益。因此，社交网站上私人信息的揭露要经历一个讨价还价的过程，在这个过程中，感知到的社交网站带来的具体益处会超过保护一个人的隐私的抽象好处。披露的潜在影响是未来的一个假设性事件，但是社交网站的好处是有形切实而且是即刻的。[3] 约切·彼得（Jochen Peter）等人认为，这是一个权衡好处和风险的理性选择过程。社交网站为个人提供了优势和满意，它们直接决定自我披露的程度。[4] 即，个人信息的披露由社交满意补偿。

研究者用诸如“关系维系”、“社会资本”、“印象管理”等多个视角

[1] Bernhard Debatin, Jennette P. Lovejoy, Ann-Kathrin Horn M.A. and Brittany N. Hughes Facebook and online privacy: attitudes, behaviors, and unintended consequences. J Comput-Mediat Commun.2009.15(1):83–108.

[2] Bernhard Debatin, Jennette P. Lovejoy, Ann-Kathrin Horn M.A. and Brittany N. Hughes.Facebook and online privacy: attitudes, behaviors, and unintended consequences. J Comput-Mediat Commun.2009.15(1):83–108.

[3] Bernhard Debatin, Jennette P. Lovejoy, Ann-Kathrin Horn M.A. andBrittany N. Hughes.Facebook and online privacy: attitudes, behaviors, and unintended consequences. J Comput-Mediat Commun.2009.15(1):83–108.

[4] Jochen Peter and Patti M. Valkenburg. Adolescents' Online Privacy: Toward a Developmental Perspective. Privacy Online, Springer-Verlag Berlin Heidelberg, 2011:221-234.

阐述了使用社交网站或者自我公开能带来的益处。“使用与满足理论”是最具包容性地解释了为什么人们既关注他们的个人信息安全，但同时在社交网站上披露大量的个人信息，以上诸多视角一般可以归入其整理出的多维度需求满足分类。利用“使用与满足”理论寻求解释的研究者认为，人们之所以做出看似自相矛盾的选择，是因为社交网络满足了人们多维度需求：认知需求（cognitive needs）、情感需求（affective needs）、社交性整合需求（social integrative needs）、个人性整合需求（personal integrative needs）。[1] 这四个维度不是完全互斥的，而可能是有所重叠的。

第一个维度，认知需求或信息需求（包括告知和被告知），研究者发现人们使用博客寻求指导；[2] 阅读维基以获取新的事物；[3] 观看社交网站上的视频来寻求信息。[4] 除了消极的消费之外，参与或内容生产也能实现用户的认知需求，比如影响公共意见或者通过政治博客启发其他人。[5] 运用自己的知识，提升技巧和能力，以及智力挑战是使用维基的主要满足。[6] 除此之外，社交网站还扮演着作为学习、自我提升的平台和资源的角色，社交网站小组可用来

---

[1] Louis Leung. User-generated content on the internet: an examination of gratifications, civic engagement and psychological empowerment. New Med Soc 2009(11):1327–1347.

[2] Lee JK. Who are blog users? Profiling blog users by media use and political involvement. Paper presented at ICA conference in Dresden, Germany.2006.

[3] Paul Haridakis, Gary Hanson. Social interaction and co-viewing with youtube: blending mass communication reception and social connection. J Broadcast Electron.2009(53):317–335.

[4] Paul Haridakis, Gary Hanson. Social interaction and co-viewing with youtube: blending mass communication reception and social connection. J Broadcast Electron.2009(53):317–335.

[5] Brian Ekdale, Kang Namkoong, Timothy Fung, David D. Perlmutter. Why blog? (then and now): exploring the motivations for blogging by popular American political bloggers. New Med Soc 2010(12):217–234; Shao G. Understanding the appeal of user-generated media: a uses and gratifications perspective. Internet Res .2008(19):7–25.

[6] Oded Nov. What motivates Wikipedians, or how to increase user-generated content contribution. Commun ACM 2007(50):60–64; Sheizaf Rafaeli, Yaron Ariel. Online motivational factors: incentives for participation and contribution in wikipedia. In: Azy Barak (ed) Psychological aspects of cyberspace: theory, research, applications. Cambridge University Press, Cambridge, 2008: 243–267.

进行学术学习，[1] 还可以作为一种开放资源软件的发展和分发渠道。[2]

第二个维度，情感需求或曰休闲需求。有研究者认为，用户在观看或阅读社交网站上的内容时会感受到愉悦、放松和消遣。也就是说，共享视频或其他内容——比如，参与——通过共同观看满足社交网站用户的消遣需求。而且，维基或其他应用上的内容生产被作为一种娱乐和消磨时光的方式利用。[3]

社交整合性需求是第三种重要的社交网站满足维度，这也是研究最为集中的领域，"社会资本"、"关系维系"视角都可以归入其中。所谓社交性整合需求可以通过两种方式得到满足，其一，通过积极使用、消费社交网站，用户能够通过观看朋友的社交网站或者阅读熟人的博客，进而满足社交需求。[4] 其二，更重要的是，用户参与社交网站和生产内容，即与他人共享自己的观点、想法和感受，与想法相似的人建立联系，或者与朋友和家人沟通。[5] 邦尼·纳迪（Bonnie Nardi）等人研究认为，在这两者中，生产对这种需求的满足甚至更有效。这是因为写博客、为维基做贡献，或者在 YouTube 上与他人分享视

[1] Villiers De, M.R. Academic use of a group on Facebook: initial findings and perceptions. Proceedings of Informing Science & IT Education Conference (InSITE), 21-24 June, Cassino, Italy.2010.

[2] Luis V. Casaló, Jesús Cisneros, Carlos Flavián, Miguel Guinalíu. Determinants of success in open source software networks.Industrial Management & Data Systems. 2009.109(4):532-49.

[3] Oded Nov.What motivates Wikipedians, or how to increase user-generated content contribution. Commun ACM 2007(50):60–64; Sheizaf Rafaeli, Yaron Ariel. Online motivational factors: incentives for participation and contribution in wikipedia. In: Azy Barak (ed) Psychological aspects of cyberspace: theory, research,
applications. Cambridge University Press, Cambridge, 2008:243–267; Paul Haridakis, Gary Hanson. Social interaction and co-viewing with youtube: blending mass communication reception and social connection. J Broadcast Electron 2009(53):317–335.

[4] Monica Ancu, Raluca Cozma. MySpace politics: uses and gratifications of befriending candidates. J Broadcast Electron 2009(53):567–583.

[5] Louis Leung. User-generated content on the internet: an examination of gratifications, civic engagement and psychological empowerment. New Med Soc.2009(11):1327–1347; Liu S-H, Liao H-L, Zeng Y-T.Why people blog: an expectancy theory analysis. Issues Inform Syst. 2007(8):232–237; boyd dm, Ellison NB. Social network sites: definition, history, and scholarship. J Comput Mediat Commun. 2008(13):210–230.

频背后的沟通、社会参与和支持的形成也被社交网站用户命名为满足。[1]

具体说来，研究者对社交整合性需求的分析主要集中在以下几方面内容。

第一，关系维系。自我披露 (Self-disclosure) 被定义为“使自己让其他人知晓的过程。”[2] 它导致了个人与个人、组织内的个人以及个人与组织之间的知识共享。[3] 它是每一个社会关系的前提条件，因为它是每一个传播的一部分；关于自身、一个人的想法和感觉的信息的传播是创造社交亲近性的必要条件。[4] 这意味着自我披露和对隐私的感知经常是有关的。个人在不同情境中尝试不同水平的自我披露，进而达成不同的隐私状态（隐私是一个过程）。自我披露对关系的发展和维持至关重要。自我披露、隐私与关系维系之间的关系可以追溯至韦斯廷、奥尔特曼对隐私概念的界定。

奥尔特曼将隐私界定为一种对自己及其组织的接近性的选择性控制，（selective control of access to the self or to one' s group）[5] 是一个互动的过程。根据奥尔特曼的说法，隐私的调整就是一个动态的最优化过程，这个过程受到两个基本心理需求的影响：一方面，保有隐私和控制对个人信息的接近和散布的需要，另一方面，为社交性互动的需要披露个人信息。因此，隐私被

---

[1] Bonnie A. Nardi, Diane J. Schiano, Michelle Gumbrecht. Blogging as social activity or would you let 900 million people read your diary? In: Proceedings of the 2004 ACM conference on computer supported cooperative work, Chicago, 2004:222–231; Sheizaf Rafaeli , Yaron Ariel. Online motivational factors: incentives for participation and contribution in wikipedia. In: Barak A (ed) Psychological aspects of cyberspace: theory, research,applications. Cambridge University Press, Cambridge, 2008:243–267; Paul Haridakis, Gary Hanson. Social interaction and co-viewing with youtube: blending mass communication reception and social connection. J Broadcast Electron 2009(53):317–335.

[2] S M. Jourard, P. Lasakow. Some factors in self-disclosure. J Abnorm Psychol 1958.56(1):91.

[3] Adam N. Joinson, Carina B. Paine. Self-disclosure, privacy and the Internet. In: Joinson AN, McKenna KYA, Postmes T, Reips U (eds) The Oxford handbook of Internet psychology. Oxford University Press, Oxford,2007: 237–252; Sandra Petronio. Boundaries of privacy. State University of New York, Albany.2002.

[4] I. Altman, Dalmas A. Taylor. Social penetration: the development of interpersonal relationships. Holt, Rinehart and Winston, New York, 1973; Laurenceau J-P, Feldman Barrett L, Pietromonaco PR.Intimacy as an interpersonal process: the importance of self-disclosure, partner disclosure, and perceived partner responsiveness in interpersonal exchanges. J Pers Soc Psychol. 1998(74):1238–1251.

[5] I. Altman. The environment and social behavior. Privacy, personal space, territory, crowding. Brooks/Cole, Monterey.1975:18.

认为是能够协调两种需求的最佳状态，使得渴望的隐私（desired privacy）和达成的隐私（achieved privacy）水平趋于一致。在这个过程中，自我披露与隐私的管理以及关系的维系联系起来，通过控制公开，个人掌握着在关系中的亲密程度以及隐私的状态。而这种控制之所以是可能的，是因为自我披露有深度和广度上的差别。

有研究者认为，个人信息有不同的层次，其形状有如洋葱。对不同层次的个人信息的接近是控制手段之一。信息的自我披露的广度和深度意味着信息的数量和质量。[1] 奥尔特曼等人认为，所谓自我披露的广度意指向他人公开了多少信息。广度沿着两个层面变化，频率和类别。类别指的是在每一个层面之内的元素数量，频率指他们的出现次数。[2] 而信息的质量是指，信息有不同的特质，从肤浅的信息到更深刻的信息，其说明力不同。比如披露背叛信任或者一个人的性幻想 [3] 就是更深刻的信息，有更高的质量，就不能不加选择地随便披露。奥尔特曼等人提出了一个具有渗透力的，披露的“分层”模型，其形状类似于洋葱。最核心的部分包含着更稀缺的，但是更深刻的人格方面。而在模型的外围是数量更多的人格方面，虽然有一点浅薄。比如，善解人意是核心的人格层面，而衣着和与其他人最基本的互动是外围层面。[4]

自我披露的广度和深度的不同变量是一种调解形式，能被用来保护隐私的同时决定与其他人保持的关系类型。通过控制披露，个人掌控着在关系中的亲密性。比如，在公共空间中，我们不得不披露一些外围信息，我们的衣着，性别和大概的年龄。我们通过隐藏更深刻的个人信息而与公共空间的公众维系非亲密的关系。在调解的过程中，人们允许他们自己被不同程度地公

[1] Sarah Spiekermann, Spandauer Str, Jens Grossklags.E-privacy in 2nd generation E-Commerce: privacy preferences versus actual behavior. Paper presented at the ACM conference on Electronic Commerce, Tampa, 2001:14-17.

[2] I. Altman, Dalmas A. Taylor. Social penetration: the development of interpersonal relationships. Holt, Rinehart and Winston, New York.1973.

[3] Adam N. Joinson , Carina B. Paine. Self-disclosure, privacy and the Internet. In: Joinson AN, McKenna
KYA, Postmes T, Reips U (eds) The Oxford handbook of Internet psychology. Oxford University Press, Oxford, 2007:237–252.

[4] I. Altman, Dalmas A. Taylor. Social penetration: the development of interpersonal relationships. Holt, Rinehart and Winston, New York.1973.

开或可以接近。为了掌握这种公开，他们进行了一种边界调解过程（boundary regulation）。这一过程类似于奥尔特曼对隐私的界定，同样，他将人际关系的界限比作一种可选择性的渗透细胞膜，在那里，输入和输出的流动能被调解为达到一种可预期的隐私的程度。这一理论的一个重要方面是隐私是非单调的，而且作为一个涉及渴望或反对各种互动类型的辩证过程被决定。这一辩证过程表明隐私的达成要求平衡各方对立力量。比如，披露信息的渴望与隐藏信息的渴望。[1] 披露和隐私的辩证管理屈从于规范，因为个人在他们所处的社会情境中互动。比如，在一个鸡尾酒晚会上，社会情境使与陌生人交流互动，并且开始从外围信息分享开始对谈，逐渐移动到更核心的构念。不过，在查尔斯·伯杰（Charles Berger）看来，这样的情境中分享太多个人更深刻的信息会被贴上“社会越轨”的标签，而且会对他们的目的产生怀疑。[2]

因此，个人信息的不同类型使得依靠信息分享调整人际关系成为可能，在对于数字时代的隐私与自我披露行为的研究中，诸多文献从关系维护角度出发阐述自我披露、公开行为带来的好处。为了获得这些技术带来的益处，比如找工作、寻求社会支持，披露关于自己的信息是很有必要的。

“不确定性减少理论”（Uncertainty reduction theory）假设关于一个人所知道信息越多就带来更多的喜爱，不确定性伴随着关系问题。[3] 在分析自我披露与喜爱之间的关系时，研究者描述了自我披露的三个显著效果：（一）自我披露的人被更多地喜欢，（二）人们向他们喜欢的人披露得更多，（三）人们喜欢那些之前已经向其披露过信息的人。[4] 社交网站上的用户信息也为用

---

[1] I. Altman.The environment and social behavior: privacy, personal space, territory, crowding. Brooks/Cole, Monterey.1975.

[2] Charles R. Berger James J. Bradac. Language and social knowledge. Uncertainty in interpersonal relations. Edward Arnold, London.1992.

[3] Leanne K. Knobloch. Perceptions of turmoil within courtship: associations with intimacy, relational uncertainty, and interference from partners. J Soc Pers Relat. 2007.24(3):363–384.

[4] Nancy L. Collins, M Lynn Carol Miller. Self-disclosure and liking: a meta-analytic review. Psychol Bull. 1994.116(3):457–475.

户带来了巨大的机会，比如与同龄人保持联系。[1] 个人博客中自我披露的程度对社会关系的结构和质量有影响。研究者发现有高自我披露程度的博客主说他们有更多的在线好友，对他们有更高的满意度。[2] 通过披露真名、电子邮箱地址这类的秘密可以发展与另一个人的亲密关系。[3] 还有研究者发现，对个人身份信息的获取支持关系形成的过程。Facebook 上的个人信息能够帮助用户找到与另一个人的共同点，[4] 并且支持建立关系。比如，有研究者将主页信息划分为三种不同的类型：引用、兴趣和联系方式，并且发现，用户的这三种信息越完善，他们的网络规模越大。因此结论是，个人主页上的自我披露行为有助于关系的形成。另一种包含着用户的侧面像的信息——朋友网络的展示——也能帮助建立共同点并且鼓励更多诚实的自我披露。[5] 通过降低与更广

---

[1] Kraut, R., Patterson, M., Lundmark, V., Kiesler, S., Mukopadhyay, T. and Scherlis, W. Internet paradox: a social technology that reduces social involvement and psychologicalwell-being? ,American Psychologist, 1998(53): 1017-31; Kraut, R., Kiesler, S., Boneva, B., Cummings, J., Helgeson, V. and Crawford, A. Internet
paradox revisited. Journal of Social Issues, 2002.58(1):49-74; Jeffries, W.B. and Szarek, J.L. Tag this article! Today’s learners and the use of Web 2.0 in teaching. Molecular Interventions, 2010.10 (2) :60-4.

[2] Cynthia M H Bane; Marilyn Cornish; Nicole Erspamer; Lia Kampman. Self-disclosure through weblogs and perceptions of online and “real-life” friendships among female bloggers. Cyberpsychol Behav Social Netw 2010.13(2):131–139.

[3] David Jacobson. Contexts and cues in cyberspace: the pragmatics of naming in text-based virtual realities. J Anthropol Res. 1996.52:461–479; Parks MR, Roberts LD. “Making MOOsic”: the development of personal relationships on line and a comparison to their off-line counterparts. J Soc Pers Relat. 1998.15:517–537.

[4] Joan Morris DiMicco. David Millen. Identity management: multiple presentations of self in facebook.
In: Proceedings of the 2007 ACM conference on supporting group work, ACM Press, Sanibel Island, 2007: 383–386; Catherine Dwyer, Starr Roxanne Hiltz, Katia Passerini.Trust and privacy concern within social networking sites: a comparison of facebook and MySpace. In: Proceedings of the Americas conference on information systems 2007, AIS, Keystone; Cliff Lampe, Nicole Ellison, Charles Steinfield. A familiar face(book): Profile elements as signals in an online social network. In: Proceedings of the SIGCHI conference on human factors in computing systems, ACM, New York, 2007:435–444.

[5] J. Donath, D.boyd d. Public displays of connection. BT Technol J.2004.22(4):71–82.

泛的弱关系网络的交流障碍，[1] 伯杰等人的研究指出，社交网站使得个人为获得支持或信息而传播请求成为可能。自我披露是个人发展与其他人的关系的一种方式。[2] 汤普森解释了原因，持续的社交网站接触发挥了同实际物理亲密同样的作用，用户能够通过不断的状态更新了解欲保持联系的人的情绪。这种状态更新给予一个人一种持续在场的感觉，不管这些人张贴出的议题有多么平常，他们致力于建造一个对个人的复杂的想象。[3]

米雷列·希尔登布兰德（Mireille Hildebrandt）认为，隐私既与自己有关，也与其他人的社会网络有关，因此从根本上说它是关系性的。[4] 马克·齐格勒（Marc Ziegele）等人也指出，社交网站允许个人通过对隐私的自我披露对现实世界的关系进行质量管理。[5] 隐私使得关系和社区的存在成为可能。如果我们与每一个人分享关于自己的所有信息，那一分享就会丧失所有的意义和价值。选择性分享运行分享成为唯一的而且有意义的。隐私允许发展与其他人的重要的社会关系，维持弱关系和强关系。在这二者中，社交网站对弱关系的维护作用更为明显。人类学家罗宾·邓巴（Robin Dunbar）曾经提出一个假设，认为任何人能够拥有的社会关系是有极限的（大概是 150）；但是，他估计技术使得这一临界值是初始值的 2 倍。在这两种关系中，亲密性的圈子没有太大的增强，而社交网站使得弱关系的社交急剧膨胀。[6] 德巴廷等人指出，社交网站现在深深地扎根在日常习惯和生活中。日常化的社交网站允许用户

[1] J. Donath, D.boyd d. Public displays of connection. BT Technol J 2004.22(4):71–82; Nicole B. Ellison Charles Steinfield. Cliff Lampe.The benefits of Facebook “friends”: exploring the relationship between college students’ use of online social networks and social capital. J Comput Mediat Commun 2007(12):1143–1168.

[2] Charles R. Berger. Richard J. Calabrese. Some explorations in initial interaction and beyond: toward a developmental theory of interpersonal communication. Hum Commun Res. 1975.1:99–112.

[3] Clive Thompson. Brave new world of digital intimacy. The New York Times,2008; Van Manen M.The pedagogy of Momus technologies: facebook, privacy, and online intimacy. Qual Heal Res. 2010.20(8):1023–1032.

[4] Mireille Hildebrandt. Privacy and identity. In: Claes E, Duff A, Gutwirth S (eds) Privacy and the criminal law. Intersentia, Oxford, 2006:43–57.

[5] Marc Ziegele. Oliver Quiring. Privacy in Social Network Sites. Privacy Online, Springer-Verlag Berlin Heidelberg, 2011:175-190.

[6] Clive Thompson. Brave new world of digital intimacy. The New York Times.2008.7.

维系关系，同时保持着仪式化的距离，因此使大范围“弱关系”管理成为可能。[1]

第二，社会资本。除了人际关系外，研究者还以“社会资本”为切入点，阐述参与社交网站为个人带来的益处。布尔迪厄认为，“社会资本”广义是指具体社会情境或网络环境中的人与人之间的关系中积累的资源。[2]简言之，是人与人之间的关系带来的结果。郭峰渊、柯秀佳以博客的自我披露行为为例，发现在披露和社会化资本之间存在着相似的关系。[3]他们认为，社交网络预期的好处中最重要的是与朋友创造和保持接触带来的巨大社会资本。[4]莫伊拉·伯克（Moira Burke）等人发现，那些积极活跃地参加 Facebook 的用户有更高程度的社会资本和其他的好处。[5]他们区分出了一种使用的“消费”模型（类似于其他语境中的潜水者），这是由那些点击朋友的主页但是不张贴自己的个人信息的用户组成。这种使用类型没有带来更高程度的社会资本，而且，事实上，伴随着更多的孤独。另一方面，那些经常张贴个人信息并与朋友直接交流的用户有更具整合性的社会资本。诚实的自我披露间接地带来主观性的好处，即可感知的社会支持：“Facebook 好友更可能提供支持，当他们知道用户需要支持的时候；只有当这样的需要通过自我披露适当传播的时候，

[1] Bernhard Debatin, Jennette P. Lovejoy, Ann-Kathrin Horn M.A. Brittany N. Hughes. Facebook and online privacy: attitudes, behaviors, and unintended consequences. J Comput-Mediat Commun. 2009.15(1):83–108.

[2] Pierre Bourdieu. The forms of capital. In: Granovetter M, Swedberg R (eds) The sociology of economic life, 2nd edn. Westview Press, Boulder, 2001:96–111; James S. Coleman. Social capital and the creation of human capital. Am J Sociol 94(Supplement):S95–S120.1988; Lin Nan. Building a network theory of social capital. In: Lin Nan, Karen S Cook, Ronald S. Burt (eds). Social capital theory and research. Transaction Publishers, New Brunswick, 2001:3–30; Alejandro Portes. Social capital: its origins and applications in modern sociology. Annu Rev Sociol. 1998(22):1–24; Robert D. Putnam. Bowling Alone: The collapse and revival of American community. New York: Simon & Schoster.2000.

[3] Hsiu-Chia Ko, Feng-Yang Kuo.Can blogging enhance subjective well-being through self-disclosure? CyberPsychol Behav. 2009(12):75–79.

[4] Nicole B. Ellison, Jessica Vitak, Charles Steinfield, Rebecca Gray, and Cliff Lampe. Negotiating Privacy Concerns and Social Capital Needs in a Social Media Environment. Privacy Online, Springer-Verlag Berlin Heidelberg, 2011:19.

[5] Moira Burke, Cameron Marlow, Thomas M. Lento. Social network activity and social well-being. In: Proceedings of ACM CHI 2010: conference on human factors in computing systems, ACM, New York, 2010:1909–1912.

用户更有可能接收到来自 Facebook 好友的支持。”[1]

最后一个维度是个人整合性需求或者认知需求，这个需求主要依靠用户主动的内容生产，而非消费过程来满足。身份形成或者印象管理包含在这个维度之内。人们试图通过积极使用社交网站，甚至公开他们的经历以获取尊重和支持，最终目的在于建立自信。[2] 纳迪等人研究发现，在社交网站上生产内容是表达一个人的想法和情绪的方式，并通过书写表达思想，而且很有可能以在线下环境中不可能的方式进行尝试。[3] 另外，用户在社交网站上记录他们的生活甚至试图提升自己的职业生涯并且提升社会地位。[4] 妮科尔・克雷默（Nicole Krämer）等人发现，所有这些个人的整合性需求都与参与或生产社交网络使用的形式有关。一个人的姓名和可识别的特征完全公开，用户积极地管理着他们的在线自我形象。[5] 社交网站至少为侧面像的主人及其行为提供了“彻底的透明度”（radical transparency），[6] 汤普森认为，只是有些矛盾的是，一方面，社交网站靠用户揭露和消费个人信息的愿望成长，许多个人 Facebook 好友至少在某种程度上都是主人在线下认识的人这个事实；但是另一方面，印象管理在这些网站上积极活跃地存在着。除此之外，这种伴随社交媒体而来的自我披露和自我反省不仅仅针对与其他人的数字亲密性，

[1] Junghyun Kim. Jong-Eun Roselyn Lee. The facebook paths to happiness: effects of the number of facebook friends and self-presentation on subjective well-being. CyberPsychol Behav Soc Netw. 2011(14):359–364.

[2] Louis Leung. User-generated content on the internet: an examination of gratifications, civic engagement and psychological empowerment. New Med Soc. 2009(11):1327–1347.

[3] Bonnie A. Nardi, Diane J. Schiano, Michelle Gumbrecht. Blogging as social activity or would you let 900 million people read your diary? In: Proceedings of the 2004 ACM conference on computer supported cooperative work, Chicago, 2004: 222–231; Liu S-H, Liao H-L, Zeng Y-T.Why people blog: an expectancy theory analysis. Issues Inform Syst.2007(8):232–237.

[4] Oded Nov.What motivates Wikipedians, or how to increase user-generated content contribution. Commun ACM.2007(50):60–64.

[5] Nicole Krämer, Nina Haferkamp. Online Self-Presentation: Balancing Privacy Concerns and Impression Construction on Social Networking Sites. Privacy Online, Springer-Verlag Berlin Heidelberg, 2011:128.

[6] Adam N. Joinson, David J. Houghton, Asimina Vasalou, and Ben L. Marder. Digital Crowding: Privacy, Self-Disclosure, and Technology. Privacy Online, Springer-Verlag Berlin Heidelberg.2011:34.

还是一种亲密性的自反区域，因为我们获得了一种更好的自我感觉。[1]

除了四种需求维度之外，有些研究者另辟蹊径，从其他角度来阐述“隐私悖论”存在的原因。比如，萨默·欣杜贾（Sameer Hinduja）等人指出，用户在社交网站的参与过程中，需要在尊重别人的观点和宽容的同时“实现自我控制的能力，”以一种良性、规范方式的情绪表达想法，参与批判式的决策制定和思考过程。[2] 朱迪·伯贡（Judee Burgoon）认为，用户虽然关心的信息隐私的问题，但是认为他们对社会隐私有很强的控制，甚至感到能从感知到的心理隐私中获益。信息隐私是指人们是否能控制什么或多少关于自己的信息能被其他人共享。社会隐私指的是管理与他人的接近度和距离的辩证过程。它让人们感觉到自己是否控制着他们与其他人的互动的数量和种类。[3] 心理隐私与控制情感和认知的输入和输出有关。如果自由言论和思想是可能，如果人们能够决定与谁分享自己的感受和想法，那么就会存在一种高度的心理隐私。也就是说，在社交网站上，多数用户在信息隐私方面遭受到了很大的威胁，但是用户在社交网站上发现的好处植根于感知的社会和心理隐私之中。从社会隐私的角度来看，社交网站为控制与谁互动和分享信息提供了可能性，方式是诸如朋友清单这样的机制。从心理隐私的角度来看，社交网站为无需受到审查公开一个人的想法和感受提供了无限可能性。总之，用户感到有可能通过隐私设置和朋友清单控制他们的隐私。因此，社交网站上的主观隐私经历可能比线下世界更加丰富。这些线上私密空间为人们提供了感受本真的机会，社交网站可以被感知为本真生活的一个庇护，因为它提供了在线隐私空间。这一经历植根于用户感知到的成功地对受众、互动搭档和它们公开的内容的控制。[4] 甚至，塔玛拉·阿菲菲（Tamara Afifi）指出，虽然有明显证据表明自我披露在关系中起到积极的作用，但是也不总是这样。不披

[1] Clive Thompson.Brave new world of digital intimacy. The New York Times.2008.7.

[2] Sameer Hinduja, Justin W. Patchin.Personal information of adolescents on the internet: a quantitative content analysis of myspace. J Adolesc 2008(31):125–146.

[3] Judee K. Burgoon. Privacy and communication. In: Burgoon M (ed) Communication yearbook 6. Sage, Beverly Hills, 1982: 206–249.

[4] Sabine Trepte and Leonard Reinecke. The Social Web as a Shelter for Privacy and Authentic Living. Privacy Online, Springer-Verlag Berlin Heidelberg, 2011:61-73.

露、秘密和欺骗也是成功关系的关键要素，[1] 而且过度的披露对关系发展是有害的。[2] 过度披露能够导致喜欢的减少。[3] 面对社交网站带来的彻底的透明化，研究者主张管理信息的流动，有选择地自我展示的能力导致"超人际互动。"[4] 在一个关系中，存在平衡公开和秘密的很好的理由。[5] 即，抑制信息有时候是有益的甚至大有裨益的。[6]

（三）解决之道

网络用户一方面意识到自己的在线隐私处于危险之中，但由于自我公开行为的种种现实好处，或者对隐私问题的不在意，使得他们不会刻意采取措施保护在线隐私。这一"隐私悖论"的存在使得研究者顺理成章地继续探讨，如何既能保护网络用户的隐私，同时又继续享用数字技术带来的种种益处。在线隐私保护本身固有的特殊性使得法律保护总是稍显滞后和不足，因此，研究者更多的将希望寄托在网络用户自己身上，希冀通过他们有意识的努力实现二者的平衡。也就是说，要保证个人保留着自己决定社交和隐私之间的

[1] Tamara Afifi, John Caughlin, Walid Afifi.Exploring the dark side (and light side) of avoidance and secrets. In: William R. Cupach.Brian H. Spitzberg (eds) The dark side of interpersonal relationships, 2nd edn. Erlbaum, Mahwah, 2007:61–92; Judee K. Burgoon, Jerold L. Hale. Nonverbal expectancy violations: model elaboration and application to immediacy behaviors. Commun Monogr 1988.55(1):58–79; Sandra Petronio. Communication boundary management: a theoretical model of managing disclosure of private information between marital couples. Commun Theory 1991.1(4):311–335.

[2] I. Altman, Dalmas A. Taylor. Social penetration: the development of interpersonal relationships. Holt, Rinehart and Winston, New York,1973; Charles R. Berger James J. Bradac. Language and social knowledge. Uncertainty in interpersonal relations. Edward Arnold, London.1982.

[3] M. Erdelyi.The relation between "radio plugs" and sheet sales of popular music. J Appl Psychol 1940.24(6):696–702; Smith GF, Dorfman DD. The effect of stimulus uncertainty on the relationship between frequency of exposure and liking. J Pers Soc Psychol 1975.31(1):150–155; Michael Norton, Jeana H. Frost, Dan Ariely. Less is more: the lure of ambiguity, or why familiarity breeds contempt. J Pers Soc Psychol. 2007.92(1):97–105.

[4] Joseph B. Walther.Computer-mediated communication: impersonal, interpersonal, and hyperpersonal interaction. Commun Res.1996.23(1):3–43.

[5] Sandra Petronio. Communication boundary management: a theoretical model of managing disclosure of private information between marital couples. Commun Theory. 1991.1(4):311–335

[6] Tamara Afifi, John Caughlin, Walid Afifi.Exploring the dark side (and light side) of avoidance and secrets. In: William R. Cupach, Brian H. Spitzberg (eds) The dark side of interpersonal relationships, 2nd edn. Erlbaum, Mahwah, 2007:78.

冲突，帮助个人保留着在数字环境中的决定自治权。[1] 实现这种自治权的典型手段是培育网民的在线“隐私素养”（privacy literacy），或者说“编辑头脑”（editorial acumen）。

互联网本身作为一种传播机制，与隐私有着非常严重的冲突。互联网本质上说是一种存储并转发的技术。即，为了像互联网一样运转，它必须能够捕捉、保留、传输用户分享的信息。[2] 这与面对面、电话和文字交流很不同。但是，很多互联网用户未能意识到，一些事情一旦张贴在网上，或多或少地停留在网上，就可能会被其他人捕捉到并且复制，不管原初的张贴者做出怎样的后续努力去保护和清除它都无济于事。多数网络用户对数字时代社交媒体的共享特征、不可见的公众、“去语境化”[3] 特征都无清晰的认识，这使得他们的自我公开行为慷慨而大方，实际上其个人隐私成了不知者无畏的牺牲品。

因此，研究者认为保护隐私的责任主要是用户自己有意识的努力。[4] 教育用户理解互联网的本质特性以此培养和发展用户的“隐私素养”，理解技术及其意想不到的后果，使得用户做出有教养的选择。[5] 帮助用户理解他们能怎样通过使用系统中的这些工具来控制他们的信息，并且协助他们理解这些工具的意义，将会有利于他们选择他们与别人共享多少东西。这种知识，还有随之而来的自我效力，将会帮助用户能够最大化从这些网站获得的社会资本益处的同时最小化共享信息带来的可能性伤害。保护在线隐私要以用户为中心，培养“隐私素养”就是让他们看透技术的邪恶之处并且做出有素选择。换言之，社交网站的用户需要发展一种对他们的隐私的“被告知的关注”（informed concern），避免对信息技术的道德恐慌和无视或者天真的冷漠。

---

[1] David Flint Law shaping technology: technology shaping the law. Int Review Law Comput Technol. 2009.23(1–2):5–11.

[2] Joseph B. Walther. Research ethics in Internet-enabled research: human subjects issues and methodological myopia. Ethics Info Technol 2002.4:205–216.

[3] danah boyd. Taken out of context: American teen sociality in networked publics. PhD Dissertation, University of California, Berkeley.2008.

[4] Yao M Z. Self-protection of online privacy: A behavioral approach[M]//Privacy Online. Springer Berlin Heidelberg, 2011: 111-125.

[5] Bernhard Debatin. Ethics, Privacy, and Self-Restraint in Social Networking. Privacy Online. Springer Berlin Heidelberg, 2011: 51.

这表明用户必须主动地让自己知晓社交网站对他们的隐私可能造成的潜在负面影响，而且它们必须获取减轻或完全阻止负面后果的必需的技能。意识到任何信息一旦张贴到网上就变成公共的，不再是私人的，因为它们很容易被复制、散播和改变用途，这一切都无需信息原始源头的知晓或同意。减少信息的流动将会是维持个人信息完整的一个合理和有效的措施。这就要求用户在网络上改变他们的期待和行为方式。这将会要求一套"以用户为中心的自我约束伦理"（ethics of self-restraint）。[1]

因为在线环境全球地方化地（glocally）运转，起草使隐私变成全球用户的公共利益的解决方案的重要方面就是教育公众形成在线"独处权"的意识。教育，其形式是技术通识能力（technological literacy），能够帮助个人在数字环境中熟练地践行这一自治。因为公众使用混淆着私人和公共的平台，他们保持在必要时候区分二者界限的权利就很重要。依靠用户披露和消费个人信息的愿望为生的网络环境[2]既为个人提供了机会，也为述行在线自治提出了挑战。个人被要求成为他们自己的在线行为的更有意识的编辑者。编辑技巧，编辑的能力之前只与具体的职业有关，现在变成了作为个体的公民的财产和一种在线生存工具包的一部分。[3]比如，在我们与一系列公众：朋友、同事、熟人和陌生人互动的过程中，我们经常会编辑我们与他人分享的社交行为和信息。当太多的信息被在不合适的场合分享的时候，我们甚至会用词组、规范和缩略词传递给其他人。在社交网站上的自我披露既涉及披露的生产，又涉及对这些披露的同步或随后的编辑，编辑能够形成统一的展示形象。构成高质量展示的那种通识能力依赖于个人的编辑头脑。这种头脑使得个人展示一致的和多义的自我形象。个人正是要学会这种编辑聪慧运用到数字环境中。而且正是这种聪慧将会帮助个人在数字环境中自治地展示他们的身份。[4]

使网络用户保有隐私的一个关键是使之能够控制信息，因此研究者们呼

---

[1] Privacy Online, Springer-Verlag Berlin Heidelberg.2011:57.

[2] Adam N. Joinson. 'Looking at', 'looking up' or 'keeping up with' people? Motives and uses of Facebook. Paper presented at the CHI 2008 – Online Social Networks, Florence.

[3] John Hartley. Communicative democracy in a redactional society: the future of journalism studies. Journalism. 2000(1):39-48.

[4] Zizi Papacharissi and Paige L. Gibson. Fifteen Minutes of Privacy: Privacy, Sociality, and Publicity on Social Network Sites. Privacy Online. Springer Berlin Heidelberg, 2011:86.

吁一种承认用户可以对控制渠道有很多选择的隐私概念。对社交媒体用户来说，他们的隐私保护水平与朋友的数量、接受朋友的标准，在线提供的个人信息的数量和质量有关。[1] 隐私设置、交友行为和披露方面的一些限制都可以降低风险。用户可以通过限制他们的真正揭露，通过减少披露的数量或者限制对一般话题的披露的内容。朋友标准也发挥着作用，例如，经过慎选朋友是用户控制受众的一个策略。这三个领域——交友、披露和隐私设置——能被视为彼此相联系的操作手段。[2] 因此，用户使用这些策略的程度可能会影响他们从中获取的社会资本和避免隐私风险，因为它们给予用户调整他们在个人主页披露信息的机会。

通过以上对数字时代的隐私问题研究文献的综述可以发现，多数研究者是将视线聚焦在“隐私悖论”这一认知和行为不协调的现象之上，将数字时代的共享技术为网络用户带来的各种实际利益为切入点来解释人们为何做出看似矛盾的选择，并进一步提出对策保全隐私和共享两方面的利益。这种从实用主义的角度出发解决问题的路径在思路上不成问题的，但是，如果仅仅将问题停留在经验研究发现的认知思维与行为方式的结果上，似乎不能深刻地理解这个问题的本质。

“隐私悖论”只是隐私观念及概念在数字时代的异变这个更根本、更深刻的问题的表现形式。人们对隐私的看法，即隐私观念发生了变化才导致了共享与风险认知之间的矛盾，其实人们从未放弃过隐私，也并不讳言对共享的追求，对这二者的同步希冀反映了人们已经发展出一种更复杂、更微妙的看待隐私的方式。

自我披露和自我公开并不是放弃隐私的行为，也并不说明人们就不在乎隐私风险了，反之人们比任何时候都更加关注自己的隐私所面临的风险。只是在自我披露、公开行为的同时依然在内心守护着自己对隐私的看法。如果不找出这些看法，研究者将被这一隐私悖论所困。其实，所谓的“隐私悖论”

[1] Bernhard Debatin. Ethics, Privacy, and Self-Restraint in Social Networking. Privacy Online. Springer Berlin Heidelberg, 2011: 56.

[2] Nicole B. Ellison, Jessica Vitak, Charles Steinfield, Rebecca Gray, and Cliff Lampe. Negotiating Privacy Concerns and Social Capital Needs in a Social Media Environment. Privacy Online. Springer Berlin Heidelberg, 2011: 19-32.

只是一种假想的矛盾，自我披露并不说明对隐私风险的听之任之，而是因为披露者内心有一套看待隐私的规范和标准，而这套规范标准与研究者所理解的传统的隐私的核心价值和内容已然有所不同，需要新的界定和解释。

诚如纽约城市大学新闻学教授杰夫·贾维斯（Jeff Jarvis）在其为网络公开行为唱赞歌的新作《公开——新媒体时代的网络正能量》（Public Parts: How Sharing in the Digital Age Improves the Way We Work and Live）的结尾所警示的那样，“我们需要保护隐私。但是我们也需要使我们隐私的规范适应新的社交工具和行为，这样我们才能更好地理解什么时候一些事情要私下里说，什么时候信息在未经允许的情况下不能被使用，传播信息的危害是什么，以及怎样给以人们对信息更多的控制权。”[1]

二、国内相关研究文献综述

（一）对隐私权的一般研究

中国对于隐私权的研究始于20世纪80、90年代，此时国内学者开始对隐私权进行过系统研究。张新宝《隐私权的法律保护》（群众出版社，1998年）是我国首部系统研究隐私权问题的专著。全面地介绍了隐私权的基本法理，专章介绍隐私权与知情权、公开权；隐私权与言论表述和新闻出版自由的冲突与平衡；还有新闻从业者经常采用的偷拍、偷录这种收集信息的方式对隐私权的侵犯。作者注意到了快速发展的科技对公民隐私权的潜在威胁，因此在此书的第二版中新增章节介绍了互联网上的隐私权保护和电子邮件的隐私权保护。

除此之外，还有顾理平的《新闻侵权与法律责任》（中国广播电视出版社，2001），洪伟《大众传媒与人格保护》（上海三联书店，2005），魏永征、张咏华、林琳《西方传媒的法制、管理和自律》（中国人民大学出版社，2003），魏永征《大众传播法教程（第二版）》（中国人民大学出版社，2006）等专著界定了隐私和隐私权的概念，媒介侵犯个人隐私权的方式以及如何从法律的角度保护个人隐私，如何在公众知情权与公民的个人隐私保护

---

[1] ［美］杰夫·贾维斯.公开——新媒体时代的网络正能量.北京：中华工商联合出版社.2013:269.

之间达成平衡。

台湾民法大家王泽鉴《人格权法》，用法释义学、比较法学和案例研究的方法人格权保护范围中具体的人身权、姓名权、肖像权、名誉权、信用权以及隐私权进行了论述，提出了救济方法，以及这些人格权与言论自由价值之间的冲突。王利明《人格权法研究》用总论和分论系统论述了人格权的一般原理以及具体的人格权利益。王利明、杨立新主编《人格权与新闻侵权》分三部分别介绍了人格权的一般原理、具体的人格权以及新闻媒体侵犯他人人格权的一般规则、抗辩事由、救济方式等问题。《隐私权兼论人格权》也是采用这种方式，重点阐述了隐私权的源起，我国、美国、德国、英国以及国际法对隐私权的法律保护，隐私权与表达自由的冲突，隐私权与其他人格权的比较等。

王秀哲《我国隐私权的宪法保护研究》论述了隐私权的含义、对隐私权进行宪法保护的价值基础、效力，以及与公权力有关的一些具体隐私权的保护，比如：监视监听、堕胎、政府信息公开、个人信息档案等等。张莉《论隐私权的法律保护》阐述了隐私权的意涵、隐私权法律保护的必要性、隐私权法律保护的实践等问题。余凌云、王洪芳、秦晴主编的《摄像头下的隐私权》是不多见的专门论述电子摄像头与个人隐私之间的博弈的作品。张民安以威廉•普罗瑟（William Prosser）的4种分类为基本框架，通过翻译相关文献的方式归纳了其中两种侵犯隐私行为所包含的具体行为和内容。《侵扰他人安宁的隐私权》重点分析了“侵扰另一人的独处或隔离境况”的隐私侵权行为，比如家庭成员、公共场所、新闻媒体及监所狱警的侵扰行为；《公开他人私人事务的隐私侵权》分析了“无理宣扬当事人的私生活”这一隐私侵权行为，比如公开医疗信息、基因信息、雇员信息、航空乘客信息及网络的公开行为。

总的来说，这些研究涉及一般隐私权问题的方方面面，隐私权的概念界定、价值基础、隐私权的法律保护、侵犯形式、救济方式、隐私权与其他权利的冲突等基本问题。内容虽然全面，但是依然停留在一般层面的描述，没有专门对隐私问题的某一个方面进行细致的讨论和解释。

（二）IT时代的隐私问题研究

IT时代，我国学者对隐私权的研究集中体现为对“网络隐私权”这一问题的研究，研究思路遵循“是什么，以及怎样做”的路径，研究问题主要围绕网络隐私权面临的挑战、威胁以及如何强化对网络隐私权的保护展开。

1. 网络隐私权

网络隐私权是一般隐私权在互联网时代的延伸和扩展，其与一般隐私权有着同一的目的，即，维护公民私生活的安宁和私人信息的保护，不过这种安宁和保护从物理空间延伸至了网络虚拟空间。

李德成认为，所谓网络隐私权是指，公民在网上享有私人生活安宁和私人信息依法受到保护，不被他人非法侵犯、知悉、搜集、复制、利用和公开的一种人格权；也指禁止在网上泄漏某些个人相关的敏感信息，包括事实、图像以及诽谤的意见等。[1] 孟晓明认为，网络隐私权指在网络与电子商务时代，个人信息资料和网上在线资料不被窥视、侵入、干扰、非法收集和利用。网络隐私权涉及到对个人数据的收集、传递、存储和加工利用等各个环节。[2]

国内学者将这一网络隐私权所包含的隐私范围进行了不同的划分方式，比较有代表性的有以下三种。

胡磊将网络隐私权分为个人数据、个人私事、私人领域和私人生活安宁4 种类型。其中：（一）个人数据是指生成主体拥有的、足以对该主体构成识别的数据，生成主体是指个人信息被当作数据加以收集的自然人。它包括所有与个人属性有关的信息。例如个人的自然情况 (身高、体重、生日、性别、种族等) 、社会与政治背景 (教育程度、工作经历、宗教信仰、哲学观点、政治主张和党派倾向等)、生活经历与习惯 (婚姻恋爱史、消费习惯等) 和家庭基本情况 (婚姻状况、配偶、父母及子女的情况等) 等均属于个人数据。（二）个人私事是指个人与公共利益无关的、 自己又不愿公开的日常生活、交往和通信往来等社会活动； (3) 私人领域不仅包括身体、桌子、抽屉、文件柜、个人电脑文件、 房间和住所等在传统条件下固化的有形的空间 , 而且还包括个人的精神领域。在网络环境下 , 这些私人领域都抽象成无形空间； (4) 在网络隐私权的定义中提到“公民在网上享有私人生活安宁” , 因此 , 除上述三类情况外 , 任何其它侵扰了公民的私人生活安宁、给个人带来主观精神痛苦和经济

[1] 李德成 . 网络隐私权保护制度初论 . 北京 : 中国方正出版社 .2001.

[2] 孟晓明 . 网络隐私的安全防护策略研究 . 现代图书情报技术 .2005(4):92-95.

财产损失的网络言行，都对个人的网络隐私权造成了侵害。[1]

孟晓明的分类将其划分为：（1）个人登录的身份、健康状况等。用户在申请上网开户、个人主页、免费邮箱以及申请服务商提供的其他服务时提交的姓名、年龄、住址、身份证、工作单位、健康状况等信息，均属个人隐私。（2）个人的信用和财产状况。（3）邮箱地址。（4）网络活动踪迹。如IP地址、浏览踪迹、活动内容，均属个人隐私。（5）用户的私密文件。[2]

刘焕成的分类方法将网络隐私权划分为：（1）反映个人的身份、健康、家庭情况等的数据和描述记录。如姓名、曾用名、性别、年龄、身高、体重、个人身世、血源、指纹、DNA结构、出生日期与地点、种族、身份证号、嗜好、家庭地址、工作单位、学历、社会关系、工作经历、求职意向、薪资要求意向、健康状况、病历、宗教信仰、犯罪历史、哲学观点、政治主张和党派倾向、生活经历与习惯(如婚姻恋爱史)和家庭基本情况(婚姻状况，配偶、父母及子女的情况)等个人记录信息。(2)反映个人收入、财产、信用、消费的信息。(3)通信秘密与自由的保护。电话号码、手机号码、传呼号码、ICQ号码、通信地址、E—mail地址等信息均应保密。（4）反映在网上活动的信息。人的网名、上网卡、上网帐号和密码、电子签名、访问的时间、上网习惯、使用状况、网络活动踪迹等也属于个人隐私。（5）个人计算机内存储的信息。个人在工作单位或家中的计算机内存储的有关私人的信息、通讯录、日记、私人文件等也是个人隐私的重要组成部分。（6）个人生活安宁的保护。网络色情、淫秽信息、电子邮件促销广告、其它不利于人们精神安宁的垃圾信息不断“轰炸”我们的计算机及邮箱，不但给我们造成了沉重的精神负担，同时也严重扰乱了个人及家庭的平静生活。[3]

本书认为，综合三种分类方式，可以将网络隐私权所包含的内容整合为物理空间中的三种隐私利益：[4]（1）个人信息，包括所有与个人属性有关的信息，可能是登录时所需。（2）个人活动，包括网络空间中的通信活动、交

---

[1] 胡磊．试论网络隐私权的隐私范围及其保护——从“Google Earth”事件说开去．情报资料工作．2007(3):58-61.

[2] 孟晓明．网络隐私的安全防护策略研究．现代图书情报技术．2005(4):92-95.

[3] 刘焕成．网络隐私保护对策研究．情报科学．2003(4):428-433.

[4] 魏永征．新闻传播学法教程（第二版）．北京：中国人民大学出版社．2002:189-190.

往活动，网络活动踪迹。如 IP 地址、浏览踪迹、活动内容。（三）个人空间，指网络中的虚拟私人领域，比如，个人电脑文件、个人主页后台等。另外还包括（四）个人在网络空间中的生活安宁权，网络色情、淫秽信息、电子邮件促销广告等是对这一隐私利益的主要侵犯形式。这四种形式基本涵盖了网络隐私权最主要的几方面内容。

具体说来，国内学者对网络隐私权的研究主要集中在以下话题。

2.IT 时代个人隐私面临的威胁

个人隐私在互联网时代面临的新威胁和新挑战是学者关注的主要问题。他们总结出的网络技术对个人隐私的威胁主要是以下几个方面。

第一，对个人数据的不合理[1]、过度的、[2]非法[3]收集。第二，对个人隐私数据和信息的超常规、[4]非法、[5]不合理[6]使用、滥用[7]、利用[8]，其中包括披露[9]和出售[10]等。第三，个人数据得不到及时更新[11]，也被称为对个人隐私信息质量的侵害[12]。第四，侵扰私人生活的安宁，即网络打破了个人及家庭的平静生活，如黑客的攻击，他人在网上发布个人的电话、手机号、通信地址、E-mail 以及相关的小道消息，都会对个人生活造成干扰。[13]第五，个人电子邮件问题。[14]

有些学者从个别网络活动出发，识别了其中可能涉及到的侵犯隐私问题。

[1] 孟晓明．网络隐私的安全防护策略研究．现代图书情报技术 .2005(4):92-95. 左艳华．网络环境下个人隐私的侵犯与保护．情报杂志 .2002(4):24-27.

[2] 刘焕成．网络隐私保护对策研究．情报科学 .2003(4):428-433.

[3] 李莹．论网络环境中的隐私安全与防护 .2011(4):293.

[4] 刘焕成．网络隐私保护对策研究．情报科学 .2003(4):428-433.

[5] 刘焕成．网络隐私保护对策研究．情报科学 .2003(4):428-433.

[6] 刘一兵．网络环境下的隐私与隐私保护．情报科学 .2003(6):605-608.

[7] 左艳华．网络环境下个人隐私的侵犯与保护．情报杂志 .2002(4):24-27.

[8] 刘一兵．网络环境下的隐私与隐私保护．情报科学 .2003(6):605-608.

[9] 李莹．论网络环境中的隐私安全与防护．山西财经大学学报 .2011(4):293.

[10] 刘焕成．网络隐私保护对策研究．情报科学 .2003(4):428-433.

[11] 左艳华．网络环境下个人隐私的侵犯与保护．情报杂志 .2002(4):24-27.

[12] 刘一兵．网络环境下的隐私与隐私保护．情报科学 .2003(6):605-608.

[13] 刘焕成．网络隐私保护对策研究．情报科学 .2003(4):428-433.

[14] 左艳华．网络环境下个人隐私的侵犯与保护．情报杂志 .2002(4):24-27.

比如，戢渼钧总结了个性化信息服务中主要涉及的用户的个人隐私：（1）用户为获取个性化信息服务而主动提供的个人信息：姓名、性别、出生年月、邮件地址、兴趣爱好甚至工资水平等。（2）用户的信息行为。包括用户登录网站的链接地址、链接时间、次数、用户搜索的主题词、搜索结果输出等网上行为。（3）用户的定制信息及个人信息中的各类信息，包括用户所形成的的个性化页面、用户私人通信所保存的电子邮件及用户的浏览行为。获取这些信息的方法主要有三种：（1）服务器端挖掘，即从服务器中分析获取；（2）用户主动提供，即由用户主动填写；（3）系统被动学习，即监视用户的信息搜索与浏览过程。[1]

数据挖掘（data mining），指从大量的数据中提取有用的信息和知识的过程。丁楠、潘有能认为，数据挖掘侵犯个人隐私最明显的例子是售卖个人信息的行为；其次是，企业在利用数据挖掘进行有针对性的市场活动时，常常会为了实现个性化的服务而冒侵犯隐私的风险。英国电信公司在名为“朋友和家庭”计划的首次尝试中，向所有客户发送了“五个最常拨电话清单，据报道这个计划导致一场婚外情的意外揭发， 致使一个家庭因此解体，出轨的丈夫扬言要将英国电信公司告上法庭。[2]

王树义、朱娜总结了移动社交网络涉及到的个人隐私威胁的问题。移动社交网络不仅仅是传统桌面社交网络的无线版本，而是更具动态和交互特性、内容更加丰富的个性化社交应用。大致可以分为三类：（1）传统 SNS 类：包括新浪微博、腾讯微博、Facebook、QQ 空间和人人网等。（2）陌生人交友类：包括遇见、陌陌、兜兜友、友加和夜猫等。（3）即时通讯类：包括微信、米聊、QQ、Phone+、爱聊免费电话、飞信、私信、YY、Skype 和 Viber。移动社交媒体的隐私风险主要体现在以下方面：移动社交媒体是基于位置的应用，最容易暴露用户的位置信息，因而对隐私的威胁非常大；用户主动暴露过多隐私；服务提供商提供的社交媒体的隐私导航功能、关联设置以及隐私设置内容等方面并不合理；黑客攻击也可引发隐私泄露。[3]

[1] 戢渼钧 . 关于个性化信息服务的隐私保护 . 图书情报工作 .2006(2):49-51.

[2] 丁楠，潘有能 . 数据挖掘中的隐私保护：法律与技术 . 理论与探索 .2007(6):772-775.

[3] 王树义 . 朱娜 . 移动社交媒体用户隐私保护对策研究 . 情报理论与实践 .2013(7):36-40.

3. 互联网环境下隐私保护的对策研究

针对数字时代个人隐私面临的隐私风险，学者们提出了各种应对的措施。

（1）法律约束

虽然在互联网时代，对个人隐私进行法律保护有着种种局限，但是法律手段依然是保护隐私的首要救济措施。国内学者在对互联网环境下的隐私保护提出对策时都将法律手段看成是最主要的方法。胡磊认为，针对信息网络技术的飞速发展给个人隐私带来的巨大的威胁，各个国家和地区都采取措施加强对隐私权的保护，并且在隐私权的法律保护方面取得了一定的共识。[1] 世界上已有 50 多个国家和地区制定了相对成熟的公民网络隐私权。[2] 刘一兵认为，网络隐私保护的最终形式和标志必须是各种网络隐私保护法案的颁布和实施，目前各国政府已经清醒地认识到了这一点，并取得了一定的进展。[3] 比如，美国的《网上儿童隐私权保护法》、欧洲联盟《欧盟资料保护指令》、加拿大的《个人信息保护和电子文件法案》。至于我国对网络隐私权的保护现状，胡磊认为，我国无专门法律来保护网络中的个人隐私信息安全，这在传统环境下已然不能满足人们对隐私权保护的需要，因此，当务之急是拟定相关条例、决定或司法解释来填补我国网络隐私保护方面空白，并给出了网络隐私权保护的法律法规的框架和内容。[4] 徐敬宏认为，我国目前一直没有全国性的专门的隐私权法，在保护网民个人资料等网络隐私权方面的任务就更为艰巨，更需要有专门的网络隐私权立法。[5]

（2）网络服务提供商的自律机制

还有学者认识到网络服务提供商在保护网络用户隐私方面负有的责任，因此为其设定了保护个人隐私的义务，其中主要有保密申明和隐私设置两种方式。

刘颖认为，保密申明是一个网站向用户提供的关于个人信息收集、使用

---

[1] 胡磊 . 试论网络隐私权的隐私范围及其保护——从“Google Earth”事件说开去 . 情报资料工作 .2007(3):58-61.

[2] 李静 . 网络隐私权保护的立法研究 . 青岛：中国海洋大学 .2009.

[3] 刘一兵 . 网络环境下的隐私与隐私保护 . 情报科学 .2003(6):605-608.

[4] 胡磊 . 试论网络隐私权的隐私范围及其保护——从“Google Earth”事件说开去 . 情报资料工作 .2007(3):58-61.

[5] 徐敬宏 . 欧盟网络隐私权的法律法规保护及其启示 . 情报理论与实践 .2009(5):117-120.

方面的说明，它是网站与用户之间建立良好信任的第一步。尽管保密申明并不能够保证该网站会毫不侵犯用户的隐私，但至少必须让用户知道：他的哪些个人信息被收集了，是如何被使用的。但是，保密申明的约束力有几何确是一个值得质疑的问题。并非所有的网站在收集用户信息前都会向用户提供保密申明，而且由于易读性差的缘故，用户无法理解自己的个人信息是如何被收集、使用的，这使得许多用户不愿意详细阅读网站的保密申明。[1]

王树义、朱娜认为，服务提供商应该在用户信息存储隐私设置功能以及用户信息安全提醒等方面加大力度。提供商还应该承担对用户位置隐私保护的提醒责任，在用户开通位置服务时告知用户哪些程序可以访问位置信息，告知用户上传照片可能会被推断出相关信息的风险，提醒用户谨慎对待陌生人的位置信息请求等。[2]

（3）技术约束

在对保护隐私的各项对策中，技术成为各学者都注意到的一个保护个人隐私的对策，颇有“以毒攻毒”之味。比如，2000年4月，万维网联合会(W3C)通过了隐私优先选择平台(P3P, Platform for Privacy Preference Project)标准，它旨在为用户提供一种简单而自动的方法来控制他们的个人信息在网站的使用。[3]丁楠、潘有能认为，在保护数据挖掘中的个人隐私的过程中，个人隐私保护的主要对策有数据扰乱技术、数据交换和随机化。[4]孟晓明提出要正确使用Cookie，避免因Cookie泄密、维护密码的安全性、过滤可能造成安全隐患的ActiveX控件、抹去电脑上遗留下的痕迹、时刻警惕病毒的袭击、对机密信息实施加密保护、隐藏私密文件，防止隐私泄露、拒绝某些可能有威胁的站点对自己的访问、加密保护电子邮件、安装防火墙软件，构筑安全屏障、注意保护自己的IP地址。[5]技术制约不失为一种有效的保护隐私手段，但是其对个人技术素养水平的要求比较高，需要信息主体在明了甚至精通这些技术的工作原理及操作方法的前提下才能发挥效用。

---

[1] 刘颖．论个性化信息服务中的隐私保护．情报科学.2007(12):1794-1798.

[2] 王树义．朱娜．移动社交媒体用户隐私保护对策研究．情报理论与实践.2013(7):36-40.

[3] 刘颖．论个性化信息服务中的隐私保护．情报科学.2007(12):1794-1798.

[4] 丁楠，潘有能．数据挖掘中的隐私保护：法律与技术．理论与探索.2007(6):772-775.

[5] 孟晓明．网络隐私的安全防护策略研究．现代图书情报技术.2005(4):92-95.

（4）行业规范

除了法律的强制作用外，研究者们认为，互联网时代保护个人隐私还需要加强行业自律。从网络行业本身入手，制定切实有效的行业规范，对违反行业规范者进行严肃处理。[1] 隐私认证机构就是一种行业自律的方式，它存在于网站和网站的用户之间，这些机构要求那些被许可在其网站上张贴它们的隐私认证标志的网站必须遵守在线信息收集的行为准则。通过在网站上张贴隐私认证标志，帮助用户识别那些遵守特定的信息收集行为准则的网站。比如，TRUSTe 和 BBBOnline 就是这种倡导网络隐私保护的非盈利性机构，对符合隐私保护标准的网站颁发认证认证书。[2]

（5）强化隐私保护意识

辛文娟、彭李余认为，在互联网时代，保护个人隐私最主要还是要依靠隐私主体本人的意识和能动力，网络环境的开放包容决定了个人可以为保护自己隐私做的更多，也更有效。无论是国家立法、行业自律还是提升社交网络提供商改进服务，都只是隐私泄露的外部因素。用户个人网络信息素养不足是造成个人隐私泄露的主要原因之一。为了保护个人隐私，最切实可行的途径就是提高社交网络用户的个人隐私保护意识和技能。[3] 首先，要提高网民的隐私意识。刘焕成认为，要充分利用各种新闻媒体，广泛宣传，使网络服务商、国家政府机关、企业和公民都明白网络隐私保护的重要意义。[4] 其次，个人可以采取具体的安全防护措施。其中包括：①申请免费电子邮箱时，尽量不使用真实姓名和填写相关的真实资料。②谨慎对待网上购物。③在网上浏览时，使用代理服务器或匿名浏览方式。④禁止使用 Cookie。系统不接受 Cookie，当然也就不会泄漏由 Cookie 造成的任何网络隐私。⑤在计算机中使用个人防火墙等软件进行保护。⑥设立个人多重档案，分别为访问的不同性质网站以及在那里的活动而量身订做。⑦不要在网站上留下过多的个人资料。在网上填写一些表格时，可以写一些假资料或半真半假的资料。对于需要保密的资料，

[1] 李莹 . 论网络环境中的隐私安全与防护 . 山西财经大学学报 .2011(4):293.

[2] 刘颖 . 论个性化信息服务中的隐私保护 . 情报科学 .2007(4):1794-1798.

[3] 辛文娟 . 彭李余 . 社交网络环境下大学生隐私保护现状及对策研究——基于对重庆市六所高校的问卷调查 . 中国出版 .2013(5):61-64.

[4] 刘焕成 . 网络隐私保护对策研究 . 情报科学 .2003(4):428-433.

应慎重填写。⑧对个人资料进行加密保护。[1]

辛文娟和彭李余认为，在使用社交网站时，可以采取的保护个人隐私的措施包括：①注册前，仔细阅读该社交网站的隐私声明条款，充分了解其潜在的风险；②注册时，不要过度追求个人资料的完善，谨慎设置个人信息的公开范围；③发布各种信息时，尽量少透露个人日常动态信息，少发个人及常在场所的照片，慎用各种“第三方应用程序”；④注意使用各大社交网站独特的隐私保护功能，从而有选择性地进行相对安全的网络社交活动，保护个人隐私。[2]

通过综述可发现，国内学者对IT时代隐私问题的研究聚焦在对网络隐私权的界定、其面临的威胁和挑战以及应对措施。总体来说，这些研究的取向比较宏观，而且相对粗疏，没有细致分类，对隐私权进行分门别类的分析和总结。

整体上来说，现有对IT时代隐私问题的研究主要集中在对网络隐私权的概念界定和分类；个人隐私面临的各种挑战以及针对这些挑战的应对措施。若以国外研究的“隐私悖论”框架来看，国内研究主要聚焦在个人隐私面临的威胁以及如何应对隐私风险这两个维度。其实，个人隐私面临的各种各样的威胁只是新媒体技术对隐私及隐私权的方方面面影响的一小部分内容，而且就算这一小部分内容，现有研究也没有描述得很清晰通透，未进行合理的分类阐述，比较粗浅、笼统，更多的停留在各种技术本身对隐私的潜在威胁，但实际上技术是为人所用，因此，对隐私的最大威胁实际上还是来自社会和市场中各个不同的行动主体，是他们怀着各种不同动机对技术的使用和掌握造成了对隐私的威胁，因此，要阐述清楚数字时代隐私面临的新风险，不应该从技术本身出发，而应该从各不同的侵犯主体出发，技术只是一种手段，操作技术的人才是关键。这也正是本书在阐述数字时代隐私面临的风险时采取的一种不同以往的思路。

而且，本书没有停留在侵犯现象和对策制定本身，而是主张，各种隐私侵犯风险只是新媒体技术对隐私及隐私权各种影响的最表面的现象，其实，

[1] 刘焕成．网络隐私保护对策研究．情报科学.2003(4):428-433.

[2] 辛文娟．彭李余．社交网络环境下大学生隐私保护现状及对策研究——基于对重庆市六所高校的问卷调查．中国出版.2013(5):61-64.

新媒体技术对隐私及隐私权的影响远不止于此，这种影响一个全方位的系统结构。它始自于新媒体环境下，人们隐私观念的改变，就像前述国外相关研究中的贯穿线索“隐私悖论”也是新媒体环境下隐私观念发生变化的表现形式。而观念是法律的基础，观念的改变引发各国在IT时代对法律进行调整，因此，观念发生改变之后是各国对隐私权的法律保护的调整。而各种隐私侵犯现象之所以会发生是因为在新媒体环境下，法律在保护隐私权方面存在着诸多不足之处，它不能有效处理各种权利与隐私权之间的冲突和对立，所以才导致各种隐私侵犯现象屡禁不止。因此，现有文献对IT时代隐私权的研究局限于隐私侵犯现象及对策实际上只是冰山一角，其深层次的原因并未得到解释与讨论。这也是本书较之前人的研究最为突出的特点。

第三节 研究方法与研究意义

一、研究方法

（一）比较分析法

比较分析法是指对不同国家的法律进行比较研究，包括对本国法与外国法之间或不同的外国法之间的比较研究。通过对比，更能凸显出研究对象的独特性和差异性。因此，比较法学是本研究采用的主要研究方法。比如，在阐述隐私观念的变迁时，既涉及隐私观念从传统、到现代再到IT时代的变迁过程的历时性比较，也涉及欧美国家与中国之传统隐私观念从分殊到合流的地域性比较。在阐述对隐私权的法律保护时，一种历时的对比能够更加清楚地厘清其结构性差异。因此，此部分内容既涉及大陆法系国家和英美法系国家在对隐私权进行法律保护的不同传统，又涉及各国法律从传统到新技术环境下的调整，还涉及在应对对隐私权的新挑战时各国所采用的主要的保护模式之间的对比。更在比较的视角下加入了对中国对隐私权的法律保护的考察。

（二）文献研究法

文献研究反映科学知识产生的程序，是一切方法的方法。通过整理、归纳和重点说明已确定的知识与未确定的问题，作为未来创新的基础。为了弄清既有研究存在的主要问题，本书重点搜集了外文文献中有关隐私问题研究的海量文献，通过文献爬梳，寻求其研究脉络与图谱，并试图通过文献分析，描绘既往研究的基本框架，指出其研究存在的问题。特别是在对不同国家有关隐私问题的研究方面，本书对外文文献进行了细致梳理，并尝试在文献与文献之间建立对话，为隐私观与隐私权的流变关系进行勾勒，努力描绘出隐私研究的知识谱系。除外文文献外，本研究还搜集了大量关于隐私问题研究的中文文献，包括港台学者的研究成果，以期在文献上展开中外对话。

（三）案例分析法

由于本研究仍然会涉及大量法律问题，而对法律问题来说，案例法是经典的法学研究方法，因此，本研究在涉及法律问题时，大量运用了这种方法。案例法既是建构理论所必要的，也是分析实践活动不可或缺的材料和证据。案例研究方法的价值在于为理论论证提供最生动有力的论据，对理论研究进行解释和验证。本研究注重阐述国际经典案例，在大量案例的基础上，选取一些有代表性的案例进行深入剖析，解释案例发生的背景资料，揭示其具有的暗示意义及其与研究问题的关系。

二、研究意义

（一）理论意义

本书将对隐私权的研究置于技术与社会互动的背景下，以技术赋权为视角审视社会结构变迁中的隐私权保护问题，尝试拓展过去隐私权保护问题研究以法学框架为主的状况，将隐私权保护问题不仅仅视为法律问题，而是将之视为一种社会问题，分析法律与技术、社会的互动，试图为隐私权保护研究建立法社会学的研究框架；其次，本书以隐私观念变迁作为研究的切入口，探究在观念变迁的进程中法律以及社会其他因素如何与之互动问题，这种观念史的视角在之前的研究中较少系统涉及，并且，本书尝试用“被遗忘权”这一概念去定义新技术环境下的隐私新观念，有助于把握隐私权的新时代特征；再次，本书对不同国家隐私权保护及其新时代的调整做了系统梳理，为隐私权研究提供了新资料；最后，本书对IT时代隐私权的侵犯主体进行了系统梳理与分类，凸显了隐私权侵犯主体的新类别。

（二）现实意义

本研究的选题具有较强的现实针对性，在隐私权越来越成为一种国际共识的趋势下，法律如何适应IT时代为隐私权保护提出的新挑战，这是保障人类的隐私权必须要考虑的问题。本研究将有助于重新审视现有隐私权保护的制度及其调整策略、方向，为整个隐私权保护框架设计提供智力支持。除此之外，本书还关切中国现实，中国现有法律对隐私及隐私权的保护远未达到完善的程度。理解观察其他国家对隐私权进行法律保护的起源和新时代的调整过程可以更全面系统地了解隐私从一种意识发展到法定权利的动因及脉络，更能以他山之石反衬我国对隐私权的现有法律保护，这对培养我国尚处在初级阶段的公民隐私权意识和隐私权立法和司法实践水平的提升提供有价值的借鉴和启示。

第二章 | CHAPTER 2

中西方隐私观念的变迁：从分殊到合流

观念如同时代精神一样，既集中表现在哲学家和思想家的各种文本之中，又体现在生活世界和人们对日常生活的态度之中。社会思潮往往在两者的互动中演进。所以，研究当代思潮可以用不同的方法。对生活世界的直接观察，也是一种可行的办法。[1] 受到此种研究方法的启发，本书既会观察人们在日常生活体现出的隐私观念，同时结合思想家对隐私观念及概念的重要阐释，进而梳理出一条中外隐私观念变迁的路径。

[1] 赵修义．主体觉醒和个人权利意识的增长——当代中国社会思潮的观念史考察．华东师范大学学报：哲学社会科学版 .2003. 35(3): 7-12.

第一节 欧美隐私观：从“独处权”到两种隐私利益

一、隐私意识的起源

西方社会隐私的哲学基础能被追溯到古代。有学者指出，亚当和夏娃被驱逐出伊甸园能被解读为是关于个人隐私的故事。[1] 中国法学家也主张，隐私意识的诞生是一件很久远的事情。“实际上，隐私观念在人类将自己的阴私部位用树叶等遮挡起来的时候，就产生了。以后随着社会的进展和社会观念的变化，隐私的概念不断发展。在现代，隐私概念有了严格的界定。”[2] 我国首位详细介绍隐私权的法学家张新宝对这种观点表示赞同。他认为，在人类社会的较早阶段，先民们使用兽皮、树皮、麻片等制作成“衣服”，将身体的某些部位包裹或遮掩起来。这种行为，既是为了美观、御寒，也是为了遮掩身体的某些部位。说明他们已经有了避免在公共场合公开展示自己的身体的羞耻心，而这可以看成是隐私的最早期形态。他说，“据《圣经》记载，亚当和夏娃偷吃禁果后发现自己赤身裸体，便用无花果树的叶子编成裙子用以遮羞。”[3] 这种将隐私意识推至人类诞生之始的观点故事性强，而且符合为保护隐私建构合法性的预期，因此很具说服力。但是这种将隐私视为人之天然需求的主张有值得商榷之处。

根据阿伦特的观点，私人领域与公共领域的区分相当于应该显现出来的东西与应该隐藏起来的东西之间的区分。[4] 因此，隐藏是隐私基本所在。但是，在古代社会，落后的经济发展水平使得这种隐藏难以实现。在这样的环境中，隐私意识很难产生。比如，在殖民地时期的美国，为了取暖，家庭成员和寄

[1] Konvitz MR. Privacy and law: A philosophical prelude. Law and Contemporary Problems.1966 (31):272–288.

[2] 杨立新 . 关于隐私权及其法律保护的几个问题 . 人民检察 .2000.1:2.

[3] 张新宝 . 隐私权的法律保护（第二版）. 北京：群众出版社 .2004:3.

[4] [美] 汉娜 • 阿伦特 . 公共领域和私人领域 . 汪晖、陈燕谷主编 . 文化与公共性 . 北京：生活 • 读书 • 新知三联书店 .1998:101.

宿者经常都是睡在同一张床上。为了给每个房间都点上蜡烛，家庭成员可以自由地从一个房间走到另一个房间。大家都是沿着小镇绿林搭建自己的房子，小镇的整个格局是一种线性网状的状况。所以，每个居民对小镇其他居民家发生的事都很熟悉。从现代人的眼光来看，那时候的人所享有的"独居和匿名"权利是受到很大限制的。[1] 这种"独居和匿名"隐私观念在古代社会的不可能性可以从当时的建筑结构的特点中略窥一二。

在古代社会中，房屋承载着多种功能，既是休息场所，又是劳动、工作的现场。住宅还不是一个与劳动很清晰划分开的生活区域，虽然在农民的住户里已经有了人畜分开的征兆，但在手工业的作坊里，厨房和手工工厂还都在一个空间，总的来看，居住的区域和工作的区域还是不可分的，两者之间紧密地连接在一起。在居住的空间内到处可以看见劳动的痕迹。[2] 而且，早期的住房建筑不仅没有区分住宅和手工作坊，而且没有单独的卧室；住宅朝外的一面没有遮护起来，不论是临街的还是朝向邻居的一面，都是敞开的。在住房之内，年龄、性别没有严格地划分开，男女老少都在一个共同的空间内劳动、休息、就餐、庆祝。住宅的开放性使得邻居、陌生人都可以随时走进住户里，参与交际或劳动。在这样一个开放、包容的空间中，人人都知道他人在白天做什么，或者经历了什么，完全没有像我们今天意义的私密性。确切地说，独处的想法是完全不可信的。[3]

因此，古代社会的生活环境拥挤不堪，普通民众对个人空间的需要是奢侈的，甚至是不敢期待的。在古老的熟人社会中，村庄之内邻里之间距离颇近。邻里对别家的家事基本都了如指掌。在现代之前，人们当然几乎没有隐私;许多人在从未获得独处的情况下生活。他们生活的每一个细节都处于家人、部落成员和社区的注视之下……曾经，我们生活在一个被邻居包围的地方，他们能像我们的家人一样近距离地观察我们。他们知道我们怎样穿衣、我们怎样购物、我们与谁约会，还有从我们房间传出的各种声音和气味的含义。[4]

在古老的原初社会中，所谓的"独居、独处"的隐私观念并不是个人与

---

[1] Ken Gormley.One Hundred Years Of Privacy[J]. Wis. L. Rev., 1992: 1335.

[2] [德]里夏德·范迪尔门.欧洲近代生活.王亚平译.北京:东方出版社.2003:59-60.

[3] [德]里夏德·范迪尔门.欧洲近代生活.王亚平译.北京:东方出版社.2003:60.

[4] Charles J. Sykes. The End of Privacy. St. Martin's Press. 1999:15-16.

生俱来的基本需求。而只有当城市生活模式成形之后，隐私的问题才会凸显其重要性。隐私意识与经济发展水平、社会关系之间具有紧密的联系，这点也可以从我国农村的邻里关系现状中得到验证。在我国广大农村地区，“已婚夫妇和七八岁以下的孩子合睡一张床。孩子长大以后，他或她先在父母屋里单独睡一张床，再大一些的未婚男孩就搬到堂屋里睡，像那些雇工一样。女孩出嫁前一直睡在父母屋里，也可以搬到祖父母屋里去。”[1] 基于隐私与经济发展水平、社会基础的紧密联系，经济学家视隐私为高级物品 (superior good)。这是说对它的需求会随着人们收入水平的提高而大幅增长。当人们变得越来越富裕时，他们便越希望有更多的私人空间。[2] 与中国农村地区相比，在城市生活中的人们显然有更加清晰和明确的隐私意识。孩子长到几岁就会与父母分住，而且，城镇居民不会刻意打听别人家的私事，邻里之间保持一种客气的适当距离。

作为一种高级物品，隐私意识的萌芽与资本主义社会的产生和发展、现代化和城市化进程难脱干系。19 世纪末期，内战结束之后，美国城市化进程加速发展。尤其是到1880年之后，来自欧洲的移民和农村的人口同时涌入城市，导致城市人口增长进入鼎盛期，仅在1880年代，城市人口就增长了约800万，[3] 此前，生活在城市中的人口数量仅有 2500 多人。1840 年，美国只有 12 个城市的人口达到 25,000 人以上；到 1890 年，这样的城市有 124 个。[4]

人口大量涌入城市中，带来了一系列的问题，最明显也是最重要的是人口密度大，极度拥挤。许多在这些新工业城市的人居住在“拥挤的公寓房……和塞满人的贫民窟中。”[5] 生活空间的密集和拥挤，导致每个人的私密空间都在缩小，人们对隐私的渴望也越来越强烈。与此同时，在拥挤的城市生活中，个人拥有了更多的匿名性，人们的衣食住行都是在与陌生人互动的过程中进行。邻里之间已经不像以前那样亲密，而更多的是点个头的交情，个人对别

[1] 费孝通．江村经济：中国农民的生活．北京：商务印书馆 2001:113.

[2] 梁光勇．隐私的限制与保护．法学理论．山东大学博士学位论文 .2013:26.

[3] 刘敏 .19 世纪美国城市人口增长模式初探．四川大学学报 .2013(1): 55-62.

[4] Don R. Pember, Privacy and the Press: the Law, the Mass Media, and the First Amendment, University Of Washington Press, Seattle.1972:7.

[5] Don R. Pember, Privacy and the Press: the Law, the Mass Media, and the First Amendment, University Of Washington Press, Seattle.1972:8.

人的私事也不再那么感兴趣，“财产的扩张、独栋住宅家庭、机动车、电视和电脑的发明都使得我们能够过上一种前人无法想象的隐秘生活。我们不再与邻居亲昵地生活在一起，我们无需挤公共汽车或火车就能移动；我们可以一对一地享受消遣；我们无需去剧院或者与我们的邻居分享我们的口味。”[1]在现代社会，人们对隐私的合理期待也就变成可能的。

二、“独处权”

1890年的《隐私权》一文是欧美国家的隐私权意识的最明显证据。作者在此文中提出的隐私权含义是“独处权”，是保护个人作品和其他所有个人产品的原则，不是针对盗窃和物理的挪用，而是针对任何形式的刊登。[2]作者主张“独处权”是一种不可侵犯的人格权。

可见，从诞生起，欧美国家就将隐私理解为一种积极的、有益的社会价值。从社会价值角度出发，欧美学者认为隐私至少具有以下多重意义。

（1）隐私是“不要让一个人的生活完全被越来越正常化的政府决定，”[3]因此，是否堕胎、是否使用避孕药具、是否选择安乐死、给孩子取什么名字、让孩子接受什么样的教育等问题都只需要自己决定，无需政府的插手。美国宪法中“重要决定的隐私权”体现了这种社会价值。“重要决定的隐私权”的法律依据在于宪法《第五修正案》和宪法《第十四修正案》中的正当程序条款以及宪法《第九修正案》中的保留条款。其主要含义是，与婚姻、生育、避孕、家庭关系和孩子抚养和教育有关的问题有关的重要决定只能由个人做出，政府不能将这一做决定的权利据为己有，其背后的逻辑在于个人远离公权部门的干预，不受约束地、独立地决定个人隐私生活的“个人自治”、“自决”、“自我管理”。

（2）隐私给予人们空间，可免于社会的监视。韦斯廷观察到，隐私保护了“对社会规范轻微的不顺从。”许多社会规范遭到破坏，而隐私容许社会忽视这些小过失。保护隐私，通常意味着我们容许人们违反社会规范，却不

[1] Charles J. Sykes. The End of Privacy. St. Martin’s Press.1999:16.

[2] Samuel D. Warren and Louis D. Brandeis. The right to privacy. Harvard law review.1890:193-220.

[3] Jed Rubenfeld. The right of privacy. Harvard Law Review.1989:737-807.

会因此被抓或受到处罚。因此，不会因他们的小过错而影响他们的名声。社会学家阿米泰·沃纳·埃奇奥尼（Amitai Werner Etzioni）把隐私视为一个“领域”，在那里人们“可以正当地行动，而不必担心被揭发，也不必对他人负责”。[1]

（3）我们大多数人盼望有一个有限的领域，在那里我们可以缓解来自他人的判断，不然也许会窒息而死。[2] 而隐私领域恰恰就是这样一个允许自己不顾忌他人如何判断自己，可以自由行动、自由选择的领域。兰卡斯特大学管理学院教授卢卡斯·D·英特罗纳（Lucas D. Introna）将隐私分为三类：其中一种是隐私是不受其他人的评判或审查。“其他人可能以预期的观念或标准为基础，以特定的方式评判我们，这使一个人渴望一个免疫的个人或私人空间。”[3]

（4）隐私让人们“隐藏那些可能遭他人用来对自己产生不利的信息。”为了自身利益，人们经常想隐藏关于自己的有害事实，而惯常的做法和生意人隐藏产品的缺陷是相类似的。“隐私使得了解他人的名声变得困难。”法学家理查德·艾伦·爱泼斯坦（Richard Allen Epstein）主张：“对隐私的要求，往往就是在要求向其他人虚伪地呈现自己的权利。”[4] 法律经济学家理查德·波斯纳（Richard Posner）将隐私权视为自利经济行为的一种具体表现形式，他认为，隐私权是指他人享有为了一己私利，隐瞒对他人不利事实的权利……人们抱怨隐私权没有得到很好的保护，实际上是希望法律赋予他们更多的隐藏可能对他们不利信息的权利。[5]

（5）美国哥伦比亚特区联邦巡回上诉法院戴维·莱昂内尔·贝兹伦（David Lionel Bazelon）法官认为，隐私庇护个人新出现的思想，免于被公开披露与控制，因此在它们能够成熟之前，害怕被监视、披露、嘲笑、惩罚的心情不会压垮独立思考的种子。[6] 在此隐私领域之内个人可以自由思考，不成熟的想

[1] [美] 丹尼尔·沙勒夫．隐私不保的年代．林铮顗译．南京：江苏人民出版社 .2011:78.

[2] [美] 丹尼尔·沙勒夫．隐私不保的年代．林铮顗译．南京：江苏人民出版社 .2011:79.

[3] Lucas D. Introna.Privacy and Computer: Why We Need Privacy in the Information Society. Metaphilosophy.1997. 28(3): 259-275.

[4] [美] 丹尼尔·沙勒夫．隐私不保的年代．林铮顗译．南京：江苏人民出版社 .2011:73.

[5] Richard A. Posner. Economic Analysis Of Law46(5th ed. 1998)．转引自：张民安．美国当代隐私权研究——美国隐私权的界定、类型、基础及分析方法．广州：中山大学出版社 .2013:19.

[6] David L. Bazelon.Probing Privacy. Gonz. L. Rev.1976.12: 587.

法可以免于外人的评判发展成熟。

美国公民教育中心认为隐私有六大益处：

（1）自由：隐私帮助人们自由思考和行动，不受他人不合理的影响或控制。这种自由可以让一个社会避免沦为极权主义、臣服于独裁者的全盘控制。

（2）安全：对隐私的尊重培养了一种安全感。

（3）个体性：如果没有隐私，与他人相仿的压力也许会组织个人形成他或她自己的价值观、信仰和意见。

（4）保护经济利益：隐私使人们能够为自己的点子、计划和发明保密。益于竞争。

（5）创造性：隐私对于创造性思想和工作也是必要的。

（6）亲密性：隐私对于人们发展与他人的热烈关系是必要的。[1]

这六大益处基本涵盖了隐私的含义及基本社会价值，说明欧美国家对隐私的基本价值、意义有着某种共识。

三、两种隐私利益

欧美思想家在对这多重隐私利益进行论述时，试图对隐私利益进行区分。他们一般认可隐私概念中包含着两种主要的隐私利益，分别是私人领域不受侵扰和私人信息免于公开。

（一）私人领域

英特罗纳将隐私分为 3 个类别：隐私是不准接近私人或个人领域；隐私是控制个人信息，以及，隐私是不受其他人的评判或审查。[2]

除了英特罗纳之外，其他学者提出了私人领域的隐私这一隐私利益。范•登•哈格（Van Den Haag）主张，“隐私是排除他人接近自己领域的途径。隐私权赋予个人排除其他人（a）看，（b）使用，（c）侵犯他人私（个人）

[1] 美国公民教育中心 . 隐私 . 刘小小译 . 北京 : 金城出版社 .2011:86. 转引自 : 展江 . 吴薇 . 开放与博弈——新媒体语境下的言论界限与司法规制 . 北京 : 北京大学出版社 .2013:216.

[2] Lucas D. Introna.Privacy and Computer: Why We Need Privacy in the Information Society. Metaphilosophy.1997. 28(3): 259-275.

领域的权利。”[1]这个定义暗示存在一个特定的个人或私人领域，对这个领域，本人有限制其他人接近的合法权利。海曼·格罗斯（Hyman Gross）[2]也同意这一隐私概念，他主张“（隐私是）人类生活的条件，根据这个条件，熟识一个人及其生活的私人事务是受到限制的。”

哈格和格罗斯的定义均属于英特罗纳列举的第一种类别，它帮助个人区别发生在私人场合的活动和发生在公共场合的活动。使个人能够控制谁能进入其私人领域进而看到、听到、感知到这种活动，在公共场合个人无法实施这样的控制。

（二）私人信息

英特罗纳的第二个定义强调如果个人不能合理控制他们的信息怎样被使用（比如，如果它屈从于其他机构的搜寻），那么他们可能会受到抑制不能采取以信息为基础的社交活动，比如关于某特定主题的博客。从法律和传播的角度来看，个人信息可以被界定为“一些与某个人有关的事实、观点或想法，有理由期待他将会把它们视为私人的或秘密的，因此希望保留，或者至少限制它们的流通。”[3]

简言之，隐私是对个人信息的控制。弗里德的对隐私的定义也属于此类别，“控制关于自己的知识。”[4]韦斯廷的定义也属于这一类别，“个人、群体或机构主张自己决定什么时候、怎样，以及在什么程度上信息被传递给其他人。”[5]帕克所主张的“控制我们的各个方面什么时候，被什么人感知”[6]也属此类。

第三个类别，远离其他人的评判，也与其他人披露和使用个人信息有关。比如，个人健康信息（比如患有性病这一信息）可能被合理地认为是私人的，因为对它的揭露可能会导致其他人以此信息为基础评判这个人的生活方式。

与英特罗纳类似，美国加州洛杉矶律师多明戈·坦（Domingo Tan）律师认为，隐私不是唯一的利益，而是由很多不同的维度。隐私能被划分为4个方面：

[1] Van den Haag E. On privacy. Privacy: Nomos XIII. New York: Atherton. 1971.

[2] Hyman Gross.The Concept of Privacy.The[J]. NYUL Rev. 1967. 42: 34.

[3] Wacks, R. The Poverty of “Privacy”. The[J]. Colum. J. Gender & L., 1992, 3: 119.

[4] Charles Fried.Privacy[J]. 77 Yale L. J. 475.1968:482-83.

[5] Alan Furman Westin. Privacy and freedom[M]. New York: Atheneum.1970.

[6] Richard B Parker. A Definition of Privacya[J]. Rutgers L. Rev. 1973. 27: 275.

1. 信息隐私，关于控制和掌握个人信息；2. 身体隐私，涉及一个人的身体反对侵犯性程序的完整性；3. 交流的隐私，涉及一个人在使用各种形式的传播方式与其他人进行沟通的利益；4. 领土隐私，涉及为一个具体的空间或领域设定界限或边界。[1] 广义来说，这四种隐私利益也是集中在私人领域和私人信息两个方面，其中，1 和 3 属于私人信息的隐私，其中包括个人基本信息和与其他人沟通的信息；2 和 4 属于私人领域的隐私，包括身体和私人空间的隐私。

因此，从这些思想家对隐私的总结中可以看到，隐私权成为了一种包含两种利益的综合性权利。这两种利益分别是私人空间不受侵扰以及私人信息免于公开。

第二节　中国隐私观：从“阴私”到两种隐私利益

一、传统隐私观

古代中国，隐私的代名词是“阴私。”传统中国崇尚集体利益、家庭和谐稳定，其对隐私的理解也与崇尚个人主义的欧美国家有着不同之处。

（一）“阴私”与不光彩之事

如果说，原始时代的遮羞行为可以被视为隐私意识最早的起源，那么春秋战国时代这种隐私意识就已经有隐约的痕迹证明。“春秋战国时期的社会存在着对隐私的意识，虽然隐私（阴私）或者现代概念中的隐私都不存在。”[2] 儒家学说的信条“非礼勿视，非礼勿听，非礼勿言，非礼勿动”暗示了这种隐私意识。其大致含义是，不合符礼教的话不能听，不合符礼教的东西不能看，不合符礼教的东西不能说，不合符礼教的事不能做。这是四个消极的规

[1] Domingo R Tan. Personal Privacy in the Informational Age: Comparison of Internet Data Protection Regulation in the United Stated States and the European Union[J]. Loy. LA Int'l & Comp. LJ. 1999. 21: 661.

[2] Jingchun, Cao. Protecting the Right to Privacy in China. Victoria U. Wellington L. Rev. 2005. 36: 645.

范，就是从眼睛、耳朵、嘴巴、身体严格的管束自己，由外在规范，熏陶自己。[1]这一信条在一定程度上限制了人们的言论和行为，其中包括禁止侵犯一个人的私生活，尤其是披露私人关系。另一则儒家信条，“道听而途说，德之弃也”的目的也是防止对他人私人生活的过度宣扬。这些信条的存在说明，至少在春秋战国时期，人们已经隐约有了隐私意识，其主要表现就是避免看、听、说他人的私人生活。此时的隐私意识已经不仅限于“遮羞”、“遮丑”，而是含有某种对他人私人生活的尊重意味。

“隐私”的传统中国说法是“阴私”。“阴私”由汉语“阴”和“私”组成。“阴”的意思是隐藏的、不露在外面的。这个字通常含有贬义，意味着非法性关系，经常指不光彩的秘密。“私”的意思是“私人的”或者秘密的、不公开的。这个词既含有“私人的”的意思，又含有“隐私”的意思，它被定义为不愿告诉他人或公开的事务。显然，丢脸的秘密仅是这些事务的某一类型，而不是全部。所以这样来看的话，古代的“私”其实包含着“阴”的含义，“阴”的内容只是“私”的一个方面。

但是，传统的想法认为，“阴私”一词的含义重点在前者“阴”字，所以，大部分中国人相信与“阴私”有关的问题都是很丢人的，一旦这些令人蒙羞的秘密被迫公开，他们将面临着丧失美誉、丢面子、跌份的代价。所以，他们极不愿意这些问题被公开，如果阴私被侵犯，他们宁愿选择忽略这种侵犯，或者通过和解的方式自行解决纠纷，而无需法庭的涉入。因此，对古代的中国人来说，阴私是一个陌生的概念，在多数情况下，人们并无保护阴私的意识，即便偶尔勉强有某些阴私的模糊概念和意识露头，在其头脑中也更多的将其定义和理解为一种丢人的、羞耻的、见不得人的秘密，因此要尽可能将其保持在其他人的知识范围之外。

（二）以家庭为单位的隐私

中国古代社中存在着模糊的隐私意识，但是并不存在对隐私权的法律保护。人们对隐私的感知主要体现在家庭与外部世界的划分上。孔子相信在家庭和外部之间有一个界限，这一界限使家庭免受外部打扰，有不被揭露家庭生活的权利，且有着与外人完全不同的亲密关系。正如国立清华大学彭心怡

[1] http://bkso.baidu.com/view/387786.htm, 2013.9.26.

教授所言："充其量，我们只能说通过强调家庭/亲属的亲密关系，能够根据保持家庭空间远离外部干扰这一说法中找到某种模糊的'隐私权'。"[1]

这是因为，首先，自古以来，中国传统将社会集体利益置于个人主义至上，重"国土"、"家庭"而轻"个人"，太看重个人被认为是"自私自利的。"国和家紧密相连，只要一个人是国家的成员，他就要对自己的国家承担责任。至今依然如此，虽然个人主义有所抬头，但是长期的历史传统决定彻底的扭转是不可能的，国家利益和社会利益依然凌驾于个人利益之上，个人利益只是被控制在可容忍的空间内，一旦出现国家利益和社会利益这个"优先者"，个人利益将会马上萎缩。[2]

另一个原因是，古代社会的生活环境拥挤不堪，普通民众对个人空间的需要是奢侈的，甚至是不敢期待的。在古老的熟人社会中，村庄之内邻里之间距离颇近。这是影响私人生活不是以单个人、而是以家庭为单位的另一个因素：

在现代之前，人们当然几乎没有隐私；许多人在从未获得独处的情况下生活。他们生活的每一个细节都处于家人、部落成员和社区的注视之下……曾经，我们生活在一个被邻居包围的地方，他们能像我们的家人一样近距离地观察我们。他们知道我们怎样穿衣、我们怎样购物、我们与谁约会，还有从我们房间传出的各种声音和气味的含义。[3]

（三）"礼"对隐私问题的调节

中国古代的法律强调刑事犯罪和个人义务，忽视民法和个人权利。所以，所谓的"隐私"问题是由道德、礼仪和儒家学说或者伦理准则所组成的"礼"来调整。作为一套伦理准则，儒家学说影响了中国人几千年。儒家珍视的价值是合作和协同，等级和和谐，和平和稳定。而任何争议都会扰乱社会和谐

[1] Peng Shin-yi.Privacy and the construction of legal meaning in Taiwan[J].The International Lawyer. 2003: 1037-1054.

[2] Raymond Tang. Approaches to privacy – the Hong Kong experience.2002,http://www.pcpd.org.hk/english/infocentre/speech_20020222.html, 2013.11.4.

[3] Charles J. Sykes. The End of Privacy. St. Martin's Press. 1999:15-16.

的渴望。因此，在古代中国，几乎每个人都试图避免任何民事争议。如果民事争议是不可避免的，最好的解决方法就是调解或调停。对阴私的侵犯在古代中国被视为一个不重要的民事问题，由社会自己来解决。

除此之外，“面子”是中国特有词汇，“面子”意味着一个人在公众眼中的社会声望和道德累积。丢面子就意味着丢掉荣誉和自尊。因此，有人说“面子”原则是“荣誉”的中国式等价物。对一个中国人来说，不丢面子在社会关系中是很重要的。“士可杀不可辱”这种一古语就体现了中国人对面子的重视。以这种社会现象为基础，许多中国人相信与阴私有关的问题都是丢脸的，他们不愿将之公开。阴私问题的公开将意味着“丢面子”。因此，因顾及面子问题，即使隐私的侵犯是不可避免的，他们也更愿意将之忽略。[1] 因此，一方面，“礼”间接保护着隐私，另一方面，“礼”的存在同时也限制着当时的隐私权的发展。

“家丑不可外扬”这句话可谓涵盖了中国传统的隐私观念的主要内容。一方面，家庭，而不是个人是享有隐私的基本单位，在家庭成员之间，隐私的意识非常薄弱，家人之间似乎不应该有什么秘密。比如，在传统社会，父母可以随意出入子女的房间，翻看子女日记，在他们看来这是对子女的关心方式。另一方面，先辈对隐私理解的重心在于“丑”上，“丑”即丑事，通常是不可告人之事，尽量避免对外宣扬。

二、前 IT 时代隐私观

上个世纪 70、80 年代的“改革开放”从方方面面深刻地影响着中国。在经济领域，市场经济代替传统的计划经济成为主要的经济增长模式，在市场经济体制下，个人要成为独立的主体，为自身利益的最大化而行动。政治民主化和法制建设也取得了一定进步，促进了国民的政治参与意识。在文化领域，欧美的价值观逐渐渗透到国人的观念之中，其中包括对张扬个性的倡导。

这些影响重新塑造着国民的基本价值观念和对隐私的看法，国民的注意

[1] Hao Wang. Protecting Privacy in China: A Research on China' s Privacy Standards and the Information Privacy Legislation in Modern China,Springer-Verlag Berlin Heidelberg 2011:38-39.

力从对“国”和“家”的绝对聚焦中走出，开始关注个人主义和自由主义。尤其是由于网络技术的飞速发展为个人隐私带来了新的威胁，所以，越来越多的人开始关注自己的隐私和隐私权，并寻求通过法律途径保护自己的隐私。

现代意义上的隐私和隐私权去掉了负面、蒙羞的一面，而如欧美国家一样，将隐私看作一种积极的、至少是中立的价值。在尊重他人隐私权的同时，大胆主张自己的隐私权也得到尊重。“2003 年《中国青年报》的一项调查显示，55% 的国人认为隐私应该得到尊重和保护。”[1]

民法学者王利明认为，隐私权作为一项具体人格权，是指自然人享有的私人生活安宁与私人信息秘密依法受到保护，不被他人非法侵扰、知悉、搜集、利用和公开的一种人格权。生活安宁是指自然人对于自己的正常生活所享有的不受他人打扰、妨碍的权利。生活秘密是个人的重要隐私，包括了个人的生理信息、身体隐私、健康隐私、财产隐私、谈话隐私、基因隐私、个人电话号码等，也包括个人家庭中有关夫妻生活、亲属关系、婚姻状况（如离婚史等）、是否为过继、父母子女关系及夫妻关系是否和睦、个人情感生活、订婚的消息等。民法学者杨立新认为，“隐私就是与公共利益无关的个人私生活秘密，它所包容的内容，是私人信息、私人活动和私人空间。”[2]

2002 年 12 月提交九届全国人大常委会审议的《民法典（草案）》采用了这一分类方式，《草案》（第一稿）第 4 编 /《人格权法》第 25 条规定：自然人享有隐私权，隐私的范围包括私人信息、私人活动和私人空间，任何侵犯隐私的行为都是禁止的。这三层隐私权内容分别是指：

（1）私人信息，是有关个人的一切情报资料和资讯，诸如身高、体重、收入、生活经历、家庭电话号码、病患经历，等等。

（2）私人活动，是一切个人的、与公共利益无关的活动。如日常生活、社会交往、夫妻之间的性生活、婚外性关系以及一切私人不愿意公开的活动和事实，都应当受到保护。刺探、泄漏、宣传、非法干预这些活动和事实，都是侵害隐私权。

（3）私人空间，也称为私人领域，是指个人的隐秘范围，如身体的隐秘部

---

[1] LüYao-Huai.Privacy and Data Privacy in Contemporary China. Ethics and Information Technology. 2005. 7(1): 7-15.

[2] 杨立新 . 关于隐私权及其法律保护的几个问题 . 人民检察 .2000.1:2.

位、个人居所、旅客行李、学生的书包、日记、通信等。[1]

这种三分法也可以归结为以上的两分法，其中的私人信息和私人活动可以统归为私人信息；而私人空间类似于私人领域。

总体来说，这些关于隐私的定义都至少涉及了隐私和隐私权含义的两个核心之一，这两个核心是，第一，私人生活领域，如人身、住宅及公民具有合理隐私期待的私密空间的安宁、不受他人非法入侵的权利；第二是个人保持私人信息免于公开，防止他人未经当事人允许私自我披露光与公共利益无关的个人信息。

三、中外隐私观的合流

观念的进步使得中国能与欧美国家对隐私的认知勾连、对话。而且，现代人的隐私观有着某种共通的东西，不同地区的人们有着相近的隐私观。大致来说，现代社会的人们对隐私观念和含义已经形成了某种程度的共识，至少以下两个方面被现代人普遍视为是隐私利益。

（1）不得侵扰具有“合理隐私期待”的私密空间，如住宅、人身、通信、日记、以及具有合理隐私期待的公共场合等。尤其强调的是，这种侵扰行为包括着通过非物理入侵的窃听、监视侵入他人私生活领域的行为。

（2）未经当事人同意，不得私自公开与公共利益无关的个人信息。这里的个人信息不仅限于传统上所理解的令人感到羞耻或者没面子的信息，它的外延已经被大大扩展了。可以说，个人信息是一切可以识别本人信息的总和，包括一个人的生理的、心理的、智力的、个体的、社会的、经济的、文化的、家庭的、政治的等各个方面。[2]

由此可见，普罗瑟的 4 项侵害隐私，得到国际公认的即为侵扰另一人的独处或隔离境况、无理宣扬当事人的私生活两项。对这两种侵犯个人隐私行为的反对反映了个人追求不愿为他人知晓私人信息和不愿被他人打扰私人生活的愿望。而且，由于 IT 技术带来的全球性影响，中国与欧美国家的隐私观

[1] 杨立新 . 关于隐私权及其法律保护的几个问题 . 人民检察 .2000(1):2.

[2] 齐爱民 . 论个人信息保护法的统一立法模式 . 重庆工商大学学报 (社会科学版).2009(4):90-93.

念的合流继续朝着同一个方向演进。

第三节 IT时代的隐私观念

在IT时代，网络渗透到了每个人的日常工作、生活当中，为享受便利，网络用户很容易，也不得不将个人信息公布到网上，结果是，诸如垃圾邮件、骚扰短信等为个人带来无穷的困扰。除此之外，网络上到处布满了泄露个人隐私的内容，比如，“网曝多张偷拍女生私密照片”、“男子用针孔摄像机偷拍书店女性现场XX过程”、“偷拍美女隆胸全过程”……这使得网络用户在享受窥探他人隐私的乐趣时，不仅自危，害怕有一天自己的个人隐私也会泄露到网络上去。“一直感觉身后有一条蛇比身后真的有条蛇更加让人觉得恐怖。”

近几年，营销、广告和邮件、电话销售的新技术获得飞速发展。这些新的营销活动很容易使用户的名字和地址未经允许就被他人获知，并有很大可能被利用或滥用。再比如，消费者信贷体系已经成为最重要发展之一。但是，由信用卡使用者留下的现代信用体系将会使编辑人们的详细个人信息成为可能。大量关于某个消费者的信息现在可以被整合起来。一旦存储于计算机，它将很容易被独立地或者与关于其他人的信息一起分析，被转化为其他数据储存体系，且能在不特定的时期为各种不特定的目的被使用。近几年，盗用信用卡上的个人信息从事违法犯罪行为的新闻屡禁不止，这足以说明它对个人隐私造成的威胁。再如，现今，带有照相功能的手机很普遍。对某些人来说使用手机相机照相很容易，但是未经允许拍摄某人是不合适的。而且，通过手机上的全球定位系统能精确指认一个人的具体位置。这些不可思议的技术改变都可能造成对个人隐私的侵犯。

隐私被泄露的现实加上对个人隐私被侵犯的恐惧二者合力促使了主体意识逐渐觉醒，人们越来越关注隐私侵犯问题。而且“由于数字时代影响着隐私的每一个方面，它要求隐私不仅在现有法律框架内进行一种进化，还需要隐私的概念和法律地位的改变。”[1] 在物理世界中形成的对隐私所含两种利益的共识在互联网环境下不得不再次发生改变。

一、向“独处权”回归

新技术环境下，隐私观念的首义已经从消极的“免于”转向了积极的“控制”，从某种程度上说，这是对“独处权”的某种回归。同时，控制的客体也发生了扩展，从二人指称的“令人尴尬的私人事实”转向了一切与个人有关的个人信息。

（一）隐私不再是信息免于公开

新媒体的无孔不入使得“私人信息不受公开”的隐私观念发生新的转向。

在新媒体技术风靡之前，他人对个人隐私最常见的侵犯方式是以身体、录音、录像、窃听、监视监听设备侵入他人的私人物理空间，或者未经当事人同意将会令其感到尴尬的信息通过大众媒体等公开以为不特定的人知道，进而伤害当事人的感觉。

而在 IT 时代，对隐私的威胁已经变成别有用心的组织、机构或个人利用新技术追踪每个个体在互联网上留下的数据痕迹，将这些零星数据进行分类整理，建立数据库，并与其他数据库进行资源共享，进而基于其全面的个人信息建立起关于他的完整的“侧面像”。这些“侧面像”被当成商品买卖，方便商业公司进行定制化营销，在更坏的情况下，还可能对当事人的自身利益构成威胁。在这种情况下，人们的隐私观念不得不发生新的转向。

1. 从“免于”到“控制”

网络空间发生的隐私侵害现象以及对可能发生侵害的恐惧而来的是人们对隐私的感知发生了重大改变，它从早期的个人消极的免于被侵犯、被公开的自由转向了对个人信息的控制。弗里德指出，“乍看来，隐私似乎与保密有关，旨在限制别人对自己的了解。必须重新考察这种看法。实际上，他人对我们的了解越少并不意味着我们具有的隐私就越多。隐私不仅是他人的记

[1] Will Thomas DeVries. Protecting Privacy In the Digital Age. Berkeley Tech. LJ. 2003(18): 283.

忆中不存在关于我们的信息，它是指我们对与自己相关信息的控制。”[1]

中国数位学者也提出了类似的主张：分析视角由原来的限制他人对私人生活的不正当干预转换至个人对信息的主动控制。隐私法不应以限制他人干预私人生活为主旨，而应保护以个人为中心的信息控制权，即个人可以决定同他人分享哪些信息以及如何分享这些信息。[2] 与近代的隐私权保护相比，现代隐私的核心内容不再是消极的“隐”，而转到了以“私”为核心的积极的“隐”。体现为对私人事务的自主决定权的行使……隐私表现为不仅包括个人独处意义上消极的‘隐’，还包括自我控制意义上的积极的“私”。[3] 隐私权利在高度信息化的现代生活中内涵的发展：一是从最初消极被动的“不被打扰的权利”发展到积极的“控制有关自己的信息传播的权利。”[4] 该学者将隐私权的定义分为消极和积极两个方面。消极的隐私权强调个人私生活事务不被公开或者私生活不被打扰的权利；积极的隐私权则强调对个人信息的支配控制权，该权利赋予个人对其资料是否被他人收集、处理或利用的权利。在互联网时代，积极的隐私权已经超越消极的隐私权成为值得保护的首要隐私利益。这是因为，在我们生活的网络时代，个人生活的轨迹和状态不可避免地保存在各种各样的计算机系统中，不赋予权利人以积极的、能动的控制和利用权权能，就不能很好地保护权利人的隐私。[5]

关于新媒体技术对隐私观念的这一影响，劳伦斯·弗里德曼（Lawrence Friedman）在《选择的共和国》（The Republic of Choice: Law Authority, and Culture）中有所论述：

当代法律上的隐私远远超出了对个人空间的基本需求，它超越了保持某人私生活秘密的权利。实际上，在某种重要意义上，为获得这种形式的隐私进行的斗争已经失败了。现代技术注定了这种形式的隐私必将消失。只要愿意，政府就可以在任何地方一字不落地听到一个针头掉地所发出的声音。计算机

[1] Charles Fried. Privacy. 77 Yale L. J. 475.1968:482-83.

[2] 孔令杰 . 个人资料隐私的法律保护 . 武汉 : 武汉大学出版社 .200:70.

[3] 王秀哲等 . 我国隐私权的宪法保护研究 . 北京 : 法律出版社 .2011:23.

[4] 向淑君 . 敞开与遮蔽 . 北京 : 知识产权出版社 .2011:195.

[5] 向淑君 . 敞开与遮蔽 . 北京 : 知识产权出版社 .2011:195.

时代的人们认为一切都是可以记录的，或至少是已经去从于这种无奈的事实局面了。因此，隐私与其说是保持秘密的权利，不如说是按照一个人喜欢的方式进行生活的权利，即从事‘私人的’行为而不受干涉。[1]

在互联网环境下，隐私权的含义已经不再是简单地避免他人未经同意侵扰当事人的私密空间或者公开私人信息，而更多地变成了对流传于互联网上的个人信息的控制。控制个人信息更加重要的是理解被披露的数据怎样被使用和重新利用，以及对这一更深层次的使用和利用能做什么。换言之，控制谁能获取、收集、存储、传输、处理这些已经被披露的信息；控制他人能接触自己的领域的途径。

这一隐私观念是早期的"信息的自我控制理论"在计算机时代的新修正，本质上来说，是向沃伦和布兰代斯提出的作为"独处权"的隐私含义的回归。

2."信息的自我控制"理论的早期主张

沃伦和布兰代斯是"信息的自我控制理论"的奠基人，他们主张，每一个人都拥有决定"他的想法、情感和情绪在多大程度上传播给其他人"的权利。当然，他们关注的是对私人事务的披露。最典型的例证就是普罗瑟分析的刺激两位作者写作此文的动因，即，因为新闻媒体对沃伦家的私事的肆意披露惹恼了沃伦才刺激他产生与布兰代斯合作此文的想法。沃伦和布兰代斯最早对隐私权的陈述中实则已经包含着"控制个人信息"的意味。让别人无法获知关于我们的信息也是个人积极主动实施控制的一种形式。

信息的自我控制理论的早期代表学者一般主张，个人要控制的信息一般是"想法、情感和情绪"；"态度、思想、行为和意见，"这些信息一般都具有一定的私人性。比如，格罗斯主张，"隐私是人类生活的情境，在其中，熟悉一个人或生活中属于他个人的私事的能力受到限制"。[2] 奥斯卡·鲁布豪森（Oscar Ruebhausen）和小奥维尔·布里姆（Orville Brim, Jr.）认为，归根结底，隐私的本质是为个人有权选择在何时，在什么情形下，以及最为重要的，

[1] [美] 劳伦斯·弗里德曼．选择的共和国——法律、权威与文化．高鸿钧等译．北京：清华大学出版社.2005:212-216.

[2] Hyman Gross.The Concept of PrivacyThe[J]. NYUL Rev.1967. 42: 34.

在什么程度上，期望与他人分享或避免他人知晓其态度、思想、行为和意见。[1]

3. 信息计算机化的修正

随着个人信息的计算机化，信息的自我控制理论的倡导者们也对这些主张进行了修正，进而对“个人信息”的含义做出了更宽泛的解释。比如，弗里德主张的，“隐私不仅是他人的记忆中不存在关于我们的信息，它是指我们对与自己相关信息的控制。”[2] 韦斯廷用信息取代了个人思想、情感和私人事实，并将隐私定义为：“个人、群体或者机构自己决定何时、怎样和在什么程度上，关于它们自己的信息传播到其他人那里的主张。”[3] 其他学者也表达了个人信息控制权是隐私权的核心内容的观点。[4] 比如，米勒认为，隐私是个人控制与自己有关的信息的流通的能力。[5] 帕伦特认为，隐私是关于某人的未经公开的个人知识不被他人拥有的情况。[6] 伊恩•戈德堡（Ian Goldberg）认为，最恰当的隐私定义为信息自决，即个人控制个人信息流动的能力。[7] 兰德尔•本赞森（Randall Benzanson）也将个人信息控制权视为隐私权的核心内容。[8] 帕克认为，隐私是“控制其他人何时、通过什么方式，感知关于我们自己的各个部分。“感知”就是看、听、摸、闻、尝。‘各个部分’意味着我们身体的部分，我们的声音和身体的产品，还包括在空间上与我们紧密联系的物品（我们经常带着或者锁在只有我们自己能接近的地方）。”[9] 因此，根据他的理论，个人信息的范围很广泛，凡是看到、听到、接触到、闻到、尝到的信号都属于个人信息之列。

[1] Oscar Ruebhausen & Orville Brim, Jr. Privacy and Behavioral Research. Columbia Law Review. 1965: 1184-1211.

[2] Charles Fried. Privacy. 77 Yale Law Journal. 1968:475-477.

[3] Alan F. Westin. Privacy and Freedom.New York: Atheneum. 1967:7;42.

[4] Randall P. Benzanson. The Right to Privacy Revisited: Privacy, News, and Social Change. 1890-1990. California Law Review. 1992. 80(5).

[5] Arthur R. Miller. The assault on privacy: Computers, data banks, and dossiers. University of Michigan Press, 1971:25.

[6] W.A. Parent.A New Definition of Privacy for the Law. Law and Philosophy. 1983. 2(3): 305-338.

[7] Ian Goldberget al.Trust, Ethics, and Privacy. BUL Rev. 2001. 81: 407.

[8] Bezanson R P. The Right to Privacy Revisited: Privacy, News, and Social Change. 1890-1990. California Law Review. 1992. 80(5).

[9] Richard B. Parke. A Definition of Privacya. Rutgers L. Rev. 1973. 27: 275.

如此可见，上述学者都用了比情感、情绪、态度、行为、认知、私人事务等词汇更加宽泛的术语来涵盖新技术环境下的隐私含义，这也意味着学者们也对隐私权保护客体的扩张达成了某种程度的共识。

（二）隐私不再是秘密

1. 隐私客体的扩展

隐私权的奠基者沃伦和布兰代斯提出的隐私所包含的也更多是那种“令人尴尬的私人事实。”在新技术环境下，人们所感知到的隐私客体大大扩展，已不限于此。隐私客体延伸至了与个人有关的所有资料，比如：姓名、性别、年龄、出生地、遗传病史、籍贯、住址、电话号码、身份证号码、身高、体重、血型、种族等；教育程度、工作经历、宗教信仰、政治主张和党派倾向、财产和收入状况、婚姻恋爱史、消费习惯、配偶及子女的基本情况。

除了这些自然人的实际个人信息之外，随着网络技术的普及和电子商务的兴起，又出现了一些新型的个人的虚拟信息，这些信息也应该受到保护，因为它们也可以被用来识别当事人。比如，个人电子邮件地址、个人网络主页地址、各个网站的用户名、帐号以及密码、IP 地址等等。

以姓名为例，在现实世界中，一个人的姓名是只是自己的代号，一般不会将之视为个人隐私加以保密。但是在网络环境中，匿名性是网民自由表达思想的保护伞，因此，一个人的真实姓名就称为个人不愿意让他人知晓的隐私信息。韩国网络实名制为这种以个人信息为客体的隐私权保护提供了一个力证。

2005 年，首尔地铁上，一名女孩纵容自己的宠物狗排便而拒不收拾，这一场面被人用手机拍下，上传至互联网，激起公愤。网民发动“人肉搜索”，不久，女孩的真实姓名、电话、住址、就读学校等个人信息，被公诸于众。女孩因此精神失常。

“狗屎女”事件令韩国民众开始反思网络暴力和网络制裁的力量。韩国政府决定，将网络实名制[1]以立法形式付诸实施。但是，网络实名制遏制网络暴力的收效甚微，而且在一定程度上抑制了沟通。

[1] 2007 年 7 月，韩国正式实施网络实名制，它也被称为“本人确认制”，具体实施采用“后台实名”原则：用户在登陆注册时必须使用真实的姓名和身份证号码，而在前台发布消息时，可以使用化名。

2011年7月，当月，韩国门户网站Nate以及社交网站“赛我网”遭黑客攻击，导致约3500万名用户的个人信息外泄(韩国2010年总人口约为5000万)。被泄露的资料极为详尽，包括姓名、生日、电话、住址、邮箱、密码和身份证号码。被泄露的个人信息，有可能被不良商家利用，从事电话营销，发送广告邮件，更可能导致账号盗用、侵犯隐私、电话诈骗等难以预料的恶劣后果。

2010年初，韩国民间团体向宪法裁判所提起诉讼，称网络实名制侵害用户的匿名表达自由、互联网言论自由以及隐私权。2012年8月23日，韩国宪法裁判所判决网络实名制违宪。至此，实施五年之久的网络实名制，在韩国正式退出了历史舞台。[1]

我国在2011年年底也发生了严重的网络用户的个人信息泄露事件。中国CSDN社区600万用户密码泄露，天涯社区4000万用户明文密码和注册邮箱泄露。

韩国实名制的兴废和我国网络社区的用户信息泄露事件都说明了，在网络环境存在安全隐患的条件下，诸如姓名这样在现实世界中不被视为隐私的个人信息和数据须受到隐私权之保护。“网络世界的个人数据比传统社会的个人信息覆盖面明显扩大，传统社会中许多被认为不是隐私的内容在网络世界中都成了名副其实的个人隐私。”[2]

用户的信息隐私应该受到保护已经在国际范围内达成共识，比如，有学者指出的：“在某些地区，尤其是在欧盟，对于隐私的认识超越了仅仅是独处的(消极的)权利，而扩展为(积极的)信息自决权。”[3]还有人指出：“在美国，隐私概念已经从一个关注侵害和干涉的概念，演化为最新的与信息有关的概念。在表达与信息有关的隐私关切时，包括获取储存在计算机数据库

[1] 宋珏：《韩国网络实名制兴废记》，载《南方周末》2012年1月13日。http://www.infzm.com/content/67455, 2014.2.16.《韩国网络实名制是如何倒台的》，阳光总第151期，http://news.takungpao.com.hk/mainland/yangguang/q/2013/0708/1744845.html, 2014.2.16.《韩国网络实名制兴废始末》，网易见证，http://game.163.com/special/jianzheng_44/, 2014.2.16.

[2] 向淑君．敞开与遮蔽．北京：知识产权出版社．2011:94.

[3] Stahl B C.Responsibility for Information Assurance and Privacy: A Problem of Individual Ethics? Journal of Organizational and End User Computing, 2004(16).

中的个人信息，许多学者现在以“信息隐私”作为隐私关切的一个特殊范围。”[1] 而且，各个国家和国际组织也纷纷采用成文法的方式保护互联网上的个人数据和信息隐私。比如，德国的《联邦资料保护法》（1977）、英国的《资料保护法》（1984）、欧盟制定的《个人数据保护指令》（EU Data Protection Directive，1995）。各国对个人信息的法律保护将在第三章中集中讨论。

2. 个人信息与隐私的关系

言至此，有必要论述一下个人信息，或称个人数据、个人资料（台湾）与隐私的关系。个人信息是指与特定个人相关联的、反映个体征的具有可识别性的符号系统，包括个人身份、工作、家庭、财产、健康等各方面的信息。指自然人的姓名、性别、年龄、民族、婚姻、家庭、教育、职业、住址、健康、病历、个人经历、社会活动、个人信用等足以识别该人的信息。这些信息都具有可识别性，即能直接或间接指向某个特定的个人。[2]

不同国家对个人信息与隐私之间的关系采取了不同的处理方式。其中最典型的是以美国为代表的“隐私权客体说”和以德国为代表的“人格权客体说”[3]。前者认为，个人信息是隐私利益的一部分，后者认为个人信息与隐私同属于人格权的一部分，具有平等地位。

美国将个人信息视为隐私权的一种客体，即，个人信息本质上是一种隐私，隐私就是我们对自己所有的信息的控制。法律将其为一种隐私加以保护，可以界定其权利范围。[4] 个人信息保护立法应采取隐私权保护模式。美国 1974 年的《隐私权法》是这一主张的典型代表。

之所以产生这样的结果与美国隐私权概念的开放性有关，即美国法采纳的是大隐私权的概念，其包括大陆法中的名誉权、肖像权、姓名权等具体人

[1] Tavani H T.KDD,Data Mining and the Challenge for Normative Privacy.Ethics and Information,1999(1):265-273. 转引自：吕耀怀 . 信息隐私问题的伦理考量 . 情报理论与实践 .2006(6):657-660.

[2] James B.Rule,Graham Greenleaf.Global Privacy Protection.Edward Elgar Publishing,2010:81. 转引自：王利明 . 论个人信息权的法律保护 .2013(4):62-72.

[3] 齐爱民 . 个人信息保护法研究 . 河北法学 .2008(4):15-33.

[4] Daniel J.Solove. Paul M. Schwartz. Information Privacy Law.3rded.Wolters Kluwer.2009:2. 转引自：王利明 . 论个人信息权的法律保护 .2013(4):62-72.

格权的内容，[1] 承担了一般人格权的功能。

德国将个人信息视为人格权的客体，与隐私权处于同一地位。资讯自决权（个人信息自决权）归结为一般人格权的具体内容。[2] 即，个人信息体现的是一般人格利益，个人信息的保护应采取人格权的保护模式。这一传统始自1983年的《人口普查案》，[3] 根据联邦宪法法院的观点，“个人信息自决权”是所谓的“基本权利”，其产生的基础为一般人格权。中国台湾95资料保护法也采用“人格权客体说”。该法第1条规定：“为规范电脑处理个人资料，以避免人格权受侵害，并促进个人资料之合理利用，特制定本法。”[4]

由此引发了学者对隐私和个人信息之间关系的讨论，王利明认为个人信息与隐私虽然有相似之处，但是二者的区别更加显著：1.隐私权主要是一种精神性的人格权。个人信息权在性质上属于一种集人格利益与财产利益于一体的综合性权利。2.隐私权是一种消极的、防御性的权利。个人信息权是一种主动性的权利，权利人除了被动防御第三人的侵害之外，还可以对其进行积极利用。3.隐私主要是一种私密性的信息或私人活动。而个人信息注重的是身份识别性，此种意义上的身份识别应当作广义理解。[5]

隐私概念包含着两层含义，分别是“隐”和“私”。“私”是和他人、和公共利益无关的私人事务，可对私人事务行使自主决定权。“隐”是指私人事务不被他人打扰和侵入，是一种对公共性的脱离，是一种独处的隔离。[6]“隐”还应含有个人意愿隐藏的意思，如果个人自愿公开或者自愿接受他人干预，原来的隐私就转化为非隐私。[7] 与近代的隐私权保护相比，现代隐私的核心内容不再是消极的“隐”，而转到了以“私”为核心的积极的“隐”。在现代隐私权下，个人信息是属于“私”的一部分，而传统的隐私含义是属于“隐”的一部分，二者都是“隐私”术语下辖的具体利益，因此，广义的

---

[1] 《美国侵权法重述》(第二版)第652C条和652E条.

[2] 齐爱民.论个人资料.法学.2003(8):80 – 85.

[3] Volkszählung, BverfGE65, 1.

[4] 齐爱民.个人信息保护法研究.河北法学.2008(4):15-33.

[5] 王利明.论个人信息权的法律保护.现代法学,2013(4):62-72.

[6] 王秀哲等.我国隐私权的宪法保护.北京:法律出版社.2011:18,23.

[7] 魏永征.新闻传播法教程(第二版).北京:中国人民大学出版社.2002:189.

隐私自然包括着个人信息。

其次，对于个人信息与隐私的区分恰好反映了新技术环境下，人们的隐私观念发生的转变，即将越来越多的个人信息看成是隐私的一部分。因此，在本书的语境中，个人信息属于隐私的一部分。但是，当前还要注意的一种倾向是把隐私仅当成是信息，而忽略了对于个人活动或领域的干预、窥探和骚扰。事实上，两种隐私利益是相互联系的，一种隐私利益的损害会导致另一种隐私利益的的损害。

二、隐私不再是物理私人空间不受侵扰

在互联网环境下，对个人信息的控制确实超越了传统的不被打扰的权利成为隐私权的主要内容，但这并不是说，保护私人领域不受打扰就已消失不在，相反，私人空间除了包含着物理空间之外，在互联网上同样存在着不容侵犯的虚拟的私密空间，也许它不像个人的日记本、个人居室、私人抽屉、学生书包等传统社会中的私密空间具有明确的边界性和可辨识度，但是其私人性并不亚于这些物理空间，因此应该受到法律保护。这些虚拟的私人空间的代表是电子邮箱、个人主页、私人电脑数据库等。这些虚拟的个人空间同样容易遭到非法入侵，网络黑客可以随意入侵他人电脑，非法删除、窃取网络用户的个人信息和数据；商家则可以根据个人的浏览习惯，判断其喜好，进而向其电子邮箱投放垃圾邮件和营销广告邮件。因此，这些虚拟的个人空间同样应该成为IT时代隐私权保护的重要客体。

三、隐私不再是遮蔽

（一）隐私的自我披露

从20世纪90年代开始，中国大众传播领域发生了一个非常重要的变化，那就是人们能够通过大众媒介谈论隐私世界。[1] 一些在传统社会被千方百计隐藏的私事被通过情感连线节目或者口述实录的形式搬上了荧屏和纸质媒介，

[1] 张晓辉．大众媒介变迁中的隐私公开现象研究．北京：中国传媒大学出版社．2012:1.

成为观众消费的小食。比如，中国大陆各大卫视频道会在夜间播放心灵访谈节目，普通人开始主动走向公开的舞台，向观众展露自己的情感状态和家庭生活。家庭内部问题、弱势群体成员的个体遭遇和困境、个人的经历和命运、人生迷惑、情感话题[1]等，都成为主持人与嘉宾沟通的话题。除了通过倾诉来缓解郁积心底的压力之外，通常这样的节目还会让冲突的双方同时站上舞台试图通过主持人的调节来化解矛盾，不孝敬父母的孩子、一方出轨的夫妻、因财产分割而反目的兄弟姐妹等全部在观众的注视之下指责、争吵、哭泣，或者不计前嫌，重修于好。在这样的情境下，“家丑不可外扬”这一中国传统意义上的隐私观念已经不复存在。

这种公开私人事务的倾向不只存在于中国，欧美国家也是如此。“奥普拉访谈”是美国一个很有影响的下午播出的日间谈话节目，由著名黑人女主持人奥普拉·温弗里 (Oprah Winfrey) 主持，嘉宾基本上是普通人，来自不同阶层和不同文化背景。在主持人的耐心倾听和启发带动下，这些普通人向现场观众谈出了他们真实的生活感受，表露他们个人心中的秘密。[2]

如果说，在电视等传统媒体上，个人主动公开私事还不那么容易，至少需要经过节目负责人的筛选和权衡的话，那么，新的互联网环境为私人信息的公开提供了更大的便利，个人公开私事已经成为分分秒秒可以实现的事情。互联网和新媒体技术具有强大的信息散布能力。诸如 MySpace、Twitter、Youtube、微博、微信等社交网站的兴起带来了传播技术和信息发布方式的重大革命。散布信息给众多的人听到、看到、知道早已不是那些拥有经济资本和政治资本的人才享有的专利和特权，也许这就是所谓的互联网对普通个人的“赋权”（empowerment）。这种赋权为每个人带来了前所未有的发布信息的机会和权力，它至少降低了每个人践行言论自由和新闻自由的经济成本。

新技术的更新改变了人们的思维方式，也改变了人们看待隐私的方式，人们更加积极、主动地在网络上曝光隐私。每个网络用户都是一个内容生产者。截止到 2011 年，Facebook 上的活跃用户超过 5 亿，这些用户平均每天生成 3 条内容（链接、故事、博客、公告、注解、照片）；每个月，超过 300 亿条

---

[1] 张晓辉 . 论大众媒介上的隐私公开现象 . 国际新闻界 .2005.3:55-58

[2] 张晓辉 . 论大众媒介上的隐私公开现象 . 国际新闻界 .2005.3:55-58.

内容在用户之间共享。另一社交网站 Twitter，每天有 46 万新账户注册，每天发布 1 亿 4000 万条微博信息。[1] "鉴于博客和社交网站之故，个人信息以惊人的速度被张贴在网上。" [2] 而且，"社交媒体上的交流经常发生在公开或半公开的场合，" [3] 这也正是个人愿意把私密信息发布至上面的最主要因素。网络用户每天都会主动将自己的个人信息，如心理状态、交友休闲、读书笔记、所见所闻，张贴到博客和社交网站上，让好友或者陌生人了解自己每时每刻的想法与状态。木子美的情感日记大胆披露与其有过暧昧关系男性与性经历；"芙蓉姐姐"、"凤姐"等在网络上通过恶搞走红；时尚男女热衷于通过微信、微博、QQ 空间散播自拍、休闲生活、美食照，供他人欣赏、消费、吐槽、点赞、评论已然成为一种流行文化。这些都冲击着传统的隐私观念。

在网络上主动公开个人隐私有多种原因。一方面，传播者希望通过隐私来吸引他人的注意，引起大家注意或者希望被肯定与欣赏，获得自我认同。[4] 除了这一心理动因之外，还有现实的原因。即，传播者对自己的相貌或者生活状态感到满意，炫耀幸福为更多的人所知；或者因为压力过大，渴望得到他人的安慰；或者是为增加"社会资本"和关系维系而出卖必要的私人细节。这是文化多元背景下，人们对表达自由、生活方式的选择自由的践行。

一方面，人们感觉到需要保护的隐私信息越来越多了，但另一方面，有些人也越来越愿意将明显处于传统隐私概念下的私人信息通过各种媒介予以公开，供他人消费。这反映了在新技术环境下，人们对隐私观念的认知发生了变化。有时候"敞开"或者"遮蔽"只是一种相对的状态，它随情境而变。

（二）自我披露隐私行为与公私边界

自我披露隐私行为似乎造成了公共领域与私人领域边界的消解，公与私的边界已经模糊。事实是这样吗？

---

[1] Facebook Statistics&Twitter Blog #numbers, 14 March 2011.quoted in, Koops, Bert-Jaap. Forgetting Footprints, Shunning Shadows: A Critical Analysis of the 'Right to Be Forgotten' in Big Data Practice. SCRIPTed, 2011, 8(3): 229-256.

[2] [美] 丹尼尔 • 沙勒夫 . 隐私不保的年代 . 林铮顗译 . 南京 : 江苏人民出版社 .2011:33.

[3] Dr. Joris van Hoboken.The Proposed Right to be Forgotten Seen from the Perspective of Our Right to Remember. Freedom of Expression Safeguards in a Converging Information Environment, 2013.

[4] 张晓辉 . 大众媒介变迁中的隐私公开现象研究 . 北京 : 中国传媒大学出版社 .2012:139.

1. 公共领域与私人领域的区分

西方隐私观念的基础是公共领域与私人领域的区分。自由民所共有的公共领域和每个人所特有的私人领域之间泾渭分明。[1] 公共领域指的是介乎于国家与社会（即国家所不能触及的私人或民间活动范围）之间、 公民参与公共事务的地方，它凸显了公民在政治过程中的互动。[2] 哈贝马斯最为推崇的作为公共领域的典型传媒是 18 世纪三位英国作家创办的杂志。[3] 这种报刊融新闻、随感、学术、娱乐等内容为一炉，构成了在政治上抗衡宫廷文化的文学公共领域，文学公共领域又衍生出政治公共领域。[4]

1964 年，哈贝马斯给出了对公共领域的全面定义：

所谓“公共领域”，我们首先意指我们的社会生活的一个领域，在这个领域中，像公共意见这样的事物能够形成。公共领域原则上向所有公民开放。公共领域的一部分由各种对话构成，在这些对话中，作为私人的人们来到一起，形成了公众。那时，他们既不是作为商业或专业人士来处理私人行为，也不是作为合法团体接受国家官僚机构的法律规章的规约。当他们在非强制的情况下处理普遍利益问题时，公民们作为一个群体来行动；因此，这种行动具有这样的保障，即他们可以自由地集合和组合，可以自由地表达和公开他们的意见。当这个公众达到较大规模时，这种交往需要一定的传播和影响的手段；今天，报纸和期刊、广播和电视就是这种公共领域的媒介。当公共讨论涉及与国家活动相关的问题时，我们称之为政治的公共领域（以之区别于例如文学的公共领域）。[5]

因此，所谓“公共领域”，首先意指社会生活的一个领域，在这个领域

---

[1] 汉娜・阿伦特 . 公共领域和私人领域 . 载汪晖、陈燕谷主编 . 文化与公共性 . 北京：三联书店 .1998:3.

[2] 展江 . 哈贝马斯的“公共领域”理论与传媒 .2003(3):123-128.

[3] 笛 福（Daniel Defoe, 1660~1731） 的《 评 论 》（Review）， 斯 蒂 尔 (Sir Richard Steele,1672~1729)、艾迪生（JosephAddison, 1672~1719) 的《闲谈者》(Tatler) 和《旁观者》(Spectator).

[4] 展江 . 哈贝马斯的“公共领域”理论与传媒 .2003(3):123-128.

[5] [德] 尤尔根・哈贝马斯 . 公共领域 . 载汪晖 . 陈燕谷 . 文化与公共性 . 北京：生活・读书・新知三联书店 .2005:125.

中，像公共意见这样的事物能够形成。公共领域原则上向所有公民开放。公共领域的一部分由各种对话构成，在这些对话中，作为私人的人们来到一起，形成了公众……当这个公众达到较大规模时，这种交往需要一定的传播和影响的手段；今天，报纸和期刊、广播、电视就是这种公共领域的媒介。[1] 公共领域因其公共性特征而区别于私人领域。

所谓私人领域是指狭义上的市民社会，亦即商品交换和社会劳动领域，家庭以及其中的私人生活也包括在其中；[2] 以个体独立人格为基础的私人活动与私人交往的空间。在这一空间内，私人可以按照自己的兴趣、爱好、承诺或者生活习惯等非行政因素进行自由、自主的活动和交往。[3] 汉娜·阿伦特更在乎私人领域，“从私人领域而非国家的角度来看，私人领域与公共领域的区分相当于应该显示出来的东西与应该隐藏起来的东西之间的区分。”[4] 私人领域使人有些羞涩。[5]

对每一个个体来说，公共领域与私人领域的区分都很重要。公共领域概念是以如下要素为基础：（1）对尽可能众多的人开放，是一个可以在其间表达和交流多种多样的社会经验的公共论坛。（2）在公共领域中，各种论点和意见可以通过理性的讨论来展开交锋。这意味着，只有在公共领域首先对于一个人可能作出的各种选择方案有一种明察的情况下，“理性的”政治选择才有可能。（3）系统地和批判性地检验政府的政策是这种公众领域的首要任务。[6]

因此，对参与公共领域的人来说，其间的讨论与争辩可以培育公民身份认同、提高政治参与的频率与效果，进而提升个人的政治素养和理性精神。在公共领域中，个人要尽可能多地展现出自己理性、智慧、质疑、严肃的一面，就具有公共性的问题与他人展开讨论、争辩。但显然，参与公共生活不是一

---

[1] 哈贝马斯．公共领域的社会结构．江晖．陈燕谷主编．文化与公共性．北京：三联书店店．1998:125.

[2] 哈贝马斯．公共领域的社会结构．江晖．陈燕谷主编．文化与公共性．北京：生活．读书．新知三联书店．2005:137.

[3] [德]哈贝马斯公共领域的结构转型．曹卫东等译．北京：学林出版社．1999:35.

[4] 汉娜·阿伦特．公共领域和私人领域．刘锋译．载江晖．陈燕谷主编．文化与公共性．北京：三联书店店．1998:82.

[5] [德]哈贝马斯公共领域的结构转型．曹卫东等译．北京：学林出版社．1999:4.

[6] 展江．哈贝马斯的“公共领域”理论与传媒．2003(3):123-128.

个个体的全部面向，其“前台”行为与“后台”行为[1]自然应该有着严格的分殊，这样才能保证个体不会永远处于紧绷状态。对个人来说，在参与公共事务过程中的理性和个性表现是前台，而在私人领域的自我意愿就是后台行为。

私人领域对个人的作用自由发展有着重要的作用，它赋予个体按照自己的意愿自由行事的空间。每个人都是独立自由的个体，每个人都有自己的个性和尊严，每个人都有选择生活方式的权利，如果每个个体的所有活动都处于公共领域中，任由其他个体或者组织窥视、曝光、揭露，那么个人就被剥夺了自己的个性，他也丧失了选择生活方式的权利。这样的个体将丝毫没有独特性和唯一性可言，他将与芸芸众生中的任何一个其他的个体无异。

> 一个被迫在其他人中间度过生命的每分每秒的人和每一个需求、想法、愿望、想象或感激都屈服于公共审视之下的人已经被剥夺了他的个性和尊严。这样的一个人融入大众之中。他的观点，被公开，永远不会倾向于有所不同；他的愿望，被知晓，总是倾向于是在传统上被接受的那种；他的感受，被公开展览，倾向于丧失唯一的个人温暖的特性并且变成每一个人的感受。这样的一个人，虽然有知觉，但是是可替代的；他不是一个个体。[2]

除此之外，私人领域一般是个人表达感情的领域，以认同感、友谊和亲属关系为中心。[3]“有许多关系重大的事情都只能在私人领域里存在。例如，爱与友谊就有很大不同，一旦在公众面前展示它，它就会遭到扼杀或毁灭。”[4]

2. 自我披露隐私行为是对公与私的消解？

时下风行的网络上自我披露隐私的行为也被称为“个人隐私在公共空

[1] [美]欧文·戈夫曼．日常生活中的自我呈现．黄爱华．冯刚译．杭州：浙江人民出版社．1989:21-29.

[2] Edward J. Bloustein.Privacy as an Aspect of Human Dignity: an Answer to Dean Prosser.39 New York University Law Review 1964: 962.

[3] 张晓辉．大众媒介变迁中的隐私公开现象研究．北京：中国传媒大学出版社．2012:6.

[4] [美]汉娜·阿伦特．公共领域和私人领域．刘锋译．载江晖．陈燕谷主编．文化与公共性．北京：三联书店店．1998:82.

间的自我呈现”、[1]“媒介文化的私人化”、[2]“私人话语向大众传媒的扩张”、[3]“作为公共领域的大众传媒中出现的私人领域的话语实践”[4]等等。不管如何称呼，这种自我披露行为的本质是一样的，就是将传统本属于私人领域的个人表现呈现在网络上，用以公开。

这种行为似乎打破了传统的公共领域与私人领域的二元划分方法，使得二者的边界模糊不定。社交网站经常作为对公共领域与私人领域的消解作用最为明显的例证被提及。社交网络提供了获得空前大量的信息的途径和一种新的交流媒介，改变了社会成员与彼此互动的方式。通过智能手机、黑莓手机或 iPhone 手机，社交网站的用户能够主动公开他们的日常活动，与他们的朋友和粉丝共享个人信息、照片和评论。“互联网发起的社交网络允许全球传播恢复前工业化社会中的亲密文化（close-knit culture），这种文化中，几乎部落或农业村庄中的每一个成员都知道邻居的每一件事。只是现在‘村民’跨越了地球。”[5]私人领域与公共领域边界之模糊来自于本属于私人领域的话题拿到公共领域诉说、展示，成为塑造个性或者释放情绪的方式。

对这一说法，阿姆斯特丹大学哲学教授贝亚特·勒斯勒尔（Beate Rössler）并不认同，他指出，媒介上的私人话题展示并不能说明二者边界之模糊。拿以隐私为话题的电视谈话节目为例：

> 人们在谈话节目中谈及他们的某些私密问题而其他人乐意观看和倾听他们如此谈论这一事实，绝不必然意味着这些人完全丧失了对私密与公开之间差异的意识。
>
> 更可能的是，他们完全有能力意识到那样的差异，而且不仅在做完节目后继续保持他们自己的“私下”中的利益，还会认为他们自己没有权利做诸如窥探他们的邻居卧房中发生了什么，或以电视节目中他们做或被看着做的

[1] 吕耀怀．当代西方对公共领域隐私问题的研究及其启示．上海师范大学学报：哲学社会科学版．2012. 41(1): 5-17.

[2] 杨桃莲．私人领域的凸现与当今媒介文化的“私人化”．国际新闻界．2009 (10): 50-53.

[3] 郭小平．蔡凯如．私密话题：当代中国私人话语向大众传媒的扩张．新闻大学．2003.2: 012.

[4] 徐丛青．论“私人话语”适当回归私人领域．现代传播．2002:43-44.

[5] Daniel J. Solove. Do social networks bring the end of privacy? Scientific American. 2008. 18.

方式在亲朋好友中他们的他们私密生活一类的事情。

（在电视谈话节目中）公众感兴趣的不是作为隐私问题的隐私，而是作为公共话题的隐私。[1]

与谈话节目的嘉宾类似，在网上自动披露私人生活的人并不是因为隐私意识薄弱才为之，这些自我披露者清楚地知道何时、怎样捍卫自己的隐私利益。已经由披露者自主转化为公共话题的隐私，实际上已经不具备经典意义上的隐私价值，故不存在披露者自身隐私意识薄弱的问题。私人领域与公共领域之间的界限不是固定不变的，这一界限会随着社会条件及隐私问题的变化而有所调整，也即，它一直处于流动之中。所谓公共领域与私人领域边界的模糊只是作为隐私范畴的主题在不断变化的结果，本质上来说，它反映的依然是人们对“究竟什么是隐私”这一观念问题的不同回答导致的结果。在新技术环境下，一方面，个人认为不那么敏感的信息是隐私，另一方面又将传统纯属私人化的隐私信息加以披露。人们所能接受的拿到公共领域诉说传统私人话题越来越多，公共领域一直在扩张，而私人领域则不断萎缩。这种看似矛盾的隐私观念造成了公共领域和私人领域边界模糊的表象。这说明传统的公共领域和私人领域的严格分殊已经不能适应多变的新技术环境。

第四节 一种新的隐私观念——“被遗忘权”

在数字时代，对隐私的威胁已经不再是以身体、录音、录像、窃听、监视监听设备侵入他人的私人物理空间，或者未经当事人同意将会令其感到尴尬的信息通过大众媒体等公开以为不特定的人知道，伤害当事人的感觉。而变成了各类政府、商业企业组织、机构利用新技术追踪每个个体在互联网上留下的数据痕迹，将这些零星数据进行分类整理，建立数据库，并与其他数据库进行资源共享，进而基于其全面的个人信息建立起关于他的完整的“侧

[1] Beate Rössler. The value of privacy. Polity. 2005:174-177.

面像”。或者，个人利用智能手机和移动网络随时记录他人的状态发布到网络上，与他人共享。显然，在这种多源威胁情况下，所谓的对个人信息的事前“控制”已经不具有现实可能性，因此，隐私观需要从预先的防止泄露或公开走向事后的补救，而且，相对于预先防止，事后的补救变得越来越重要，“被遗忘权”是这种事后补救的一种典型方式。互联网有一个显著的特征，那就是“永志不忘”，发布其上的各种信息被永久记录，难以消迹。这一特点导致人们感知到隐私应该包含一种“被遗忘权”，即个人应该有权利撤下当初发布到网上的某些消息。“被遗忘权”是在数字时代对个人信息的预先控制变得越来越难的情况下而提出的一种保护隐私的退而求其次的补救措施和观念，根本上来说，其依然属于“控制”这个核心范畴之内。

一、互联网“永志不忘”

众多评论家指出，互联网上的信息永远不会被忘记。“每个公民都面临着逃离过去的困难，因为互联网记录着所有而不会忘记任何。”[1]“张贴在互联网上的信息永远不会被真正忘记”。[2]不能被删除的信息“将会永远将我们与我们过去的行为拴在一起，因此，在现实中，逃离这些过去是不可能的。”[3]“那些之前记录在晦暗不明的记忆或者褪色的纸张上的具体细节现在被永久地保存在计算机的数字记忆中，巨大的数据库被无数个人信息填充着。”[4]“人们意识到互联网如钢铁般的记忆有多么无情，而过去的信息怎样突然地始料不及地冒出来，许多人都因此感到了不安。我们希望我们说的每一句话做的每件事都被互联网永久记忆和保存吗？”[5]

---

[1] Jeffrey Rosen. The right to be forgotten. Stanford law review online.2012. 64: 88.

[2] Charles J. Sykes. The End of Privacy,St. Martin's Press, 1999; Jonathan Zittrain, The Future of the Internet—And How to Stop It (2008); Jeffrey Rosen, The Web Means the End of Forgetting, N.Y. Times Mag 21, 2010.

[3] Robert Kirk Walker.The Right to Be Forgotten. Hastings Law Journal. 2012.64(101):257-286.

[4] Daniel J. Solove.Privacy and Power: Computer Databases and Metaphors for Information Privacy. Stanford Law Review. 2001(53):1393.

[5] Bert-Jaap Koops.Forgetting Footprints, Shunning Shadows. A Critical Analysis of the “Right To Be Forgotten” in Big Data Practice.8: 3 SCRIPTed .2011.

这些话道出了互联网的另外一大特点，即互联网上的信息的永久记录性：

搜索引擎记录每一次搜索来提高性能。社交网站记录数百万用户一瞬间的“啾啾啾”和状态更新，然后将它们变成永久的记录。移动电话和邮件服务生成我们的对话日志，不管它们有多普通和容易被忘记……甚至，在人们已经将事件忘掉的很长时间之后，对过去的这些记录也能产生严重的后果。[1]

“在互联网上，人们展示出来的远比想得多。”[2]受一瞬间的极端情绪之控将极其不负责任、极端情绪化的语言张贴到互联网上几乎是每个网络用户都曾经有过的经历，“用户贴出一些个人信息，而后又后悔这样做，或者公开了想保持秘密状态的信息，这是经常发生的事情。”[3]现实当中，这样的发泄也许不会引起什么人的注意，但是一旦发泄的对象是互联网，情况就会发生戏剧性地变化，它将永久地记录着这些越轨的语言和行为，而且没有人知道这些语言会被扩散至何处，显然，后悔已然来不及。因此，学者才会说，“我们倾向于认为类似于Facebook这样的社交网站为我们提供了免费的服务，但是实际上，我们为这些服务付出的代价是很高昂的。数年来，我们支付着我们的隐私和永远不被删除的风险。”[4]

具体而言，这种永久记录性主要表现在两个方面：网络信息的空间滥用和网络信息的时间跨度。

（一）网络信息的空间滥用

存储于各种社交网站的文字、照片、视频等可随意共享和移植，它们允许人们存储成千上万张照片，因此，任何东西一旦放上网络，很容易会被复制并且广泛传播，用户就几乎完全丧失了对其踪迹的掌控。删除原文件根本无法阻止人们找到存放于网络上某个角落的成千上万个复制品。比如，如果你上传了一段令人尴尬的视频到YouTube，它就会像病毒一样传染开去，你

[1] Chris Conley. The Right to Delete. European Journal of Law and Technology. 2011(2):2.

[2] Sanna Kulevska.The Future of Your Past: A Right to be Forgotten Online? June 24, 2013, Available at: http://www.chillingeffects.org/weather.cgi?WeatherID=769.

[3] Robert Kirk Walker.The Right to Be Forgotten. Hastings Law Journal. 2012.64(101):257-286.

[4] Sanna Kulevska.The Future of Your Past: A Right to be Forgotten Online? June 24, 2013, Available at: http://www.chillingeffects.org/weather.cgi?WeatherID=769.

几乎什么都做不了。在现实世界中，私下里开开尖酸刻薄的玩笑，只要对方保密，一般不会导致什么严重的后果，但是一旦这种玩笑或者稍微不端的行为被上传至互联网，结果就完全不同了。一句话、一个亲吻、一个拥抱、一夜的狂欢都可能造成无法挽回的恶果。

喜剧演员吉尔伯特·高特弗雷德已经尝到了互联网的这种威力。他在微博上开日本地震和海啸的玩笑，其中一条是这样的："我刚刚与我的女友分手，但我并不担心，就像那些日本人所说的一样：'马上就会有另外一个浮出水面'"。吉尔伯特为此付出惨痛代价，他代言的人寿保险公司 Aflac 马上与他解约。

正是因为这样，欧盟司法专员维维安·雷丁（Vivian Reding）说，"当你在派对上狂欢到凌晨四点，你可能会从 Facebook 上看到你自己醉酒的照片，这可能是你某个朋友的杰作，但谁都无法保证，这些照片会不会被你的老板看见。"[1]

博客作者希瑟·阿姆斯特朗因她的博客"Dooce.com"而被开除。她在博文中这样写："我讨厌那 30 人公司里的 10 位副总裁的其中之一，天生不是一副'室内的'嗓子，而是刺耳、单调、讲话压倒正飞行而过的 F16 战机的室外嗓子。他喜欢听他自己讲话，甚至只对着他自己讲……最近，他在样式怪诞的胡子方面是个权威……"某个匿名者利用电子邮件将她的博客寄给她的上司们，他们很不高兴。阿姆斯特朗因此而失业。[2]

实际上，她写作此文时也许只是发泄心中一时的不快，或许在内心中并没有对上司有如文字所表露出的那么深的厌恶感。而且，更加令她想不到的是，本来的心情日记却被别人用心之人告知给了批评的对象。

作为互联网时代的一员，网络用户也许应该慎重地考虑一下，哪些内容可以在互联网上公开。"一旦我们意识到信息可以传递给任何人，那么我们将会表现得十分小心谨慎，而且如果有疑问我们也会选择审查自己，而不是选择承担不可预料的损害的风险。数字化记忆为了完全不同的目的，使更多的接收者可以获取更多信息，同时被认为保持了确凿无疑的精确性和客观

---

[1] 侯爽：《我们该有被遗忘权》. 来源：北京青年周刊 .2011 年 4 月 18 日 . http://bjqn.ynet.com/3.1/1103/31/5861181.html, 2014.2.17.

[2] [美] 丹尼尔·索洛夫 . 隐私不保的年代 . 林铮顗译 . 南京：江苏人民出版社 .2011:44.

性。”[1]

（二）网络信息的时间跨度

安德鲁·费尔德马（Andrew Feldmar）生活在温哥华，他是一位60多岁的心理咨询师。2006年的某一天，一位朋友从西雅图国际机场赶过来，费尔德马打算穿过美国与加拿大的边境去接他。但是这一次，边境卫兵用互联网的搜索引擎查询了一下费尔德马。搜索结果显示除了一片费尔德马在2001年为一本交叉学科杂志所写的文章，在文中他提到自己在20世纪60年代曾服用过致幻剂LSD。因此，费尔德马被扣留了4个小时，期间被采了指纹，之后还签署了一份声明，内容是他在大约40年前曾服用过致幻剂，而且不准再进入美国境内。费尔德马是一位没有犯罪记录、拥有学识的专业人员，他知道当年服用致幻剂确实违反了法律，但是他坚称自1974年以来就一直没再服用，那是他生命中一段早已远去的时光，一个他认为已被社会遗忘了很久、与现在的他完全不相干的过错。但是，数字技术已经让社会丧失了遗忘的能力，取而代之的则是完善的记忆。[2]

虽然费尔德马同样吃了互联网的亏，但是年近七旬的他并不是十几岁的互联网发烧友，他未曾在互联网上主动披露关于自己的信息。但是最终他在那样一本晦涩的杂志上发表的文章，居然能在全球化的网络上如此轻易地被找到，而且成为抑制其行为的证据。对他而言，“成为数字化记忆的受害者完全是一个可怕的突然袭击。”[3]

这个案例说明了互联网的永久记录性的第二种表现形式，网络信息历经长久沧桑依然不会消失。网络信息的无期限永存使得被迫接受“互联网羞辱”的那些人，比如，“狗屎女”、地铁中的猥亵男，其有违规范的行为将永远被互联网记录，那些关于过去的信息就像古时候刻在罪犯脸上的字符一样永远不能被抹去，那些你想忘记的黑暗过去会像幽灵一般出现来阻碍其现在的发展。

[1] [英]维克托·迈尔—舍恩伯格.删除——大数据取舍之道.袁杰译.杭州：浙江人民出版社2013:139.

[2] [英]维克托·迈尔—舍恩伯格.删除——大数据取舍之道.袁杰译.杭州：浙江人民出版社2013:5-6;8-9.

[3] [英]维克托·迈尔—舍恩伯格.删除——大数据取舍之道.袁杰译.杭州：浙江人民出版社2013:9.

二、“被遗忘权”的含义

正是在互联网信息的普遍易得而且永不消除这一背景之下，人们感觉到迫切需要一种新型的隐私概念——“被遗忘权”，也可以称为“让信息被删除的权利”[1]，遗忘权[2]和社会遗忘。[3]

其含义是，当用户对曾经的某次张贴信息行为后悔，希望撤下它；或者对其他人生产的关于自己的信息持有异议时，互联网应该允许其删除这些信息。“如果一个人不再希望他的个人信息被信息控制者掌握，而且如果没有保存这些信息的正当理由，这些信息应该被删除。”[4]或者说，如果一个人不再想让他的个人信息被信息控制者加工或者存储，并且如果没有保持这些信息的合法基础，这些信息应该从他们的系统中被删除。[5]因此，“被遗忘权”也被称为“删除权”（The Right to Erasure），这一权利对于那些网络用户控制谁能获取他们的个人信息至关重要。根据“被遗忘权”，个人信息被广义地界定为“任何与一个信息主体有关的信息。”[6]

‘被遗忘权’被认为是一项法定权利，而且是一种值得受到法定保护的价值或利益。这一权利被归类为一种隐私主张，即使它被应用于至少在某种程度上公开的信息。它代表着‘信息的自我决定’和以控制为基础的隐私定

[1] the right to have information deleted.V. Mayer-Schönberger, Delete: The Virtue of Forgetting in the Digital Age, Princeton and Oxford: Princeton University Press2009; Chris Conley.The Right to Delete[C]//AAAI Spring Symposium: Intelligent Information Privacy Management. 2010.

[2] Bernal PA. A right to delete? European Journal of Law and Technology.2011.2(2).
Warner J. The right to oblivion: data retention from Canada to Europe in three backward steps. University of Ottawa Law & Technology Journal. 2005. 2(1): 75-104.

[3] Blanchette J F, Johnson D G. Data retention and the panoptic society: The social benefits of forgetfulness. The Information Society. 2002. 18(1): 33-45.

[4] Robert Kirk Walker.The Right to Be Forgotten[J]. Hastings Law Journal. 2012.64(101):257-286.

[5] Sanna Kulevska, The Future of Your Past: A Right to be Forgotten Online? June 24, 2013, Available at: http://www.chillingeffects.org/weather.cgi?WeatherID=769.

[6] Comm’n, Proposal for a Regulation of the European Parliament and of the Council, at art. 4(2), COM (2012) 11 final. 2012.25.

义，并且试图将个人信息从公共领域转移到私人领域。[1]这一权利暗示着个人对自己的个人信息的控制权利。“个人决定这些信息将会怎样，并且即使‘离开其掌控’，也保持着对它的控制。”[2]“在这个每一片信息都能被永世记住得社会，控制个人信息的问题已经变得越来越重要。‘被遗忘权’的观点作为这一“控制性权利”的一种重要物质化形式被提出来……控制——被遗忘权仅仅是一个‘控制’个人信息这一更加根本的愿望的结晶。”[3]

个人之所以要掌握对互联网上的个人信息的控制，是信息时代提出的要求。随着一个以信息为中心的社会的来临，人们需要扩展“个人”这个概念以赶上时代。个人已经不仅限于传统意义上的人身、人格等等，关于一个人的记录实际上是那个人的“数码身份”（digital identity）的一部分，[4]关于个人的信息是其个人的延伸。因此，个人有权利控制他自己的身份，而不是让掌握那些记录的人控制。而这一自我决定权的核心部分就是删除权。

但是，这一权利的实现也并非易事。毕竟要彻底删除在互联网上的个人信息绝非易事。由于信息可随意复制，删除原始信息，不一定能删除其他的复制本。这导致互联网上充斥着各种个人信息，其中很不具有公共利益或新闻价值的性质。但是即使实现起来困难重重，“被遗忘权”作为个人对自身隐私的一种主体性和权利意识的觉醒，其重要性不言而喻。

三、“被遗忘权”的意蕴

“被遗忘权”对个人的发展有何重要意义？

（一）保护轻微失范行为不受惩罚

韦斯廷曾经观察到，隐私保护着个体某些无伤大雅的越轨行为和对社会

[1] Meg Leta Ambrose& Jef Ausloos.The Right to Be Forgotten Across the Pond[J].Journal of Information Policy3 2013:1-23.

[2] Jef Ausloos. The ‘Right to be Forgotten’ –Worth remembering?[J]. Computer Law & Security Review, 2012. 28(2): 143-152.

[3] Jef Ausloos. The ‘Right to be Forgotten’ –Worth remembering?[J]. Computer Law & Security Review, 2012. 28(2): 143-152.

[4] Chris Conley.The Right to Delete[C]//AAAI Spring Symposium: Intelligent Information Privacy Management. 2010.

规范轻微的不顺从，而且正是在有限的私人领域中，个人建构着自我。但是互联网的收集和共享信息能力已经使得个人不能再没有后顾之忧地在私底下肆无忌惮地做出或说出种种夸张行为和言论，或者出于好玩的心理做出搞怪的丑态，或者为发泄一时之愤，用言行对某些个体或组织表达不满情绪，因为这些无心的姿态能被其他人有意或无意地怀着或善或恶的目的，完全精准地用图片或视频或声音记录下来并传至互联网，而一旦上传至互联网，不管是被信息的主体还是制作信息的人都不能掌握其踪迹，谁能看到它，别人能利用它来做什么，这些都完全不受当事人的控制。而且，这些或搞怪或泄愤的行为一旦有失得体，其不合规范性将被瞬间放大，引发全民声讨或者对现实生活造成实际影响都是完全可能的事情。

"被遗忘权"将会重新允许人们的轻微失范行为不受不适当的惩罚，不必因为不确定性后果而对自己的轻微失范行为进行限制。比如，耶西卡（Yesica）是一名来自阿根廷的某体育画报的泳装模特。某天，她醉酒后，与朋友拍摄了一张生动的照片。照片中的她衣着不得体。后来，这张照片被上传到了网上。她起诉了 Yahoo，要求它移除照片。依据是"被遗忘权"，耶西卡胜诉，现在在 Yahoo Argentina 上输入耶西卡的名字，什么也查不到。因此，"被遗忘权"允许当事人删除了自己或他人放置到互联网上的关于自己的令人尴尬的照片或者信息。

（二）破除网络羞辱的永久性

"被遗忘权"对个人的意义与其过去，尤其是有污点的过去有关。其核心内容是，一个人过去的历史不应该成为影响其现在发展的障碍。"一个人的未来是过去的延伸。这种说法并不准确。人们可能克服它们的过去，而且可能渴望解决和忘记不幸的过去。事实上，人们有选择性遗忘的能力。如果我们不能建立被遗忘权，对我们而言，建构我们自己的身份就会变的很困难。"[1]正是在这个意义上，村太（Murata）和折戸（Orito）这样界定"被遗忘权"："一个人有权利免受任何与他/她有关的、会对其产生负面效果的信息的使用。"[2]

[1] Kiyoshi Murata & Yohko Orito.The right to forget/be forgotten. Ethics In Interdisplinary And Intercultural Relations. 2011:192-199.

[2] Kiyoshi Murata & Yohko Orito.The right to forget/be forgotten. Ethics In Interdisplinary And Intercultural Relations. 2011:192-199.

这一含义类似于乔纳森·齐特雷（Jonathan Zittrai）于2008年提出的"reputation bankruptcy"概念，[1]这个概念允许人们在互联网上有一个全新的开始。意指，那些在互联网上有过"污点"的用户，也应该像现实中受到过惩罚的有前科者一样，经过一段时期之后，得到宽恕，允许其重新以普通人的身份生活，互联网羞辱不应该无限期的存在。

古代社会，羞辱惩罚是很普遍的。古代罗马人会在犯罪者前额上烙一个表示犯罪的字母。小说《红字》中提到，17世纪期间，在一个小规模的清教徒小区，海丝特·白兰因通奸而被强制穿上绣着字母A的服装，作为惩罚。这个符号发挥着某种公共标识的作用，闪闪发亮的刺绣使旁观者对她的失范行为一目了然。之后，随着城镇化和人口的移动性增强，古代的羞辱形式已经不能发挥本有的作用。因为小区中的人们互不熟识，就算烙上表示犯罪的字母，也不能发挥以往超强的标识作用。然而，互联网技术使得这种羞辱惩罚又回来了。就像"狗屎女"的例子一样，互联网羞辱使得某些失范行为暴露在网众的注视之下，由其吐槽、批评，甚至谩骂。这种互联网羞辱使得人们不能轻易侥幸逃脱对无礼与不当行为的惩罚，它使得人们想逃避过错变得更加困难。在美国，居住在附近的性侵者名单将会被部分公开到互联网上，就是这种新型羞辱的典型例子。

但是网络的永久记录性赋予了互联网羞辱一个主要的短处，即，永久性的影响。这种网络制裁类似于古代通常伴随终身的刻字刑罚。"互联网式羞辱，在个人的身份上，创造出一个不可磨灭的污点。在网络空间遭受羞辱，类似于生命被做上了记号；类似于被强制戴上了数字式红字、被烙印或被刺青。人们取得永久的数字式包袱。他们不能逃出他们的过去，它被永远刻入谷歌的记忆里。"[2]

但是，这样永久式的羞辱值得肯定吗？个人会成长和改变，每个人都有重新开始和洗心革面的机会，谁也不能肯定地说，犯过错的人将永远不会再做正确的事。鼓励犯过错误的人向善才是正常的社会功能。个人不应该永远

---

[1] J L. Zittrain , The Future of the Internet and How to Stop It (n2) 228. Quoted in, Jef Ausloos. The 'Right to be Forgotten' –Worth remembering? Computer Law & Security Review. 2012. 28(2): 143-152.

[2] [美]丹尼尔·索洛夫.隐私不保的年代.林铮顗译.南京：江苏人民出版社.2011:103.

与过去的对个人有损害性的信息相联系，过去的恶劣经历或者错误决定的幽灵不应该被其他人获取进而评价其本人。因此，“应该允许人们自己‘塑造自己的生活’，而不是让其他人对它们的记忆来做这项工作。”[1]“被遗忘权”恰能使羞辱回到以前的限制在一定范围和一定时间之内的程度。

（三）个人的自由发展

“被遗忘权”对个人的另一重重要意义是，它能保证个人不会因为此时此刻的所做所想对未来构成限制或束缚。鲁夫鲁瓦（Rouvroy）主要是从这一角度切入“被遗忘权”。他的关注点在于个人应该能够自由地书写和说话，无需担忧现在的所说所写将来某天会被用来反对本人。“自我发展”意味着个体应该不受限于自己所表达的内容，而总能自由地改变。因此，在这里，“被遗忘权”意味着自由表达自己的自由的含义，而无需担心将来这可能会被用来反对你。[2] 鲁夫鲁瓦很大程度上将“被遗忘权”界定为自由说话和写作的权利，无需担心你的人身或人格受限于你表达的内容；它表明今天这样写而明天就能改变主意的自由的意义。

当班农（Bannon）说“关于一个人的活动的信息的收集和存储必须不能被不加批评地接受。可能有必要重新点燃对当前时刻——此时此地——

（being-here-now）的尊重。”[3] 这种方法的中心不一定在于在一定时限过后，信息被删除，而是一种“更广义的类似于人类遗忘艺术的策略。”[4]

前面提到的费尔德马的故事是数字化记忆限制人的自由发展的一个例子。他惹上麻烦并不是别人读了他的文章，而是因为他没有意识到数字化记忆的永久性——别人在他写完多年以后读了他的文章。“如果我们不得不想象多年以后，或许在未来几十年后，有人可能会如何解释和权衡我们的话语时，

[1] Jasmine E. McNealy, J.D., Ph.D.The Emerging Conflict Between Newsworthiness And The Right To Be Forgotten. Northern Kentucky Law Review, 2012:119-135.

[2] A Rouvroy, Réinventer l'Art d'Oublier et de se Faire Oublier dans la Société de l'Information? Version augmentée (2008), quoted in, Bert -Jaap Koops.Forgetting Footprints, Shunning Shadows. A Critical Analysis of the ‘Right To Be Forgotten’ in Big Data Practice.8: 3 SCRIPTed.2011.

[3] LJ Bannon.Forgetting as a Feature, not a Bug: The Duality of Memory and Implications for Ubiquitous Computing.Co Design. 2006.2(1):3–15.

[4] Bert-Jaap Koops.Forgetting Footprints, Shunning Shadows. A Critical Analysis of the “Right To Be Forgotten” in Big Data Practice. 8: 3 SCRIPTed. 2011.

我们当初就会更加谨慎地阐述它们。”[1] 正因此，费尔德马则本应该基于一个无法预料的未来去限制自己的写作。但是显然这是一个无法完成的任务，任何人都不是先知，他不可能预测到现在的行为对未来的影响。如果惧怕承受未来的结果，那么唯一的策略就是对当下更加拘谨。“如果过去是不可能赎回的，那么我们唯一的选择就是对未来更加谨慎。”[2] 显然这于个人的发展极其不利。

除了用未来来惩罚现在的结果之外，数字化记忆的永久性还形成了一个时间维度上的圆形监狱，让人们的行为不仅在空间上无从逃脱他人的监视，而且在时间上也无从隐身。费尔德马的故事说明的是一个压抑的时间维度上的圆形监狱。[3] 从这个角度说，个人自由发展视角下的“被遗忘权”允许给予个人自由地发展空间，不必束手束脚；而且有利于帮助个人逃离无限期的圆形监狱的监视。

第五节　隐私观念变迁的意蕴

在中西国家，隐私观念从前IT时代到IT时代经历了明显的变化，在这一系列关于隐私问题背后的共同价值是什么？隐私权保护对人们生活的自治与自由究竟意味着什么？IT时代的隐私观念将对传统的隐私以及隐私权理论带来何种调整？

一、个人隐私与自治

在《隐私的价值》一书中，勒斯勒尔明确地区分出隐私的3个维度，即：

---

[1] [英] 维克托·迈尔—舍恩伯格 . 删除——大数据取舍之道 . 袁杰译 . 杭州 : 浙江人民出版社 2013:140.

[2] [英] 维克托·迈尔—舍恩伯格 . 删除——大数据取舍之道 . 袁杰译 . 杭州 : 浙江人民出版社 2013:137.

[3] [英] 维克托·迈尔—舍恩伯格 . 删除——大数据取舍之道 . 袁杰译 . 杭州 : 浙江人民出版社 2013:140.

决定的隐私、信息的隐私与居所的隐私。其中，信息的隐私这一维度代表着隐私的基本的或至少是中心的维度。所谓信息隐私问题，“实际上是什么人知道一个人的哪些事情以及他们是如何知道这些事情的。换言之，这里的问题是有关该人的信息的控制问题。”[1] 勒斯勒尔继续解释说：“如果信息隐私在于某人基本上有能力控制或至少有能力知道、判断什么人获得有关他的什么信息，那么，对于信息隐私的侵犯首先就在于此人不再有这样的控制。”[2] 对于生活于网络世界与现实世界的混沌状态中的个人来说，对个人信息是隐私无比重要的客体，而保全隐私的方式是主动控制，“自己说了算”。此种主动控制的含义背后是个人自治的价值。

“自治”属人的自由或人类自决这一普遍原则（价值）的一部分，在不同的情境下具有多重含义和概念。几乎为所有的社会科学所瞩目。一般来说，它主要有以下几方面的含义。

一是自己管理自己的事务。根据《布莱克维尔政治学百科全书》的解释，自治是“指某个人或者集体管理其自身事务，并且单独对其行为和命运负责的一种状态。”“更狭义地说，它是指根据某个人或集体所特有的‘内在节奏’来赞誉自主品格或据此生活的品格的一种学说。”[3] 自治是指在未受外来影响或干预的情况下自主地作出符合自己意志的决定。[4]

二是参与公共事务。公民自治作为公民参与的出发点和目的则意味着：公民能依照自己的意志在公共领域通过参与公共事务以实现自己管理自己。[5] 公共事务治理是公民的自我管制行为，即由公民组成的社会团体来行使社会治理的权力，政府的治理行为则必须得到公民或社会团体的同意才可以推行。[6] 民众若想成为自己以及公共政策的主人“则必须诉诸自我管理和自我统治”，

---

[1] Rössler B.The Value of Privacy.[s.l]:Polity Press,2005.

[2] Rössler B.The Value of Privacy.[s.l]:Polity Press,2005.

[3] 戴维・米勒．韦农・波格丹诺．布莱克维尔政治学百科全书（修订版）. 北京：中国政法大学出版社 .2002:745.

[4] Anthony Neoh.Hong Kong’ s Future:The Viewof a Hong Kong Lawyer. California Western International Law Journal. 1992(22):332-333.

[5] 吉兰湘，杨畅．共和主义宪政情景中的公民参与．西安交通大学学报：社会科学版 .2013. 33(5): 56-61.

[6] 林莉．刘祖云．政府与公民关系的组合模式：一种逻辑分析的进路．理论探讨 . 2010. 3: 035

通过基于共同利益和共同理想的深入交往"控制自己的生活和自己周围(生存)环境的发展。"[1]

三是自由缔约各种法律关系。除了政治领域外,法学领域也有自治的概念,称为"私人自治。"私人自治乃是"私法体系的恒星",将永久地放出光芒。[2]从这个角度定义私法自治的代表性定义有,私法自治定义是对通过表达意思产生或消灭法律后果这种可能性的法律承认。[3]私法自治是自己规定自己法律关系的权限。认为私法自治不仅意味着当事人有为自己创设权利义务的自由,而且意味着当事人有不为自己创设权利的自由。私法自治是各个主体根据他的意志自由形成法律关系的原则。北村一郎观点较为全面,他从法技术的角度提出,"私法自治的概念,在今天一般地作为契约的自由、遗嘱的自由、团体设立的自由等的上位概念,意指根据私人的意思形成法律关系的自由。"[4]

在这些对自治的理解中,第一种自治中所包含的自己管理自己的含义是参与公共事务以及自由与他人缔结法律关系含义的基础,也是与隐私最为密切相关的自治含义。自治的核心在于自己治理自己。[5]这是我们理解自治含义的根本之所在。本书中取"自治"的第一种含义,即自治是自己管理自己的事务作为理解隐私价值的基础。

如果说免于侵扰私人空间和公开私人信息的传统隐私含义中也包含着自治的意蕴的话,那么,"信息的自我决定权"是指每个公民原则上都享有自主决定是否提供其个人信息以及如何利用其个人信息的权利,[6]这种意义上的隐私则是一种积极的权能,与"免于……"的权利相比,它更加主动,更加强调控制,是积极践行自治权的表现,是自治意识的觉醒,是对自身权利的实施。即,隐私权意味着一种自治的感觉,一种发展自己独特的个性和生活

---

[1] 卡罗尔·佩特曼.参与和民主理论.陈尧译.上海:上海人民出版社.2006:101.

[2] 李非.富与德———亚当·斯密的无形之手市场社会的架构.天津:天津人民出版社.2001:165

[3] [德]迪特尔.梅迪库斯.邵建东译.德国民法通论.北京:法律出版社.1991.142.8.

[4] 李军.私法自治的基本内涵[J].法学论坛.2005.19(6): 78-81.

[5] 文正邦.宪法与行政法论坛(第二辑).北京:中国检察出版社,2006:116.

[6] 蒋舸.个人信息保护法立法模式的选择——以德国经验为视角.法律科学:西北政法学院学报.2011. 29(2): 113-120.

空间的权利，一种把自己和其他所有人区别开来的权利。[1]

除此之外，“被遗忘权”也与个人自治有关，个人信息保护需要被理解为个人自治的一个方面。每个人都是自治的个体，关于与公共利益无关的私人事务，他是唯一的决定主体，不受任何其他团体和个人的控制，当然也包括，个体此时此刻在此地的所说所作所为不会影响到其将来的行为选择。因此，个人有权利控制个人信息是这种自治的当然含义。

如果不能控制个人信息，个体将很容易受到外力的影响——而且这一易受影响性将会影响个体的思考、行为和成长方式。广义理解隐私保护个体远离权力滥用，并且允许其保持我们的个体性和自由。[2]“通过删除一种可能性，我们希望保持隐私权和社会呼吸的空间，我们希望赋予个人控制他们的信息，进而能自己选择保留什么删除什么的权利。”[3]如果将这一权利让渡给其他人，个人将不能按照自己的意愿实现自我发展。如果信息存在与否的决定权被其他人攥在手心中，那么，自我的命运、前途乃至行为方式都不受自己控制，而是由他人来决定。

“被遗忘权”是指特定的数据被删除，因此第三方不能再追踪到它们。因此，这一权利“是以个人成为一定时期内的个人信息的权利所有者的自治为基础……”[4]在实践中，“自治”这个元素要求一种“更加以用户为中心的方法，包括更广泛的透明度。当用户在线上时，它必需清楚地知道发生了什么，谁／什么个人信息正在被发出，谁在收集这些个人信息，还有这样的个人信息是否和怎样被传输给第三方。”[5]

[1] David Brind. The Transparent Society: Will Technology Fore Us To Choose Between Privacy and Freedom. Basic Books, 1998.

[2] Schneier, B. 2006.The Eternal Value of Privacy.Wired News.

[3] Chris Conley.The Right to Delete[C]//AAAI Spring Symposium: Intelligent Information Privacy Management. 2010.

[4] Meg Leta Ambrose& Jef Ausloos.The Right to Be Forgotten Across the Pond[J].Journal of Information Policy3 2013:1-23.

[5] Rolf H. Weber. The right to be forgotten: more than a Pandora's box?[J]. Journal of intellectual property. information technology and e-commerce law. 2011(2): 120-130.

二、个人隐私与自由

乔万尼·萨托利认为：完整的自由可以说含有以下5个特征：（1）独立；（2）隐私；（3）能力；（4）机会；（5）权力。[1]也即，隐私不仅对个人自治也重要意义，也是自由的一个重要方面。个人的“隐私必须受到尊重，因为它是保护自由和自决的一张重要的盾牌”，也是“行使自由或个人自主权的必要条件”。[2]但是，传统的免于侵扰或公开的隐私权是一种消极自由，“信息的自我控制权”之下的隐私含义与之不同的地方在于，这是一种积极的自由。

这两种自由的区分来自哲学家以及观念史学家以赛亚·柏林(Isaiah Berlin) 1958年“关于自由的两种观念”的演讲，所谓消极自由(negative liberty)，是指不受他人的干涉与限制，即所谓“免于”的自由(be free from)，消极自由旨在保护某一个体不受他人，尤其是国家的侵犯，使每个个人都能获得相对独立自主的生存和发展空间。积极自由(positive liberty)，是指积极自由就是“自主”，也即“从事”的自由(be free to do)，“自我引导及自我主宰，做自己的主人是积极自由的最根本的意义。”[3]积极的自由是能做某事的自由，即使无人干涉，但若本人却由于缺乏基本的财产、教育或技能等而不能行动，那也是不自由，因此，为了使个人免受饥饿、贫穷、无知、失业等的威胁，国家有义务为个人提供此类帮助，为此，不仅不应缩小国家权力，而且还应诉诸国家干预以实施福利政策。正是通过国家的努力，人们才能自立，从而享有更大的自由。自由的概念为福利国家、给付行政提供了重要的理论依据。[4]

以这两种概念来划分，“信息的自我决定权”是一种积极的自由，即个人希望能够做自己的主人。我希望我的生命及决定是依靠我自己的，而不是

---

[1] [美]乔万尼·萨托利.民主新论.冯克利、阎克文译.上海:上海人民出版社.2009:333.

[2] [美]理查德·A·斯皮内洛著.世纪道德———信息技术的伦理方面.刘钢译.北京:中央编译出版社,1999.167-168.

[3] 石元康:当代西方自由主义理论.北京:三联书店.2000:12.

[4] Berlin I. Two concepts of liberty, in his four essays on liberty, New York : Oxford university Press. 1969: 131.转引自：易军.私人自治的政治哲学之维.政法论坛.2012 (5):13-26.

依靠任何外在的力量。[1] 在新技术飞速发展的情况下，仅仅靠个人的隐私自觉以及薄弱的防御和保护措施，恐怕无法充分保证个人能够对隐私进行主动的控制。为使这种权利不仅仅是一种悬在空中的美好愿景，政府需要从老大哥的角色转变成社会福利提供者的“守夜人”，通过制定和推广各种技术、法律、法规、道德约束来保障个人此项隐私权的实现。

但是，就像私人自治理论主张的那样，政府是威胁个人自治的首要来源。私人自治与国家管制（强制）是一对矛盾，自由权的起始想象是个体利益的保障，其对立面是以国家干预个人自由，或政府管制个体行为为主要的思考型态。两者之间存在着此消彼长的对立关系。[2] 尤其是考虑到政府无疑是前面提到的对隐私的多源威胁中最强势的力量，这种依靠政府实现的自由观点就让人不寒而栗，就像“新自由主义者”所倡导的那样，个人自由主义是自由市场制度存在的基础。个人有了选择自由的权利，才能保证社会的进步和创造。尊重个人自由，就要让个人在市场中自由选择，国家不应该进行干预。[3] 这是对政府这只有形的大手最直接的反对。在自由放任和‘最好政府、最少统治’的观念配合下，国家积极作为的义务反被视为有专断的危险。[4]

以国家安全之名进行的监视监控、为强化社会治理和社会安全安装的电子摄像头、网络数据库、或者保障知情权的政府信息公开，究竟是保障了人民的安全、自由和发展还是只是社会控制的手段？若在使用中稍有不妥之处，这种本以促进人之发展为目的的手段就有产生专断、暴政、极权主义的危险。

政府和自由的关系是现代社会既矛盾又统一的存在。一方面，国家似乎是对自由的一种威胁：我们要捍卫的公民自由通常是将国家行为作为主要的针对目标；另一方面，国家似乎又是自由的保障者。[5]

---

[1] Berlin I. Two concepts of liberty, in his four essays on liberty, New York : Oxford university Press. 1969: 131. 转引自：易军．私人自治的政治哲学之维．政法论坛 .2012 (5):13-26.

[2] 颜厥安．自由权之内部与外部维系结构．载公法学与政治理论．吴庚大法官荣退论文集．元照出版股份有限公司 .2004:213. 转引自：易军．私人自治的政治哲学之维．政法论坛 .2012 (5):13-26.

[3] 程恩富．新自由主义的起源，发展及其影响．求是．2005 (3): 38-41.

[4] 徐振雄．法治视野下的正义理论．洪叶文化事业有限公司 .2005:51.

[5] [英] 彼得·斯特克、大卫·韦戈尔．政治思想导读．舒小昀等译．南京：江苏人民出版社 .2005:167.

美国社会对于政府和自由之间的这种矛盾有着深刻体会和感知。这可能是由于他们对政府有着天生的怀疑。托克维尔在热情洋溢地肯定了美国公民高度的乡镇自治精神时，不忘对此作出说明：美国的居民从小就知道必须依靠自己去克服生活的苦难。他们对社会的主管当局投以不信任和怀疑的目光，……只在迫不得已的时候才向它求援。[1] 在一系列判决中，这种直觉意识也得到了验证。如法院在《格里斯沃尔德诉康奈迪克州案》中所说，“保护已婚夫妇决定在他们卧室的隐私范围内做什么，不需要康奈迪克政府侵犯性的鼻子。”[2]

与美国相比，由于长期的封建统治以及皇权思想，中国民众的批判以及警觉意识都显薄弱。在这种情况下，保持个人警觉就显得更为重要。在20世纪末，布坎南曾尖锐地指出，在我们即将步入20世纪的时候，阻止政治化的手伸得过长，或许是我们的第一要务。[3] 就像詹姆斯·奥蒂斯（James Otis）指出的那样，否则，每个人的自由将会被放入“每一个小官员的手中。”[4]

三、个人隐私与尊严

对人本主义来说，人是万事万物的核心。“不能把你自己仅仅成为供别人使用的手段，对他们来说，你自己同样是一个目的。”[5]“这样，人类便处于所有理性的生物一律平等，而不问他们的品级如何的状态；也就是说，就其本身就是目的这一要求而言，他就应该作为这样的一个人而为每一个别人所尊重，而绝不能作为单纯是达到其他目的的手段而被任何别人加以使用。”[6]

而且，作为目的本身的每个人都有独特的价值，这种价值具有不可替代性与不可还原性。康德说："一个有价值的东西能被其它东西所替代，这是等

---

[1] [法] 托克维尔. 论美国的民主（上卷）. 董果良译. 北京：商务印书馆 .1988:213.353.8.

[2] Griswold v. Connecticut(381, U. S. 489, 1965).

[3] [美] 詹姆斯·布坎南：宪法秩序的经济学与伦理学. 朱泱等译. 商务印书馆 .2008:325.

[4] James Otis. Against Writs of Assistance.1761. quoted in Olmstead v. United States, 277 U.S. 438, 474 (1928).

[5] [德] 康德. 法的形而上学原理——权利的科学. 沈叔平译. 北京：商务印书馆 .1991:50.48.

[6] [德] 康德. 历史理性批判文集. 何兆武译. 北京：商务印书馆 1990:66.

价；与此相反，超越于一切价值之上，没有等价物可替代，才是尊严。”[1] 所谓人的尊严，一般并不将之称为‘人类的尊严’，主要是在强调个人之独立性，以及个人间之差异性。[2]

德国学者阿尔贝特·布勒克曼（Albert Bleckmann）将“人性尊严”等同于“自治”，认为：“人性尊严之要件，系每个人得在其行为与决定上有自由，而且任何人都享有同等自由。因此，基本法的人性观，系指平等、自由之个人，在人格自由发展下，自由决定其生活方式、未来及行为。”[3] 人的尊严预设每个人都是理性的、独立的存在，他可以决断涉己的事务，尊重人的尊严就是允许每个人在涉及自身利益的问题上有独立的选择权与决断权，尊重人的自主性从而在生活中充分表达自我、展示自我以及发展自我。

我国台湾地区学者陈清秀也认为，人性尊严可具体表现在下述几项：（1）作为个人人格的独立价值的尊重；（2）一身专属性事务的自主决定；（3）个人私人领域的尊重；（4）维持具有人性尊严的生活；（5）自治与自决。[4]

“信息的自我控制”和“被遗忘权”背后的价值是个人自治与自决。保持对自己的信息的控制，使之不会受制于他人，以使自己免于被重塑、被物化的危险。这既是个人自治的体现，又是为人的尊严这一终极目的服务。也即，个人对第三方关于他或她能够说什么，关于政府能够通过拼凑它所收集到的信息碎片“重建”个人的人格，必须拥有某种程度的控制。[5]

在新技术环境下，如果一刀切地将已经公开的信息排除在隐私权的保护之外，将会导致个人自治的丧失，进而威胁到人格尊严。这是因为，网络上遗留的各种永久无法删除的个人信息，有可能被其他组织和个人利用先进的技术收集，再并通过拼接、拉伸整合出一个类似本人的自我。这将导致个人已经变成透明的，可任由他物来替代。终将伤害个人作为自觉个体的感觉，因为他已经不是不可替代的唯一，而是可有可无的替代物。所以传统的已经公开的信息就

[1] [德]康德．道德形而上学原理．苗力田译．上海：上海人民出版社，1986:87.

[2] 李震山．人性尊严与人权保障．台北：元照出版公司．2000:3.

[3] 转引自李震山．人性尊严与人权保障．台北：元照出版公司．2000:13-14.

[4] 陈清秀：宪法上人性尊严．载李鸿禧教授六秩华诞祝寿论文集．台北：月旦出版社股份有限公司．1997:99.

[5] Human Dignity. Revista Juridica U.P.R.Vol. 67:3:334.

不再是隐私这一观念需要适时调整以适应瞬息万变的新技术环境。

本章小结

本章主要讨论了隐私观念的变迁过程。在隐私观念问题上，中国与欧美国家经历了先分野后合流的路径，在新技术环境下，二者的隐私观念朝着同一个方向迈进。在传统的中国社会，隐私意味着“阴私”，意指羞耻之事。在欧美国家，隐私意识和隐私权自诞生始就是一种积极的价值，对个人和社会具有多重值得肯定的意义。在现代社会，中西的隐私观念出现了合流之势，认可隐私至少包含着私人空间和私人信息两方面意义，此所谓“隐”和“私”的双重含义。进入 IT 时代，在政府部门、商业企业以及个人利用网络技术对隐私构成前所未有的威胁的情况下，人们的隐私观念发生了多重改变。首先，隐私不再是个人信息免于公开，其首要含义转向“对个人信息的自我控制”，这是对沃伦和布兰代斯提出的“独处权”的某种回归。第二，隐私不再是秘密，其范围有变广之势，姓名、性别等社会早期不属于隐私的信息也逐渐被越来越多的人认为是隐私。第三，隐私不再是物理空间不受侵扰，个人隐私的范围从传统的物理空间延伸至网络上虚拟的私人空间，比如个人邮箱也被视为具有合理隐私期待的私密空间，未经允许不得随意接近、刺探。第四，隐私不再是遮蔽，在将更多的个人信息视为隐私之时，人们还更加趋向于更多地向大众公开展示自己，网络上的状态更新，个人信息的主动曝光，以及普通人走向舞台说出自己的情感故事成为一种流行文化，这使得所谓的“敞开”与“遮蔽”变成一种悖论。第五，由于互联网具有“永志不忘”的特征，个人放置在互联网上的信息很容易被共享和滥用，所以，人们已经越来越感感觉到在隐私的概念之中应该加入“被遗忘权”这一含义，它能保证个人能够控制那些已经公开了的个人信息，让它们在适当的时候消失，进而防止其可能被滥用而造成的对个人的负面效应。而“信息的自我控制”以及“被遗忘权”等 IT 时代的隐私观念的新转向对传统的隐私概念构成了某种程度的消解，尤其是，“公开的信息还是不是隐私”这个问题需要重新考量。随着社交网站的兴起，个人已经越来越丧失了对信息的可接触范围的控制，这些信息将如何被使用完全超乎当事人的意料，其后果是对个人的方方面面的困扰。因此，即便是已经公开的信息，当事人也应该能够实施某种程度的控制，也即，已经公开的信息也应该享有一定程度的隐私保护。

第三章 | CHAPTER 3

隐私权法律保护与调整：从观念到法律

对于隐私客体扩张为包含一切与个人有关的信息基本已是一种世界范围内的共识性感知。观念是法律的基础。观念的改变是刺激法律改变的重要因素。为了适应隐私观念在IT时代的新转向，各国在本国法律中加入新的对个人信息的保护内容；或者调整既有法律使之能够应对信息时代的挑战。各国对法律进行的调整主要表现在两个方面，其一是关于隐私权的理论从免于侵扰的自由过渡到“信息的自我决定权”。其二是加强对个人信息隐私的法律保护，个人信息才作为隐私的一部分或者人格权的一种在各国的法律中凸显出来。隐私观念在新技术环境中的嬗变为各国对隐私权的法律保护进行的调整提供了思想基础。

第一节 两种隐私观影响下的隐私权法律保护

美国社会以自由为核心文化，崇尚个人自由、市场自由、信息自由等各种自由价值，对政府怀有与生俱来的怀疑态度，当涉及到隐私问题时也是如此；欧陆国家以尊严为核心价值，他们将维护个人在公众面前的形象视为隐私的核心，媒体是威胁隐私的大敌，而希望政府能在保护个人隐私方面做出积极的努力。这种根深蒂固的不同文化传统直接导致美国和欧陆国家的隐私法的不同取向。

一、美国隐私权法：针对政府的自由

美国人以自由价值为导向来定义隐私，特别强调个人在面对政府权威时所享有的自由。所谓隐私权，是指他人不受政府侵犯的自由权，特别是在私人住宅内。因此，美国人将政府公权部门看成是威胁其隐私利益的最大敌人。美国宪法对隐私权的法律保护集中体现了这一传统。

（一）住宅神圣与宪法《第四修正案》

美国从英国继承了一个强大的原则，即，“一个人的住宅就是他的城堡；只要他是和平的，他就像这个城堡的国王一样得到保卫。”18 世纪的英国首相老皮特（William Pitt the Elder）在一次演讲中说：“即使是最穷的人，在他的小屋里也敢于对抗国王的权威。屋子可能很破旧，屋顶可能摇摇欲坠；风可以吹进这所房子，雨可以打进这所房子，但是国王不能踏进这所房子，他的千军万马也不敢跨过这间破房子的门槛。”[1]

“住宅神圣”的传统在美国如此之深厚，以至于当时的美国人会求助于武力，甚至是决斗来捍卫之。1890 年法庭赦免了一个房主，他过激之下射杀

[1] William Pitt, Speech on the Excise Bill, quoted in Frank v. Maryland 359 U.S. 360(1959), also quoted in, Ken Gormley.One Hundred Years Of Privacy. Wis. L. Rev. 1992: 1335.

闯入其家庭内的官员，此事引起全民关注：

"一个人的住宅是他的城堡"；在其中他被假定为安全；隐私在文明的眼中是神圣的，没有人有权利侵犯另一个人的隐私；因此，没有权利未经他的同意进入他的住宅，不管是为什么目的……法庭这样判决，柯林斯（Collins）法官的新鲜判决使人注意到了违反"一个人的家庭就是他的城堡"这一原则的危险。官员约翰·马奥尼（John Mahoney）进入了托马斯·贝利（Thomas Bailey）的住宅，没有授权，强制进入。贝利向他开枪了，因为他很有权利这样做，法庭赦免了他。任何公民都有权利捍卫自己的隐私到任何相信有必要的程度……[1]

20世纪中叶政府监视监听的泛滥让法学家和法官感到恐惧，他们积极倡导，依据宪法《第四修正案》，[2]通过一系列判例，限制政府权力，将"住宅内隐私"纳入宪法的保护范畴，使得政府使用窃听器不再那么容易。这就是宪法《第四修正案》包含的隐私含义，它意味着政府的权力不能无理由不合理入侵公民的私人空间。其搜查和逮捕的实施必须经过特定的程序，携带特定的证明文件。这种隐私将滥用权力的政府及其官员看成是威胁个人隐私的首要敌人。

（二）"重要决定"的隐私权

除了住宅神圣之外，宪法《第五修正案》[3]和宪法《第十四修正案》[4]中的正当程序条款——不经正当法律程序，不得剥夺任何人的生命、自由或财产以及宪法《第九修正案》规定的"本宪法对某些权利的列举，不得被解释为否认

[1] A Man's House His Castle,9 PUB. OPINION 342 , 1890, quoted in, Note.The Right to Privacy in Nineteenth Century America. Harvard Law Review. 1981.94(8):1892-1910.

[2] 人民的人身、住宅、文件和财产不受无理搜查和扣押的权利，不得侵犯。除依照合理根据，以宣誓或代誓宣言保证，并具体说明搜查地点和扣押的人或物，不得发出搜查和扣押状。

[3] 无论何人，除非根据大陪审团的报告或起诉书，不受死罪或其他重罪的审判，但发生在陆、海军中或发生战时或出现公共危险时服役的民兵中的案件除外。任何人不得因同一犯罪行为而两次遭受生命或身体的危害；不得在任何刑事案件中被迫自证其罪；不经正当法律程序，不得被剥夺生命、自由或财产。不给予公平赔偿，私有财产不得充作公用。

[4] 所有在合众国出生或归化合众国并受其管辖的人，都是合众国的和他们居住州的公民。任何一州，都不得制定或实施限制合众国公民的特权或豁免权的法律；不经正当法律程序，不得剥夺任何人的生命、自由或财产；在州管辖范围内，也不得拒绝给予任何人以平等法律保护。

或轻视由人民保留的其他权利”也被法院引申为保护公民的隐私权。这种隐私权被称为重要决定（fundamental-decisions）的隐私权，或“自决隐私”，是为了保障个人隐私不受国家权力的侵害，将隐私权提升到受宪法所保障的基本权利。[1]

通过1965年《格里斯沃尔德诉康涅狄格州案》[2]（Griswold v. Connecticut）和1973年《罗诉韦德堕胎案》[3](Roe v.Wade) 等一系列判例，法律正式将自主决定确认为隐私权的重要内容。”[4]后来，这一“自决隐私”将关于婚姻、生殖、避孕、家庭关系、抚育子女和教育子女，甚至堕胎问题都纳入其中。

“重要决定”的隐私权的根本含义是，与这些个人的基本或固有权利有关的决定只能由个人做出，政府不能将这一做决定的权利据为己有。其背后的逻辑在于远离公权部门的干预，不受约束地、独立地决定个人隐私生活的“个人自治”、“自决”、“自我管理”。与维护“住宅神圣”的隐私权一样，将政府视为威胁隐私的最大敌人。如惠特曼教授所说，当美国人拿着枪，随时抵御反抗那些滥用职权的官员时，他们感觉自己的隐私得到了最大程度的捍卫。[5]

二、欧洲大陆的隐私权法：尊严取向

对欧洲大陆的隐私文化以尊严为取向。对他们来说，隐私权保护的核心在于保护他人的人格尊严不受侵犯，其隐私的典型表现形式是个人支配自己在公众面前的形象的权利——保证别人以自己想要的方式看到自己，他们将善于公开信息的大众媒体看作侵犯隐私的首要敌人。1858年的拉谢尔案[6]（Rachel Affaire）和1867年的大仲马（Alexandre Dumas père）案[7]是法国人

[1] 王泽鉴.人格权的具体化及其保护范围·隐私权篇(上).比较法研究,2009,1: 1-20.

[2] Griswold v. Connecticut(381, U. S. 489, 1965).

[3] Roe v. Wade 10 U.S. 113 (1973).

[4] 王利明.隐私权概念的再界定.法学家,2012, 1(1): 108-120.

[5] James Q. Whitman. The two western cultures of privacy: Dignity versus liberty. Yale Law Journal, 2004: 1151-1221.

[6] T. P. I. de la Seine, June 16, 1858, D. P. III1858, 62.

[7] CA Paris, May25, 1867, 13 A.P.I.A.L. 247 (1867). at 250.

将维护个人在公众面前的形象作为隐私观之核心的典型案例。[1]

欧陆人对于隐私保护的核心是一种尊重和对个人尊严的权利的保护。对他们来说，隐私权的核心是一个人的肖像、姓名和名声的权利，德国人称之为“信息的自我决定权”，即，控制关于自身的信息是否公开的权利。它是关于个人的公共形象的所有权利，这一权利保证个人以其想让被看见的方式被看见，并且屏蔽掉因尴尬或羞耻而不想要的公开露面。按照这一欧洲的概念，隐私的首要敌人是媒体，它经常威胁以危及公共尊严的方式播放那些令人讨厌的个人信息。对欧陆人来说，重要的是控制自己公共形象的权利，这种权利可能就包括骄傲地裸体展示自己，如果选择那样做的话。这类似于欧文・戈夫曼（Erving Goffman）在《日常生活中的自我呈现》[2] 所说的“自我呈现”（presenting of self），即，对社会中其他人眼中的自己的形象的控制能力。[3]

后文将会讲到，随着信息时代的来临，德国的隐私权法有从领域理论向信息的自我控制理论迈进的趋势，可为这一隐私文化的例证。

---

[1] 拉谢尔是原告的姐姐，19 世纪早期的名演员。她临死时奄奄一息地躺在病床上。此时，原告雇请一名摄影师为拉谢尔拍摄，以便留下照片供家人瞻仰。在拉谢尔死后不久，照片就被另一个画家以草图的方式画了出来，并且放在当地商店出卖。原告向法院起诉，要求法官将摄影师和画家手中的照片、画像予以扣押并销毁，因为原告认为，，摄影师和画家的做法侵犯了他们的家庭生活。法官判决原告胜诉，认为两名被告的行为侵犯了原告的家庭生活，判决收缴并且销毁两个被告手中的相片和画像。法官认为，无论临终者是不是名人，只要没有经过临终者家人的明示同意，任何人均不得再现并且对社会公众公开临终者在床上的肖像。当行为人再现或者公开他人临终仪容时，他们必须取得其家人的同意，在没有获得他人家人同意的情况下就擅自公开他人在私人场所的肖像或者仪容，其行为不仅侵犯了他人的家人所享有的要求其他人尊重其家庭生活的权利，而且还暴露了他人家庭生活当中的最亲密内容。

19 世纪 30 年代，售价低廉的大众化报纸在法国巴黎（1836 年）问世，它们采用煽情主义的报道手法，追逐名人成为风气。1867 年，大仲马与 32 岁的美国女演员埃达 • 艾萨克斯 • 门肯（Adah Isaacs Menken）坠入爱河。她以性感出名，而且因为与众多欧美文化名人有交往和暧昧关系而饱受争议。同为名人的小仲马威胁，如果大仲马不与门肯了断他就殴打其父。门肯、大仲马以及门肯母亲请摄影师阿方斯 •J• 利贝尔（Alphonse J. Liebert）为他们拍了一些暧昧的照片，有些照片中门肯只穿了内衣，还有一些照片是门肯和未穿上衣的大仲马的亲密合照。后来，利贝尔将这些照片进行销售并引发了国际性丑闻。大仲马向法院提起诉讼要求禁止这些照片的流传。巴黎上诉法院认为，大仲马对这些照片享有隐私利益，即便他人在一开始时就同意行为人公开披露其令人尴尬的照片，他人必须保留在随后撤销其同意的权利，并提醒私人生活须用围墙隔开。法官为此责令摄影师将其拍摄的相片卖给大仲马。

[2] [美] 欧文 • 戈夫曼 . 日常生活中的自我呈现 . 黄爱华 . 冯刚译 . 杭州 : 浙江人民出版社 .1989.

[3] James Q. Whitman. The two western cultures of privacy: Dignity versus liberty. Yale Law Journal. 2004: 1151-1221.

综上，美国的隐私文化以自由为导向，欧洲大陆以尊严为导向，美国人以维护“住宅神圣”不被公权力侵犯为隐私的最主要含义，当手里拿着枪随时准备抵抗政府部门不合理地入侵时他们感到隐私得到了捍卫；大洋彼岸的居民则以自由选择在公众面前的形象为隐私之核心，想裸体便裸体是践行隐私含义的典型方式，此所谓“信息的自我控制。”

两地对待政府的不同态度也影响了IT时代对个人信息的保护模式。美国对推崇市场，反对政府的过多干预，所以强调行业、市场自律在个人信息保护中的重要作用。而欧陆人对国家没有那么高程度的怀疑，他们希望政府能在保护个人信息的过程中有所作为，所以欧陆国家主要是通过统一立法的方式保护个人信息隐私。

第二节　普通法法系国家隐私权法律保护与调整

一、美国隐私权法：从“独处权”到“分散立法+行业自律

（一）对隐私利益的早期法律保护

1890年对隐私权的主张出现之前，美国法律主要保护着住宅内的隐私利益。比如，住宅是“家人休息的地方”[1]；保卫“一个人住宅的神圣和不可侵犯性，”[2]房主的“安静和平静的财产”[3]的权利。即使是其他人的财产权也要屈服在房主的“紧闭他自己的大门的权利”[4]之下。进入房子进行维修的房东[5]，试图取回物品的所有者，[6]都要为侵犯住宅内的家庭的休息和平静负责。1886年的《博

[1] Mitchell v. Commonwealth, 88 Ky. 349, 353, II S.W. 209, 210 (1889).

[2] Christian v. State, 96 Ala. 89, 9I, II So. 338, 338-39 (1892).

[3] Foye v. Sewell, 21 Abb. N. Cas. I5, I7 (N. Y. Ct. C.P. 1888).

[4] State v. Armfield, 9 N.C. (2 Hawks) 246, 247 (1822).

[5] Wien v. Simpson, 2 Phila. I58, I58-59 (Pa. Dist. Ct. 1857).

[6] Hobbs v. Geiss, I3 Serg. & Rawl. 4I7, 4I8-I9 (Pa. 1826).

伊德诉美国案》[1]（Boyd v. United States）是涉及这种隐私保护的典型案例。

（二）隐私权的提出

1890 年沃伦和布兰代斯的文章《隐私权》是对隐私权最著名的主张。两位作者对 19 世纪末期携带着瞬间摄影机侵入他人私生活的记者充满了不满，鼓励法庭承认“独处权”来回应社会对隐私的新威胁。这一权利以以下概念为基础，即，每一个人都拥有决定“他的想法、情感和情绪在多大程度上传播给其他人”[2] 的权利。

（三）隐私权的主要内容

1. 侵权法

沃伦和布兰代斯的文章发表之后，没有可供遵循的先例，对受害人感觉的伤害提供救济与传统观点不一致，以及美国宪法《第一修正案》对言论自由的保护，[3] 都限制了隐私权的普遍承认。在早期判例 [4] 中，法院没有认可沃伦和布兰代斯的主张，一直到 1895 年的《斯凯勒诉柯蒂斯案》[5]（Schuyler v. Curtis）他们的主张才得到某种程度的承认。被认为承认普遍隐私权的首个案例是《佩夫西奇诉新英格兰人寿保险公司案》[6]（Pavesich v. New England Life Ins. Co）。该案为后来的隐私判决提供了一个先例。在后续的判决中，[7] 法院

[1] Boyd v. United States, 116 U.S.616 (1886).

[2] Samuel D. Warren and Louis D. Brandeis. The right to privacy. Harvard law review. 1890:193-220.

[3] Connie Davis Powell.You Already Have Zero Privacy, Get over It-Would Warren and Brandeis Argue for Privacy for Social Networking. Pace L. Rev. 2011. 31: 146.

[4] 在《查普曼诉西联电报公司案》（Chapman v. W. Union Tel. Co., IS S.E. 901, 903-04(Ga. 1892)）、《阿特金森诉约翰 • E • 多尔蒂公司案》（Atkinson v. John E. Doherty & Co. 80 N.W. 285(Mich. 1899)）、《罗伯逊诉罗切斯特折叠箱有限公司案》（Roberson v. Rochester Folding Box Co.）此案中，被告是一家生产和销售面粉的公司，原告罗伯逊是一位女士。被告未经原告的知晓和同意就将她的肖像的形象用在面粉的平面印刷品、照片和包装袋上。她的肖像在商店、沙龙和其他公共场合公开展览。罗伯逊向法院起诉称她遭受了 15,000 美元的损失。从肖像中认出她的人对她进行的嘲笑让她感到很丢脸。她遭受到了巨大的身体痛苦和精神不安。她请求法院判决原告损害赔偿并授予限制面粉公司继续散发她的形象的禁止令。初审法院判决原告胜诉，因为她有侵犯隐私权的诉因。后该判决被推翻。

[5] Schuyler v. Curtis 15 N.Y.S. 787(N.Y. Spec. Term 1891).

[6] Pavesich v. New England Life Ins. Co., 122 Ga. 190, 50 S.E. 68 (1905).

[7] Edison v. Edison Polyform Mfg. Co., 67 A. 392, 395 (N.J. Ch. 1907); Pritchett v. Bd. of Conmn’ rs, 85 N.E. 32, 33 (Ind. App. 1908);Foster-Millburn Co. v. Chinn 120 S.W. 364, 366 (Ky. 1909);Henry v. Cherry & Webb 73 A. 97, 100 (R.I. 1909);Hillman v. Star Publishing Co. 117P.594, 596 (Wash. 1911).

都广泛地引用此文。美国法官开始通过判例确认隐私权为一项独立的权利。[1]

除了普通法外，各个州也开始通过成文法在某种程度上承认隐私权。到1911年，佐治亚、新泽西、印第安纳、肯塔基、密苏里、加利福尼亚、纽约、犹他、弗吉尼亚等州都用制定成文法的形式承认了某种隐私权，并且提供了救济的方法。[2]

普罗瑟运用读案例、综合、重述[3]的方式将隐私权归纳为四种侵犯隐私的行为：侵扰另一人的独处或隔离境况、无理宣扬当事人的私生活、宣扬使某人被误解的资料和报道不准确的事实、挪用他人的姓名或肖像，这一四分法于1977年为《侵权责任法重述》（Restatement of Torts, Second）采用。今天，这四种侵权得到不同州法院不同程度的承认，隐私权已经在美国司法实践中获得了一个显要位置。[4]

2. 宪法

在美国法中，隐私权概念提出后，最初是通过判例将其认定为一种民事权利。但此后，美国法院，尤其是联邦最高法院又通过一系列的判例，将其上升为一种宪法上的权利，创设了宪法上的隐私权。[5]具体来说，宪法所包含的的隐私含义主要有以下3种。

（1）宪法《第四修正案》

20世纪中叶，通过一系列判例，宪法《第四修正案》被扩展为包含对隐私利益的保护，其核心是，保护个人隐私不受政府及其工作人员的非法入侵。布兰代斯大法官在1928年《奥姆斯特德诉美国案》[6]（Olmstead v. United States）中的著名异议为隐私概念的宪法化奠定了基础。1967年，美国最高法院对《卡茨诉美国案》[7]（Katz v. United States）的判决确立了宪法《第四修正案》

[1] 张新宝．隐私权的法律保护（第二版）．北京：群众出版社.2004:28.

[2] Benjamin E. Bratman. Brandeis and Warren's The Right to Privacy and the Birth of the Right to Privacy. Tenn. L. Rev. 2001. 69: 623.

[3] G. Edward White, Tort Law In America: An Intellectual History, 174,quoted in, Neil M. Richards & Daniel J. Solove. Prosser's Privacy Law: A Mixed Legacy. California Law Review. 2010: 1887-1924.

[4] Irwin R. Kramer. Birth of Privacy Law: A Century since Warren and Brandeis, The[J]. Cath. UL Rev. 1989(39): 703.

[5] 王利明．隐私权概念的再界定．法学家．2012. 1(1): 108-120.

[6] Olmstead v. United States（277 U.S.438 (1928).

[7] Katz v. United States 389 U.S. 347 (1967).

中包含的隐私的地位。隐私的含义扩充为反对政府及其公职人员用物理或非物理方式非法入侵个人空间。

（2）“重要决定”的隐私

除了宪法《第四修正案》之外，宪法《第五修正案》《第十四修正案》《第九修正案》也被法院引申为保护公民的隐私权。这种隐私权也被称为重要决定的隐私权。1973 年《罗诉韦德堕胎案》[1](Roe v.Wade) 确认堕胎自由是宪法保护的隐私权，自此，美国法正式将自主决定确认为隐私权的重要内容。[2] 这种新的隐私权含义是与婚姻、生育、避孕、家庭关系和孩子抚养和教育 [3] 等关乎个人的基本或固有权利的决定只能由个人做出，政府不能干预。

（3）信息隐私

1977 年《沃伦诉罗伊案》[4]（Whalen v. Roe）是美国最高法院对个人信息隐私进行宪法保护的第一案。法院意见认定州政府机关在收集、储存和揭露个人信息时涉及宪法上的信息隐私权。宪法上的信息隐私权保护个人免受来自政府机构的侵扰。法院判决认为，宪法保护的隐私领域应扩展为两种权益：独立作出特定类型的重大决定与避免私人事项予以披露的个人信息隐私权。此后，宪法意义上的个人信息隐私权被多数联邦法院所承认。[5]

（四）新技术环境下的“分散立法＋行业自律”模式

互联网的飞速发展为美国的隐私权法带来了显著的改变，通过立法和行业自律的模式保护着在互联网时代有可能被滥用的个人信息。这种模式一般被称为“分散立法模式”或“行业自律模式”。其核心特征是，不设立专门统一的《个人信息保护法》，而是在某些高度敏感的领域通过相应的立法保护个人信息，比如儿童信息、医疗档案以及金融数据。同时发挥自律机制（包括企业的行为准则，民间“认证制度”以及替代争议解决机制）配合政府的执法保障，可以有效地实现保护隐私的目的。

[1] Roe v.Wade 10 U.S. 113 (1973).

[2] 王利明 . 隐私权概念的再界定 . 法学家 . 2012. 1(1): 108-120.

[3] Paul v. Davis, 424 U.S. 693 (1976).

[4] Whalen v. Roe, 429 U.S. 589 (1977).

[5] 张娟 . 个人信息公法保护历程述评——以美国信息隐私权、德国信息自决权为中心安徽大学法律评论 .2013(1):150-159.

1. 部门立法

虽然美国也有普遍适用于联邦政府的隐私权保护立法 1974 年《隐私权法案》，但没有更详尽的专门针对私人组织尊重个人信息隐私的立法。由于对政府权力膨胀的担忧，以及众多组织和社会的利益更重于个人的隐私权诉求，统一的个人信息保护立法则很难被一致地接受。[1] 因此，美国的个人信息保护立法常限制于一些特定的情形特定的商业部门有滥用隐私权的可能或者当企业持有敏感的个人信息时。[2] 比如，1998 年《儿童网上隐私保护法》是首部专门保护经过网站或网络服务商处理的个人信息的联邦法。

2. 行业自律

除了国会制定的法律外，行业自律已经成为美国网络隐私权保护的重要支柱。美国行业自律的主要形式有 3 种，分别是建议性的行业指引，本行业网上隐私保护准则；网络隐私认证，授权那些同意遵守其提出的隐私规则的网站张贴其隐私认证标志，以便于用户识别；证技术保护模式，在这种模式下，必须得到用户明确许可才可以收集和使用其个人数据。[3] 行业自律规范并不具有强制性，因此会使效果打折。

二、英国隐私权法：从间接保护到四位一体的个人信息保护制度

英国对隐私权的法律保护还处于“缺位”[4] 的状态：在普通法中，不承认侵犯隐私为独立诉因。当隐私利益受到侵害时，受害人得以其他等地位稳固的诉因提起诉讼。这种间接保护方式被称为寄生的诉讼。[5] 具体来说，保护隐私利益的诉因主要有以下几个。

（一）侵犯土地（Trespass）

侵犯土地诉因指的是，“被告人如在没有充分理由下进入原告的土地、

[1] Spiros Simitis, Reviewing Privacy in an Information Society,135U.Pa.L.Rev.1987(707): 736-737.

[2] 洪海林 . 个人信息保护立法理念探究——在信息保护与信息流通之间 . 河北法学 . 2007. 25(1): 108-113.

[3] 曾尔恕，黄宇昕 . 美国网络隐私权的法律保护 . 中国人民公安大学学报：社会科学版 . 2004. 19(6): 66-74.

[4] 周丽娜 . 英国保密责任诉因在新闻报道侵犯隐私案件中的应用 . 博士论文 . 中国传媒大学 .2013.

[5] 张新宝 . 隐私权的法律保护（第二版）. 北京：群众出版社 .2004:36.

在该地停留或放置任何物件于该地之上，原告人便可以基于土地被侵犯为由而提起侵权诉讼，”[1] 比如私人处所内装置窃听器[2]；未经土地主人任何明示或暗示的许可便私自进入其土地进行摄录进而收集信息。[3] 它不能针对对土地的非物理入侵提供法律救济。[4]

（二）妨扰（Nuisance）

妨扰侵权的本质在于，“不适当地干扰对土地的使用或享用的状态或者

[1] 香港法律改革委员会报告书——侵犯私隐的民事责任 . 第 27 页。http://www.hkreform.gov.hk/chs/docs/rprivacy-c.pdf.，2013.11.6.

[2] 《希恩诉克莱格案》（Sheen v Clegg(1967) Daily Telegraph, 22 June）;《格里格诉格里格案》（Greig v Greig [1966] VR 376）.

[3] 《林肯亨特澳大利亚有限公司诉威尔西案》（Lincoln Hunt Australia Pty Ltd v Willesee, (1986) 4 NSWLR457）.

[4] 在《马隆诉都市警察委员会案》（Malone v Commissioner of Police of the Metropolis (No 2) [1979] 2 All ER 620 at 642-644）中，法院判决，在没有用实物侵入原告人土地的情况下偷听他人的电话谈话不属于侵犯土地行为。在《希克曼诉迈赛案》（Hickman v Maisey [1900] 1 QB 752; Re Penny (1867) 7 E& B660）中，法院判决在公共街道或自己的土地上用相机或摄录机拍摄隔壁土地或用笔将之描画出来的人没有侵犯他人土地，因为“单是观看不是侵权行为。”法院在《塔普林诉琼斯案》（Tapling v Jones (1865) 11 HLC290 at 305）中裁定，以打开窗户的方式侵犯别人的隐私并非民事过失，法律不会给予补救。在《维多利亚公园赛车和娱乐场地有限公司诉泰勒案》（Victoria Park Racing and Recreation Grounds Co Ltd v Taylor）中，莱瑟姆（LathamC. J）法官主张：任何人都有权透过原告家的栅栏向里看原告的土地上发生了什么。如果原告想阻止他人这样做，他可以建一个更高的栅栏……被告看在原告的土地上发生了什么并未对原告做错什么。而且，他将之向其他能接触到的广泛的受众描述原告的土地上发生的事情也没有做错什么。法庭没有提及任何阻止任何人描述他在任何地方看到的任何事情的法律原则，除非他做了诽谤性的陈述，用侵犯性的语言违反法律，等等，违反一个合同，或者违法揭露保密信息。] 同样的，即使一个人在他自己的土地上，也没有权利阻止别人给他拍照。比如，在《体育总汇报业诉“我们的狗”有限出版公司案》（Sports and General Press Agency Ltd v. “Our Dogs” Publishing Co Ltd [1916] 2 KB 880）中，法庭拒绝阻止被告人刊登由一名独立摄影师在一次狗展中所拍摄的照片。托马斯·加德纳·荷利治（Thomas Gardner Horridge）法官裁定：“任何人均无权阻止别人拍摄他的照片，就如他无权阻止别人描述他一样，只要作出的描述不带诽谤成分或没有在其他方面有不妥当的地方便可。”在《伯恩斯坦诉空中观景案》（Bernstein v Skyviews [1978] QB 479）中，被告没有征得原告人同意便在空中拍摄原告人的房屋的照片，然后把照片出售。法院不支持业主对其财产的空间权利延伸至无无限高度这一主张，业主对自己土地的权利仅延伸至对其土地的平常使用和享用的必需高度。所以，被告在原告人的物业上空数百尺飞行不会干扰原告人享用土地的权利，并指出在没有侵犯其土地的情况下拍摄照片并不违法。
如果仅仅是通过反射式收音机，而不是搭线窃听；或者在一定距离之外通过望远镜等设备进行监视将都不能构成侵扰土地的诉因。随着技术的发展，用非物理入侵已经变得越来越容易。

活动。”[1] 房屋所有人因为持续受到电话骚扰而感到不便和烦扰，干扰了他对该房产的正常和合理使用，他就拥有合理的诉因。[2] 单单拍摄他人的照片不构成妨扰；其对监视监听的限制作用也不突出。[3]

（三）侵害版权 (Infringement of Copyright)

如果一个人复制或者公开了由其他人享有版权的私人信件或者家庭照片，就构成了侵害版权。但是，根据侵害版权诉因保护隐私利益也有局限性。其一，只有版权所有者才能提出侵害版权之诉。[4] 其次，版权的保护重心在于作品、创意的形式；而对隐私的保护重心在于作品内容。沃伦和布兰代斯在《隐私权》中已经深刻地阐述过版权与隐私之间的区别。[5]

（四）侵犯人身 (Violation to personal rights)

侵犯人身的行为包括殴打及袭击。这一诉因的典型案例是《内政部诉温赖特案》（Home Office v Wainwright）[6]。艾伦·温赖特（Alan Wainwright）和母亲去探望另一个在监狱等待审判的儿子时被以不适当的方式搜身。[7] 但英

[1] Clerk& Lindsell on Torts, (16th edn, 1989), para 24-01

[2] 比如《斯托克斯诉布里奇斯案》（Stoakes v Brydges [1958] QWN5）、《马瑟韦尔诉马瑟韦尔案》（Motherwell v Motherwell (1977) 73 DLR (3d) 62）

[3] 因为，“探子无意干扰目标人物的活动；相反，他希望目标人物的活动如常进行，好让他暗中观察或记录。” 这一诉因对于原告的身份也有所限制。只有对这块土地享有收益权的人才可以起诉个人隐私被侵害，而配偶、子女、访客均无起诉的权利。

[4] 比如，一个人被另外一个人拍摄了照片，如果第三人未经允许将该照片复制或者公开，那么被拍照的人不能提起侵害版权诉讼，只能由版权所有者——拍摄照片的人提起诉讼。

[5] 一个男人在给他儿子的信中或者在他的日记中写道，他某天没有和他的妻子一起吃饭。不管这张纸落在谁的手里，他都没有权利将它们刊登出来公之于众，即使这个文档的获得是合法取得的；禁止不限于这封信或者这个日记的复印件；限制范围延伸至刊登其内容。它保护的是什么呢？当然，不是对丈夫没有与妻子一起吃饭这个事实的记录的智力活动，而是这个事实本身。它不是智力产品，而是家庭内部事务。[Samuel D. Warren and Louis D. Brandeis. The right to privacy. Harvard law review, 1890: 193-22]

[6] Home Office v Wainwright [2003] 3 WLR1137

[7] 母子二人均被狱警进行了搜查，他们为此苦恼。尤其是，内政部法律顾问后来承认，对温莱特的触摸方式构成了侵犯人身。一名狱警搜查他没有穿衣服的身体，提起他的阴茎并把包皮往后拉。艾伦并为此遭受了心理上的伤害。母亲说她没有被狱警触摸，但是房间的窗户没有窗帘，她因此可以被街道对面的人看见。搜身期间，她曾经全身赤裸，只有一条褪至足踝的内裤和一件被掀至乳房上的内衣。后来，温赖特母子请教了律师，该律师安排他们接受精神病检测。精神病学者得出结论，身体和智商都有障碍的艾伦的经历对他造成了如此恶劣的影响以至于患有创伤后应激综合征。温赖特夫人的抑郁症则恶化了。他们对此提起诉讼，要求对二者的人身侵犯做出赔偿。

国上议院认为，此案不存在侵犯隐私的诉因。

（五）诽谤（Defamation）

诽谤最重要的构成要件有两个，一是陈述须为假，真实性是诽谤责任的绝对抗辩理由。二是陈述损害了他人名誉。这两个限制性条件决定了用诽谤诉因来保护隐私的不足。诽谤是对一个人在其他人当中的名声的伤害，本质上是一种财产权。而隐私被侵犯受到伤害的是当事人的内心世界，是一种精神权利。如果真实的信息伤害了当事人的私生活安宁，他将无法通过诽谤诉讼获得救济。

（六）恶意谎言 (Malice)

这种侵权行为的要素是被告人恶意发布关于当事人的虚假陈述使当事人蒙受特殊损害。与这一诉因有关的典型案例是发生在1991年《凯诉罗伯逊案》[1]（Kaye v. Robertson）。以恶意谎言为由对隐私权提供的保障十分有限，因为真实信息披露所造成的隐私利益受损不在此列。

（七）违反保密责任（Breach of confidence）

违反保密责任是最常被用来保护个人隐私利益的诉因。

1.违反保密责任的先例

英国法律上违反保密责任侵权的奠基性判例是1849年的《艾伯特亲王诉

[1] Kaye v Robertson [1991] FSR62. 原告是著名运动员戈登·凯（Gorden Kaye），他在一起汽车交通事故中脑补受伤并被送医。凯试图限制关于他此次受伤事故的照片的发布，故在病房内贴了一张告示，要求访客入内探访前先找医院职员。但是，记者通过欺骗手段进入了医院，并在凯仅部分神志清醒的状态下拍照，使之接受访问。凯申请禁令，试图禁止这些报道和照片的发布。原告提出以下诉因：侵犯人身、诽谤、假冒蒙骗，以及恶意谎言起诉。法庭只同意恶意谎言，并以此为基础发出禁止令。

斯特兰奇案》[1]（Prince Albert v. Strange）。此案将保密责任扩展至与受害人并不存在任何明示或暗示合同关系、保密协议的第三方。[2] 在该案之后的一个多世纪中，保密责任被法院发展成为一种诉因，用来阻止因具有保密义务的人泄密而导致的损害。[3]

2. 违反保密责任的核心三要素

1969 年《科科诉 A • N • 克拉克（工程师）有限公司案》[4]（Coco V. A. N. Clark(Engineers) Ltd）确认法庭在判断保密责任时需要判断三种构成要素。

（1）信息具有秘密的特质，指该信息不是某种公共财产或公共知识。[5]

（2）信息必须是在存在保密责任的情况下传播的。

（3）对信息的未经授权使用对当事人造成了身体或精神上的伤害。

3. 违反保密责任保护隐私的缺陷

诉诸保密义务是保护隐私最常用的路径。[6] 但是，这种保护不可能涵盖隐私的全部。特别是新闻媒体与报道对象之间，并不存在某种信任关系或保密责任。[7] 违反保密责任的三要素构成要件中的第二条限制了运用保密责任针对

---

[1] 此案中，维多利亚女王 (Queen Victoria) 和她的丈夫艾伯特亲王 (Prince Albert) 偶尔以作画和制作蚀刻板画取乐。这些作品被存放在温莎城堡，不做公开，仅向他们最亲密的朋友展示。被告斯特兰奇等人不知用什么方法获得了部分作品，被告试图未经女王允许便印刷并公开这些作品的目录，封面上的名字为“维多利亚和艾伯特皇室画册”。艾伯特亲王于是向法院起诉，要求禁止向公众公开这些作品。后经查明，斯特兰齐获得这些作品的途径如下：应女王夫妇的要求，皇室印刷商布朗 (Brown) 根据这些蚀刻画制作了许多与之相关的图画。米德尔顿 (Middleton) 曾是布朗的工人。皇室在将他们的蚀刻画交布朗制作副本时，米德尔顿未经同意私自印制了一些。被告之一贾奇 (Judge) 向米德尔顿购买到这些副本，斯特兰齐又从贾奇那里获得了这些图画。高等法院大法官法庭副庭长 (Vice-Chancellor) 奈特 • 布鲁斯 (Knight Bruce) 在初审中认为，“读者通过这些蚀刻画目录，可以了解作者本人的爱好、心情、艺术品位和思想动态……作者本人作画时所流露出的状态，如在他个人控制范围内，对他来说是无害的，但若将这些画公布于众，就可能会扰乱他的生活，甚至事业。”于是，法官布鲁斯同意颁发禁令限制这些图画及其目录的展览。

[2] Neil M. Richards & Daniel J. Solove, Privacy’s other path: Recovering the law of confidentiality. the Georgetown law journal.2007(96):123.

[3] Raymond Wacks, Privacy and Press Freedom. Blackstone Press Limited. 1995:50

[4] Coco v A. N. Clark (Engineers) Ltd [1969] 86 R.P.C14.

[5] Saltman Engineering Co. Ltd v. Campbell Engineering Co. Ltd. (1948),65 RPC203,215.

[6] Lauren B. Cardonsky, Note “Towards a Meaningful Right to Privacy in the United Kingdom,” 20 B.U.Int’l L. J. 2002:393,399.

[7] 魏永征 . 英国 . 媒体和隐私的博弈——以《世界新闻报》窃听事件为视角 . 新闻记者 .2011.10:29-34

偷拍、窃听等隐蔽手段所造成的隐私侵犯进行救济。[1]

4.《人权法》之后违反保密责任的新发展

《人权法》于2000年10月1日正式生效之后，违背保密责任诉因的构成要件发生了重大修改，即，无论信息当事人与披露者之间是否存在直接或间接的信任关系，只要信息的性质和取得信息的方式会使信息当事人产生合理的保密期待，那么未经授权予以披露就构成违反保密责任。[2]2004年《坎贝尔诉 < 每日镜报 > 案》[3]（Cambell v. Mirror Group Newspaper Ltd）、2005年《道格拉斯诉 <Hello！ > 杂志案》[4]（Douglas v. Hello）和2008年的《莫斯利诉 < 世界新闻报 > 案》[5]（Mosley v News Group Newspapers）对这一新标准进行了确认和发展。

（二）新技术环境下的“四位一体”保护制度

为了应对新媒体技术发展对个人隐私的威胁，英国采取多种方式保护个人信息隐私，其个人信息保护制度主要由四大部分组成：法典、民间实践、二级成文法和执法机构。[6]

由于受欧盟数据保护立法和理论研究的影响，作为普通法国家的英国在个人数据保护法律方面显示出明显的大陆法系的特征。1998年《数据保护法》在英国个人数据保护制度中起到了核心的作用。[7]英国1984年《数据保护法》没有规定遵守法案及其的强制性要求。为满足欧盟《个人数据保护指令》的

---

[1] 如果秘密的信息是从不具有保密责任的人那里获得的，根据保密责任要件的要求，获得信息的人不需承担保密责任。甚至当窃听者意识到相关信息是秘密的时候，他也不会承担相关隐含的保密责任。更不用说，新闻记者从不具有保密责任的人那里获得信息，并将之公开，也不会因此违反保密责任被起诉。[周丽娜．英国保密责任诉因在新闻报道侵犯隐私案件中的应用．博士论文．中国传媒大学．国际新闻 .2013:60]

[2] 魏永征．英国．媒体和隐私的博弈——以《世界新闻报》窃听事件为视角．新闻记者 .2011.10:29-34.

[3] Cambell v. Mirror Group Newspaper Ltd (2004) UKHL 22.

[4] Douglas v. Hello [2005]EWCA civ595.

[5] Mosley v News Group Newspapers [2008] EWHC 1777(QB).

[6] 康晋颖．论英国个人数据保护制度．硕士论文．经济贸易大学，国际法学 .2005.

[7] 康晋颖．论英国个人数据保护制度．硕士论文．经济贸易大学，国际法学 .2005.

标准，新的《数据保护法》[1] 在 1998 年 6 月 16 日获得通过，在 2000 年 3 月 1 日完全生效。

其次，还有一系列的被称为法规(“regulation”)的“二级立法”和有关个人数据保护的程序法。[2]

第三，英国个人数据保护制度的重要特点是在执法方面设置数据保护官。这一政府行政部门负责监督个人数据保护的日常行为并对实践中具体的问题作出及时的解释。

第四，在国家有关立法、司法和行政之外，英国的企业和单位作为数据处理者，对于个人数据保护的实践操作也做出了极为细致深入的自律性规定，这些规定成为各企业和单位政策不可缺少的部分。[3]

[1] 《数据保护法》的目的是规定怎样获取、记录、使用或披露数据中包含的个人资料。因此，有人说《数据保护法》只适用于个人资料。按照法案的规定，“个人资料意味着与生命个体有关的资料，这个个体能(a)从这些数据中，或者(b)从这些数据，或者从信息控制者拥有或可能被其拥有的其他信息中，被识别出来。”另外，个人资料还包括“关于该个体的任何观点的表达或者信息控制者或与该个体有关的其他人的意图的迹象暗示。”该法案的第一部分列出了每个信息控制者都必须遵守的八个原则。这些原则包括：(1)个人资料只能公正地、合法地被处理；(2)个人资料只能基于明确的、合法的目的被获得；(3)收集的数据必须是充分的、相关的、不过度；(4)个人数据必须准确并更新；(5)数据的保有不能长于该一个或众多明确的目的必要性之外；(6)个人资料的处理必须依照资料当事人的权利；(7)采取合理的技术和组织措施保护个人资料免受任何损害；(8)个人资料不应该流动到欧洲经济区之外，除非那个国家或地区保证能为与个人资料的处理有关的资料当事人的权利和自由提供足够水平的保护。该法案由信息委员会办公室监督，这是一个管理登记和实施《数据保护法》和《信息自由法》的独立机构。该法案的第五部分明确地规定委员会怎样保证资料控制者遵守该法。如果委员会相信某一位资料控制者违反了任何资料保护原则，委员会将会给予他“一个执行通知书，”禁止他(1)一定时间之后收集；或者(2)处理任何个人资料。委员会给予资料控制者“执行通知”的标准是“这种违反已经导致或者可能导致任何人受到伤害或感到痛苦。”不能遵守“执行通知”将会构成犯罪。

[2] 这些法规包括：2000 年和 2001 年数据主体查阅请求(个人医疗信息、个人教育数据和社会工作)法规及其修订案、2001 年数据保护通知法规，2002 年数据保护关于处理敏感性个人数据命令和指针、2000 年数据保护国际合作令、2000 年公司财务数据豁免令、2000 年数据保护法庭执行上诉规定、2000 年数据保护指定实践法规、消费者个人信用(信用提供代理)法规等等。在程序法方面，除 1998 法典的概括性规定之外，适用的还包括 2005 年信息法庭执行上诉规定和其修正案、2005 年信息法庭国家安全上诉规等。

[3] 康晋颖 . 论英国个人数据保护制度 . 硕士论文 . 经济贸易大学 , 国际法学 .2005.

第三节　大陆法系国家隐私权法律保护与调整

一、德国隐私法：从“一般人格权”到“信息自决权”

对德国人来说，隐私是“自由自我实现（free self-realization）”的一部分。在宪法领域，基本法第1条人性尊严的规定与第2条人格的自由发展权的保护，第10条对通讯自由、第13条对居住自由等基本权利的规定是隐私权的依据。[1]在民事领域，用“一般人格权”（allgemeines Persbnlichkeitsrech）对隐私权予以保护。

（一）宪法依据

1949年德国《基本法》颁布。德国人深受纳粹摧残人格尊严之害，他们在反思纳粹统治的悲剧时，认为更应当恢复的是人格尊严。[2]因此，人性尊严、人格自由发展的条款被纳入德国《基本法》中。

第1条 人的尊严

（1）人之尊严不可侵犯，尊重及保护此项尊严为所有国家机关之义务。

（2）德国人民信奉不可侵犯的和不可转让的人权是所有人类社会、世界和平和正义的基础。

（3）下述基本权利为直接有效地约束立法、行政和司法的法则。

第2条 个性自由发展，生命权，身体不受侵犯，人身自由

（1）人人享有个性自由发展的权利，但不得侵害他人权利，不得违反宪法秩序或道德规范。

（2）人人享有生命和身体不受侵犯的权利。人身自由不可侵犯。只有依据法律才能对此类权利予以干涉。

宪法秩序根本上是以价值等级为基础的。人格尊严既属这个等级的最高

[1] 张莉．论隐私权的法律保护．北京：中国法制出版社．2007:5

[2] 展江．吴薇．开放与博弈——新媒体语境下的言论界限与司法规制．北京：北京大学出版社．2013:221.

端又是权衡其他根本权利的标尺。[1]

（二）“一般人格权”的创始

人格尊严与人格之自由发展这两个条款成为保护隐私利益的直接宪法依据。联邦法院以这两个条款为依据，创设了一般人格权，并认为是《德国民法》第 823 条第 1 项所称的其他权利。[2]

根据宪法条款创设“一般人格权”的司法实践始于 1957 年的“读者投书案”，[3] 最高法院在此案中判决：《德国基本法》第 1 条第 1 项明定人性尊严应受尊重，人格自由发展是一种一种私权，在不侵犯他人权利、不违反宪法秩序或伦理的范畴内，是一种应受到宪法保障的基本权利。[4] 根据人性尊严和人格之自由发性的宪法条文，法庭承认并创设了一种“一般人格权”，[5] 它也被称为“源泉权利”（英：source right，德：Quellrecht），隐私权是这种“一般人格权”所保护的利益之一。

（三）一般人格权所含具体人格利益

目前“一般人格权”这一框架之下所辖具体人格利益包括：

（1）对照片的权利。包括未经授权公开肖像照片和未经授权拍照。

（2）对说的话的权利。说的话被认为是人格的部分，通过技术手段捕捉

---

[1] 《基本法》……建立了一个限制公共权威的价值导向秩序。这一秩序保证政治社会中的人的独立性、自我决定和尊严。即使宪法发生变化，这一价值秩序的最高原则依然受到保护……法律必须与一个自由而民主的秩序的最高价值保持根本一致……总之，法律必须不侵犯一个人的尊严，那代表着基本法的最高价值；也不能以侵蚀人格本质的方式限制一个人的精神、政治或者经济自由。这来自于为每一个人的自我发展空间提供的宪法保护；即 . 那一人格自由的最终不可侵犯领域绝缘于任何公共权威的干扰……[Elfes Case, 6 Entschemungen Des Bundesverfassungericht,quoted in, Human Dignity. Revista Juridica U.P.R.Vol. 67:3:343]

[2] 王泽鉴 . 人格权 . 北京 : 北京大学出版社 .2013:196.

[3] Leserbriefe, BGHZ 13.334.

[4] 此案中的原告是一个律师，他代表客户亚尔马 • 沙赫特（Hjalmar Schacht）先生写了一封信，要求被告报纸刊登一份更正书，修正其刊登的关于沙赫特先生的一篇文章。被告没有回应，而是将该律师的信件安置在“读者来信”栏中予以公开，该栏目中还有反映各种读者对同一篇文章回应的信件。而且，要求更正的段落已经被省略掉了，这给人留下的印象是那个律师不是在履行他的法律职责，而是表达了倾向于沙赫特先生的个人观点。原告起诉要求被告发表撤回声明。

[5] 思想或意见源于人格，是否发表、以何种方式发表，传达于公众，将受舆论评价而涉及作者的人格，应由作者自行决定。擅自发表他人私有资料，固属侵害他人应受保护的秘密范畴，发表他人同意的文件但擅自添加或减少内容，或以不当的方式处理，亦属对人格权的侵害。[王泽鉴 . 人格权法 . 北京 : 北京大学出版社 .2013:196]

到说的话和公开它都是可诉的。

（3）个人荣誉权。通过直接的不尊重、蔑视，或者关于他虚假陈述的断言或扩散使其他人轻视或者在公众视野中贬低他。

（4）保守机密信息的权利。这一权利保证信件和其他私人文件，及存在着不公开的个人利益的文本的秘密性。

（5）关于私人电话的记录和公开，德国联邦最高法院指出私人电话的录音和公开应该得到当事人的允许。

（6）尊重他人隐私的权利。这一权利保证“一个人的私生活的不可侵犯性。”它试图避免对私人或家庭生活的侵犯，比如通过窃听等方式。

（7）私人感受受尊重的权利和精神生活完整的权利，其要旨是保持“自我尊重和内心安全感”。电话的持续骚扰以及对某人的宗教信仰不敬是对这一人格利益的损害。

（8）姓名权。

（9）著作权法下的人格权。比如，《艺术和摄影作品著作权保护法》也为隐私提供了保护。该法第 22 部分明确规定“个人的肖像只能经过其同意公开散布或展示。”

（三）新技术环境下的调整

“一般人格权”下辖诸种具体人格利益，对其边界的确定开始采用领域理论，后演变为对信息的自我决定理论。“领域理论”是将私人生活领域，放置于一个同心圆的模型上，依其接近中心核心部分的远近，分为不同层次加以保护。德国联邦法院区分出了三个领域，分别是隐密领域：此领域内个人应受绝对保护，任何侵害，无论是来自个人或公权力，均应被排除；私密领域及个人领域的保护依利益衡量而认定。[1] 领域理论中各个领域间该如何区分，判断标准并不明晰，引起诸多争议。因此，德国法院在之后的司法实践中，逐渐将领域理论“相对化”，转而采取信息自主权来保护私人事实及隐私利益。

[1] 王泽鉴 . 人格权法 . 北京：北京大学出版社 .2013:198-199

1. 信息自决权

信息自主权理论始于 1983 年的人口普查案。[1] 宪法法院在判决中 [2] 提及从德国基本法第 2 条中推导出的“信息自决权”(Recht auf informationelle Selbstbestimmung)，即每个公民原则上都享有自主决定是否提供其个人信息以及如何利用其个人信息的权利。[3] 个人对第三方关于他或她能够说什么，关于政府能够通过拼凑它所收集到的信息碎片“重建”个人的人格，必须拥有某种程度的控制。……如果一个法律秩序允许一个社会结构，在其中，公民不能确定谁看见关于他们的信息，他们知道关于他的什么信息，这些信息是什么时候被发布的，这些信息是在什么情况下被散布的……那么这是与‘信息的自我决定权’不相符的。[4] 这项权利不是绝对的，必须忍受重大公益的限制。

不少学者 [5] 在对德国隐私法进行总结时，都强调了信息的自我决定权逐渐在德国隐私权的司法实践中占据主导地位的现状，之所以发生这样的改变，与人们在新技术环境下将对“信息的自我决定权”视为隐私的首义的隐私观念不谋而合，人们对隐私观念的变化在一定程度上得到了法律的确认。

2. 新技术环境下对个人信息的保护

为了适应新科技对个人数据带来的威胁，德国制定了一系列个人数据和

---

[1] Volkszählung, BverfGE65, 1.

[2] 德国于 1983 年制定《人口普查法》，准备从事全面性人口资料的普查。其中有的法律条款要求收集关于个人的私人习惯的极其细节化的信息 . 比如去工作时乘坐的交通工具类型、补充职业的来源、个人的教育背景等等。法案的一些部分允许地方政府共享这些普查信息 . 以制定更有效的地方政策。

[3] 蒋舸 . 个人信息保护法立法模式的选择——以德国经验为视角 [J]. 法律科学：西北政法学院学报 , 2011, 29(2): 113-120.

[4] Human Dignity. Revista Juridica U.P.R.Vol. 67:3:334.

[5] 民法学家王泽鉴这样总结德国隐私权的发展，“德国人格权法隐私领域的发展 . 系由领域理论趋向信息自主 . 逐渐扩大信息的概念，建构了以信息自主权为中心的法律规范体系。”[王泽鉴 . 人格权法 . 北京：北京大学出版社 .2013:201 页] 中国法学家王利明将德国隐私权的发展特征总结为：“从德国隐私权发展的进程看，其具有如下两方面特征：一方面，在权利谱系上，承认了隐私权是一般人格权。按照德国学者的通说，对隐私权予以尊重是一般人格权的结果和具体化。另一方面，在具体内容上，持续强调信息自决权在隐私权保护中的重要性。”[王利明 . 隐私权概念的再界定 . 法学家 .2012, 1(1): 108-120.] 惠特曼在对美国和欧洲大陆的不同隐私文化传统进行区分时，得出了相似的结论：在德国的司法实践中 . 所谓的隐私和隐私权以信息的自我控制权为核心，隐私意味着控制个人形象，本质上，“以一个人应该能够使自己的名字和照片在报纸之外这一观念为基础。” [James Q. Whitman. The two western cultures of privacy: Dignity versus liberty. Yale Law Journal, 2004: 1151-1221]

资料的保护法律，防止通过个人信息侵犯个人隐私权利。1970年德国《黑森州资料保护法》是全球第一部以“资料保护法”命名的法律，但这只是州层面的立法。至1977年，德国联邦政府颁布了《联邦资料保护法》，将个人信息保护问题做了统一规范。这部法律对政府部门和私营部门及个人，即公领域和私领域的信息行为规定了相同的原则：除非得到信息主体的授权，否则禁止采集他人个人信息。德国之所以将公私领域在一部法律中统一规范，是因为当时国家的角色从令人生畏的“老大哥”转向了提供福利的“守夜人”，随之而来的是宪法的功能从防御性到保护性的延伸。宪法提供给公民的基本权利不再局限于排除国家的不正当侵扰，还意味着由国家负责保障的正当程序，即，如果个别民事主体的权利受到了其他民事主体的不当侵害，则国家必须挺身而出，承担其维护民事主体间公平秩序的指责。[1]这一转变使得宪法可以针对政府和其他平等主体为个人提供双重的保护。但是，个人信息保护的争论以及修改该法的呼声依然在持续。

1983年联邦法院在人口普查案的判决表达了对当时个人信息保护状况的担忧，凸显了修改《联邦资料保护法》的必要性。该法于1990年完成修改，修改后的《联邦资料保护法》维持了对公、私领域信息行为的分别规范。

1995年，欧盟《个人数据保护指令》得以通过，成员国有义务在三年过渡期内将指令的要求转化为国内法。但是德国依然维持着对公、私领域信息行为严格区分的《1990年联邦资料保护法》，遭到了欧盟对德国转化指令不力，尤其是对私人领域的信息行为规制不够严格的指责，并提起诉讼。为了尽快达到欧盟的最低要求，2001年5月23日，德国议会通过了修改后的《联邦资料保护法》。该法是欧盟《资料保护法》在德国国内进行转化的产物。基本符合了欧盟的要求，对个人信息保护的整体水平大有提高。

除了这部在个人信息保护领域起着基本法作用的法律外，德国还有州层面的地方立法和针对具体行业个人信息保护问题进行的专门立法，从空间和部门的角度作为补充规则保护个人信息。[2]

---

[1] 蒋舸．个人信息保护法立法模式的选择——以德国经验为视角．法律科学：西北政法学院学报.2011.29(2): 113-120.

[2] 蒋舸．个人信息保护法立法模式的选择——以德国经验为视角．法律科学：西北政法学院学报.2011.29(2): 113-120.

二、法国隐私法：从《民法典》到对个人信息的立法保护

作为大陆法系国家，在法律形式上，法国“一般不存在判例法……司法机关不能创制法律，相反必须严格执行法律。”[1] 即，法官断案要以成文法为依据，不能主动制法。1804 年《法国民法典》第 5 条规定：“审判员对于其审理的案件，不得用确立一般规则的方式进行判决。”[2] 该法“尤其禁止判例法的实践。”[3] 因此，通说认为，法国隐私权法起源于 1970 年法国《民法典》对隐私权的具体规定。鉴于法国深厚的隐私文化传统和对各种隐私利益的全面保护，使得有些学者主张“法国是现在世界上最尊重隐私的国家。[4]

（一）1970 年《法国民法典》对隐私权的保护

1970 年 7 月修改后的《法国民法典》明确规定：

（1）任何人都享有其私生活受到尊重的权利。

（2）在不影响到所受损害得到赔偿的情况下，法官得采取各种措施，诸如对有争议的财产实行保管、查封或者其他便于制止或导致阻止其私生活秘密的侵害的办法；在紧急情况下，得按照紧急诉讼程序决定采取这些措施。

根据这两个条款，法国法庭发展出了一系列具体的救济措施来防止或减轻隐私侵犯。从此，隐私权作为一项独立的权利在法国《民法典》中的正式确立，这使得公民隐私权受到保护直接有法可依。后来，法国立法机关又根据该一般原则发展出了许多特别法，为隐私权提供更为具体和周密的保护。[5]

根据《民法典》对私生活的保护，受到法律保护的隐私范围以个人私生活的私密性和反对对这一领域的调查和揭露为中心。受到保护的最根本的领域包括家庭生活、性生活和性取向，疾病和死亡，甚至是私人的休息和休闲。[6] 一个人的出生日期和地点，银行账号，疾病，身体形象（包括尸体），身体畸形，

[1] 赵化杰 . 大陆法系与英美法系的比较 . 河南机电高等专科学校学报 .2010(6):77-79.

[2] 李浩培 . 吴传颐等 . 拿破仑法典 . 北京 : 商务印书馆 .2009:1.

[3] http://en.wikipedia.org/wiki/Law_of_France#cite_note-2.，2014.3.12.

[4] [日] 五十岚清 . 人格权法 . [日] 铃木贤 . 葛敏译 . 北京 : 北京大学出版社 .2009:154.

[5] 王利明 . 隐私权的新发展 . 人大法律评论 .2009.1:003.

[6] Hauch J M. Protecting private facts in France: the Warren and Brandeis tort is alive and well and flourishing in Paris. [J]. Tul. L. Rev., 1993, 68: 1219.

健康信息，与怀孕、分娩等生产活动有关的信息，婚姻状况，甚至通奸都是受到法律保护的个人隐私领域。

（二）多元化的隐私利益

在法国，除了《民法典》之外，还有众多具体的信息保护、通信、电子监控法，它们保护着公民方方面面的隐私利益。具体来说，包括以下几类。

1. 记录和拍摄

法国新《刑法典》规定[1]用特定方法故意侵犯他人私生活的私密性将会构成窃取私生活资料罪；擅自使用窃取所得私生活资料和对制造或销售窃取（听）私生活资料的仪器将构成犯罪[2]。而且，公开以个人居所为对象的照片或影片可能构成侵犯隐私。[3]

2. 信件和电话通信的保护

法国直接采用了《欧洲人权公约》第8条第1款对“私人和家庭生活、家庭和通信得到尊重”的规定，对信件和电话通信都建立了保护。为拦截信件并为获知其中的内容和拦截电话谈话都会构成隐私侵权，会受到刑事处罚。

3. 住宅

在法国许多法律保护与住宅有关的权利。法国《民法典》禁止打通或打探视孔窥探邻居的财产。[4]新法国《刑法典》保护住宅的不可侵犯性，禁止公共权力和个人通过威胁、暴力或强制行为渗入或者非法占据其他人的住宅。比如，法庭认为，新闻界公开住宅地址或者个人居所的地址，未经后者同意，

[1] 法国新《刑法典》第226-1条（一）未经本人同意，监听、录制或转播私人性质的谈话或秘密谈话；（二）未经本人同意．拍摄、录制或转播个人在私人场所的形象。因此．在法国．未经他/她的同意．拍摄或传输个人的肖像是违法的。除非这个人出现在公共场所中。而且，暗中监视一个人的隐私并使用暗中监视得来的“成果”将构成刑事犯罪．将被处以相同的处罚。

[2] 《新刑法典》第226-2条和第226-3条．

[3] 例如：如果一栋建筑物的航空照片包含着其居住者的肖像。从空中拍摄照片这种行为将会构成对保护他人肖像权的变相侵犯。另外，谈话的一方未经另一方同意对谈话录音将会形成侵犯隐私。

[4] 法国《民法典》第675条规定“相邻人的一方，未经他方的同意．不得在共有分界墙上装置窗户。不问其用何种方法．即使装置不开启的玻璃窗亦同。”

将会构成对隐私的非法侵犯。[1]

4. 监视规则

如果在私人空间或场所安装监控摄像机将会侵犯隐私。如果监控摄像机是安装在公共场合，而且被监控的事件发生在公共场所，将不会侵犯隐私。如果具体场景被认为是私密的，但发生在公共场合，这些事件也会被当成隐私受到保护。用望远镜观察他人的活动或者私人生活也可能侵犯隐私。

5. 其他

姓名（包括艺名）、肖像、声音、隐私、荣誉或者名声的权利，还有被遗忘的权利和个人传记的权利应该受到保护免遭侵犯。

（三）新技术环境下对个人信息的保护

随着 IT 时代的来临，个人信息越来越成为隐私保护的一个主要方面，为应对这种趋势，法国通过立法形式赋予了对个人信息的保护。

法国比较重视个人信息安全的法律保护，并且将个人信息的权利作为个人人权的一部分而从立法、执法角度保障法国个人信息的安全。

首先，立法上，法国有单独的关于个人信息安全保护的法律制度。为了保障法律的实施，法律相应规定了违法者行政法律责任以及刑事责任，处罚相当严厉。[2] 法国《信息处理、数据文件和个人自由法》于 1978 年 1 月 6 日通过。这部法律既涉及公共部门也涉及私营部门。为了使其信息保护体系与欧盟《个人数据保护指令》相符，法国政府从 2000 年 6 月开始修正 1978 年《信

[1] 巴黎法院在宣判向公众透露摩纳哥王子私人地址一案中认为："住所属于隐私的范围……未经授权复制在个人私有住宅中拍摄的照片……侵犯了该人的隐私权。" MichaelHenry ed, International Privacy, Publicity and Personality Laws,ReedElsevier(UK),2001,p278,44,136,14,137. quoted in, 王利明 . 公众人物人格权的限制和保护 . 中州学刊 . 2005(2): 92-98.

[2] 王敬波 . 付瑶 . 法国个人信息安全立法评介 . 信息网络安全 .2007 (3): 58-60.

息保护法》，新法[1]最终在2004年8月6日通过。

其次，法国有专门的管理信息事务的行政机构，全国信息自由委员会。为了保障该机构的独立性，防止受到来自政治、宗教以及其他领域的不正当的干扰，法国将其确定为独立行政机构，保障其享有相对超然的法律地位。[2]该部门有两项基本职能：第一，信息保护部门必须告知所有的信息当事人和信息控制者他们的权利和义务；第二，它要保证个人信息的处理在符合《信息保护法》条文规定的前提下实施。[3]

三、日本隐私权法：从“不要别人管的权利”到“信息的自我决定权”

与中国类似，日本人对于隐私权的意识不是很强烈。这可能是因为早期的日本也是农业经济，集体协作对于收获粮食、维持生活都是必不可少的。

---

[1] 该法明确保护“个人信息”和对其的处理。个人信息意味着“与（能）被认知的自然人，直接或间接，通过提及身份号码或其他一个或多个具体因素，有关的任何信息。”个人信息的处理意味着：任何与这种信息有关的操作或操作手段，不管使用的机械是什么，尤其是获得、记录、组织、存储、采纳或改变、恢复、咨询、使用、通过传输、散布或其他使之可得知的方法公开、调整或者混合、阻塞或破坏。

按照这部法案，个人信息的处理只有在满足如下条件时才是可以允许的：

• 信息的获得和处理必须公正、合法；

• 信息的获得必须有具体的、明确的和正当的目的，对其的处理方式不能与这些目标相违背；

• 它们应该是充分的、相关的，而且不能超越于收集和深度处理的目的之外；

• 它们应该是精确的、完全的，必要时保持更新；

• 它们的存储形式要允许信息当事人的身份可识别期不长于收集和处理的目的所需。

另外，个人信息的处理必须得到信息当事人的同意，或者满足下列条件之一：

• 符合任何法定义务信息控制者是当事人；

• 保护信息当事人的生命；

• 履行公共服务的使命委托给信息控制者或信息接收者；

• 为履行信息当事人是一方的合同或者应信息当事人之前成为合同当事人的要求而采用的步骤；

• 信息控制者或信息接收者对正当利益的追求，假如这不违背信息当事人的利益或者根本权利和自由。

[2] 王敬波．付瑶．法国个人信息安全立法评介．信息网络安全.2007 (3): 58-60.

[3] 例如．信息保护部门应该建立和公开信息保护的标准和必要时提出与系统的安全有关的标准规定；而且．它应该受理与信息处理的实施有关的主张、请求和投诉．并且告知这些提出者做出的与之有关的决定；它还要回应来自公共部门和法院对个人或部门建立或试图建立个人信息自动处理的观点和建议的请求；等等。另外．法国的信息保护部门还有权调查、发出警告．或者处以经济罚款．如果一个信息控制者不履行此法案规定的义务。

因此，日本也形成了重集体、轻个人的文化传统。隐私和隐私权概念都不是日本的本土产物，而是舶来品。

日本隐私和隐私权的诞生有三个主要的特点。

（一）电视刺激下的隐私权法

电视媒体的繁盛刺激了日本隐私权法的诞生。20世纪30年代，日本学界开始出现对隐私权的讨论，但是学界的讨论并未引起司法界的关注。在1950年的警察窃听事件和1955年的“新闻报道损毁名誉和无形损害赔偿义务”事件中，隐私权均未获得司法界的肯定。

一直到“1955年至1960年期间，随着以电视为中心的媒体的迅速发展，宪法所保障的表达自由权不断扩张，媒体‘表达自由’侵犯人格权的问题大量出现。日本学界开始意识到需要引入‘隐私权’这一新的概念，以抗衡表达自由权的过度膨胀。”[1]

（二）从学界讨论到司法实践

日本隐私权法的的诞生和美国有相似的路径，先从学者引入、讨论开始，再在司法实践中得以确认。“日本的隐私权最初是通过引入美国的学说而发展起来的”，[2] 所以，早期的隐私权判例中的隐私和隐私权含义与美国侵权法上的“独处权”极为相似。

1935年，东京大学末延三次教授在其《英美法对秘密的保护》一文中首次将隐私权的概念介绍到日本，将隐私权翻译为“心的秘密权”，将其视作与个人精神安宁相关的权利。1954年，河原畯一郎判事在《言论及出版自由》一书中将隐私权定义为“从人格权保护的立场出发，公民享有的其私生活被限制报道的权利。”和田教授、伊藤幸治教授、阪本昌成教授还对隐私权的宪法地位进行了讨论。他们认为，宪法第13条的“追求幸福权”是隐私权的重要宪法依据，并将隐私权定义为“因不当公开发表受到侵害而主张自由开放的人们的权利”；“是个人（或团体）不愿意对其自身及财产进行公开和正式调查的权利；”“自主控制与自己相关的情报。”[3]

（三）新技术环境下的调整

[1] 王秀哲等 . 我国隐私权的法律保护研究 . 北京 : 法律出版社 .2011:65.

[2] [日] 五十岚清 . 人格权法 .[日] 铃木贤、葛敏译 . 北京 : 北京大学出版社 .2009:155.

[3] 王秀哲等 . 我国隐私权的法律保护研究 . 北京 : 法律出版社 .2011:64-67.

1. 信息的自我决定权

传统上，日本关于隐私的判例集中在侵扰个人私生活及私下谈话和公开、以及个人信息的保护 3 个方面。

在新技术环境下，隐私权保护的客体从私生活不被公开的权利演变为信息的自我决定权。因此，隐私权案例中一个突出的特征是对姓名、住所、电话号码、年龄、职业等这类个人信息的保护。其中不仅有成文法的规定，而且还有丰富的判例来支撑这一新型的隐私内容。[1]

在《早稻田大学讲演会的名单提交案》[2] 中，最高法院认为：学号、姓名、住所及电话号码需要隐匿的必要程度未必很高。然而，如果本人不希望将其信息随意透露给他人，这种期望不仅在情理之中也应当受到保护。如果大学没有经过同意就向他人提供相关信息，那么这种行为将违反信息当事人希望对其信息进行适当管理的合理期待，因而构成侵害被告人隐私权的不法行为。[3] 日本学者认为，这一判决承认了私人拥有控制自己信息的隐私权。[4]

在《禁止公开居民信息系统案》中，法庭从正面承认了控制个人信息的隐私权是宪法上的权利。为了维护私生活的安定与人格性的自律，如果仅仅将隐私权理解成为拒绝对其私生活的侵犯和公开，是远远不够的。每个人都应当有权决定是否向他人公开、是否允许他人利用或向其提供涉及自己的信息。与姓名、住所、出生年月日、性别有关的情报均属于与隐私相关的情报，都应当成为法律保护的对象，因而也是个人控制权的对象。[5]

[1] 这些判例涉及的有：出版物刊载了人气演员的私人住所地址，该演员要求停止出版和发行。此案中，法院认为住址属于隐私利益，制止了出版与发行。还有关于擅自将个人信息提供给第三方的行为，某公寓楼盘的销售商，擅自将记录着购房者住房工作单位和电话号码的购买申请书公开给公寓的物业管理公司，虽然法院未判决此行为具有违法性，但是认可了购买者的工作单位和电话号码属于隐私信息。东京地判平 2•8•29《判时》1382 号第 92 页 . 转引自 :[日] 五十岚清 . 人格权法 .[日] 铃木贤、葛敏译 . 北京 : 北京大学出版社 .2009:171

[2] 1998 年 11 月中国某国家领导人访日时，计划在早稻田大学讲演。学校应警备局的要求，向其提交了记载有报名参加者的姓名、学号、住所和电话号码的名单。参加该演讲会的学生原告，在该领导人演讲中，发表抗议，致遭逮捕，并受处分。原告以早稻田大学径自将其氏名等资料提出于警备局是对其隐私权的侵害为由，向校方提出赔偿诉讼。

[3] 日本最大判 2003 年 9 月 12 日民集第 57 卷第 8 号第 973 页 . 转引自 : 王秀哲等 . 我国隐私权的法律保护研究 . 北京 : 法律出版社 .2011:70.

[4] 王秀哲等 . 我国隐私权的法律保护研究 . 北京 : 法律出版社 .2011:70.

[5] 王秀哲等 . 我国隐私权的法律保护研究 . 北京 : 法律出版社 .2011: 71.

从这些判决中，可以看出新技术和社会的发展为日本隐私权的内涵增加了新的内容，即信息的自我控制权。日本的隐私权从拥有自主决定与自己人格生存相关的重要事宜的消极权利发展到IT时代下的在与自己相关的信息处于被获得、收集、保存、利用或传播的所有阶段，他有权决定何时、采用何种方式、在何种程度上委托给他人的积极权利。[1]即，从"不要别人管的权利"开始到今天的"个人信息的自我控制权"。[2]

2.对个人资料的保护

除了在司法实践中向信息自我决定权的转向外，日本也着手对个人信息进行保护。

1999年11月，日本个人信息保护研究部提出了一份题为《个人信息保护体系的存在方式》的中间报告，详细建议了政府部门与民间组织保护个人信息的措施。对个人信息保护的调整对象达成了共识：确立个人信息保护的调整范围适用于公共部门和非公共部门的基本原则，同时就特别需要保护的领域制定个别法，并鼓励非公共部门进行自律。具体来说，日本于2005年4月全面实施《个人信息保护法》作为基本法，除此之外，还对国家机关、地方公共团体、行政机关、独立行政法人等还分别制定了不同的法律和法规。这意味着日本构筑了一个相对完整的个人信息保护法为基本法，各部门单行法为补充的法律体系。同时，为协调欧盟1995年《个人数据保护指令》的需要，日本采用了美国的民间认证制度来替代争端解决机制，以配合政府的执法保障。[3]

第四节 个人信息保护的两种模式及其局限

通过前面几节内容可以发现，在IT时代，各国法律都把个人信息纳入本国法律的保护框架之内，经过比较发现，这些国家法律对个人信息的保护采

[1] 魏晓阳.日本隐私权的宪法保护及其对中国的启示.浙江学刊.2012.1: 124-129.

[2] [日]五十岚清.人格权法.[日]铃木贤、葛敏译.北京：北京大学出版社.2009:159-160.

[3] 谢青.日本的个人信息保护法制及启示[J].政治与法律.2007(6): 152-157.

用了不同的模式。

一、个人信息保护模式的两分法

上述分析了不同国家对隐私的法律保护以及在遭遇信息技术之后所做的调整。通过分析可以发现，不同的国家采取了不同的个人信息保护路径。很多学者对这些不同的保护模式分析时，总结出了两种典型模式，分别以德国或欧盟与美国为代表，且不同的学者从不同的视角对这两种保护模式进行了论述。主要包括以下几种类型。

（一）权利保护论与自由流通论

所谓“权利保护论”是指，个人信息作为隐私之一部分，是一项基本人权。为了充分保护这一基本人权，在个人信息保护方面采取了国家立法主导的模式。政府制定高水平保护个人信息的标准，以欧盟为代表。

所谓“自由流通模式”是指美国联邦政府对个人信息保护主张采取自律模式，强调企业自律在在个人信息保护中的重要支柱作用，因其能在更大程度上保障信息的流通与自由，故而称为“自由流通论”。

这两种模式各有利弊，欧洲的模式有利于个人信息得到全面的保护，而美国模式有利于在有限保护个人信息的前提下充分促进信息的自由流通。但是，任何对上述理论的单一的强调均可能引发弊端，全面立法可能会阻碍个人信息的正常流通，束缚企业乃至个人的自由发展；放任的企业自律则可能会导致部分企业不择手段地规避个人信息保护的政策，侵害个人信息隐私权，导致人格尊严的丧失。[1] 因此，为了规避上述风险，一个最好的选择就是维持这二者之间的共生关系。

（二）分散立法模式与统一立法模式

这种划分方式也被称为“美国行业自律模式与立法规制模式；”[2]“美

[1] 洪海林.个人信息保护立法理念探究——在信息保护与信息流通之间.河北法学.2007.25(1): 108-113.

[2] 韩文成.网络信息隐私权法律保护研究.河北法学.2007. 25(12): 85-90.

国隐私权保护的分散立法模式（自由与平衡）与德国个人资料保护的统一立法模式（尊严与自决）；”[1]“总括性立法的模式分离式的立法模式；”[2]“国家主导与企业自律”[3]等等。

欧洲的统一集中立法模式立足于这样的前提：个人信息是一项基本权利，因此应得到法律的有效保护；由此，欧洲采纳了一种全面性的、公共政策式的方法和适用于所有公立和私立部门的独立的监管机制的方法论。即以一部法律对公共部门和非公共部门的个人信息处理行为进行规范。

而美国的部门性的立法模式则不同，美国人对于制定一部全面的联邦个人信息保护法深怀疑虑，除非有确切的证据表明存在着无可争辩的风险和“市场失灵”。由此，美国采取了零散的部门性立法模式，[4]即针对公共部门和非公共部门制定不同的规范。并通过建议性的行业指引、网络隐私认证计划等自律制度实现个人信息的保护，同时近些年也制定了一些成文法来保护与个人信息有关的隐私权。

（三）隐私权模式与人格权模式

隐私权模式认为保护个人信息的目的就是为了保护个人隐私，个人信息应是隐私权的客体。美国就是援用隐私法来保护个人信息的典型。美国没有统一的个人信息保护法，其个人信息保护制度是在关于隐私权判例法的扩张以及部门单行成文法的制定中逐渐建立起来的。[5]

人格权模式认为个人信息权是一种新型人格权，是与姓名权、肖像权、名誉权和隐私权并列的一种具体人格权，体现的是人们的一种人格利益。[6]以

[1] 杨信．域外个人信息保护立法模式比较研究——以美、德为例．图书馆理论与实践．2012 (6): 79-81.
涂慧．试论中国个人信息的法律保护．西北大学学报：哲学社会科学版．2010. 40(2): 149-153.

[2] 吕艳滨．个人信息保护法制管窥．行政法学研究 .2006 (1): 87-91.

[3] 洪海林．个人信息保护立法理念探究——在信息保护与信息流通之间．河北法学．2007.25(1):108-113.

[4] 石佳友．网络环境下的个人信息保护立法．苏州大学学报：哲学社会科学版 .2013.33(6): 85-96.

[5] 洪海林．个人信息保护立法理念探究——在信息保护与信息流通之间．河北法学．2007.25(1): 108-113.

[6] 王玲玲．田田．论人格权模式保护个人信息的合理性．安徽大学法律评论 .2012(2):142-149.

法国为代表。

以上3种分法为我们认识两种模式提供了不同的视角，第一种权利保护论与自由流通论是以保护内容的取向与侧重的不同进行划分，第二种分散立法模式与统一立法模式是从保护形式和手段为标准，第三种隐私权模式与人格权模式则是从个人信息的权利归属角度加以划分。就本质来讲，这3种划分标准没有本质上的差别，只是侧重点不同而已。

二、不同保护模式的异同及其成因

虽然分类模式有所不同，但学者们对美国和以德国为代表的欧盟对个人信息保护的模式是有共识的。具体来说，美国是普通法系国家个人信息法律保护模式的杰出代表，基于政府权力应受到限制和保护公民个人自由和经济自由的思想，对个人信息的保护主要采取行业自律模式，其核心特征是：通过行业自我规范和部门具体立法相结合的方式来保护公民的个人信息。因此，它是由针对某些特定部门的立法、工业领域的自我规范以及市场本身的强制力量所构成的复合体系。这种保护模式的主要特点有二：第一，较之对公民隐私权的保护，更加关注个人自由免受公权力的侵犯。[1]尽管很多美国人也同意个人信息隐私权是一种权利，但仅当在受到滥用个人信息的政府行为的威胁时，这种权利才可以被视为基本人权并得到有关保护，商业背景下的个人信息保护则应区别对待。[2]这体现了美国人对政府根深蒂固的怀疑和对市场与生俱来的推崇。

第二，保护领域的分层性。从内容上看，美国对个人隐私权的法律保护主要划分为公、私两个领域，分别采用不同的保护方式：在私人领域，主要通过从业者的自我约束和相关协会的监督管理来保护公民的个人隐私安全；在公共领域，美国政府制定了大量的单行法规来规范政府行为，保护公民个人信息隐私权。[3]

[1] 胡雁云．我国个人信息法律保护的模式选择与制度建构．中州学刊．2011 (4): 105-107.

[2] 洪海林．个人信息保护立法理念探究——在信息保护与信息流通之间．河北法学．2007.25(1): 108-113.

[3] 胡雁云．我国个人信息法律保护的模式选择与制度建构．中州学刊．2011 (4):105-107.

欧盟：是以国家立法为主导的模式。以德国对个人信息的保护过程为例来说明。

欧洲国家认为个人信息权利是公民的一项基本权利。通过国家综合立法来确立个人信息保护的原则、具体制度和措施。[1] 欧盟的国家立法的主导模式主要有以下两个特点。

第一，通过双层次、综合立法对个人信息进行保护。由于欧盟本身组织结构的特殊性，其对个人信息的法律保护要经过两个层面：首先，由欧盟发布指令，为各成员国制定数据保护的法律框架提供依据；其次，欧盟成员国将欧盟有关个人信息保护的规定作为制定和实施内部个人信息保护立法的基本原则和最低标准，从社会生活的方方面面对数据安全进行法律保护。第二，欧盟的个人信息综合立法规制模式更加关注对私人领域的个人信息保护。受传统国家主义理念的影响，欧盟成员国对于政府权力的限制较少。[2]

（一）两种模式的成因

这两种不同模式的形成原因可以归为以下几个方面。

1. 对政府的态度不同

惠特曼在《隐私的两种文化》中提到，欧洲和美国有着不一样的隐私文化传统，美国以自由为核心，欧陆以尊严为核心。因此，对美国人来说隐私的最大敌人是政府；而对欧洲人来说，隐私的最大敌人是媒体。美国人对于政府对私人领域干预持有根深蒂固的不信任。[3] 这种怀疑态度也反映在了对个人信息保护的取舍上。美国人更担心政府对个人权益的侵害，因此会弱化政府在个人信息保护中的作用，转而依靠各种自律制度保护个人信息，进而避免不适当的沉重负担和官僚主义。而欧陆国家对政府没有天然的怀疑态度，对公共机构和依靠行政法方面有更大的信心，更强调政府在保障个人基本人权中所起的积极的作用。因此，公民希望政府针对各类主体制定统一且严格的法制，对个人信息处理者实行严格监管，并严格限制个人信息的跨境流动。[4]

---

[1] 胡雁云．我国个人信息法律保护的模式选择与制度建构．中州学刊 .2011 (4):105-107.

[2] 胡雁云．我国个人信息法律保护的模式选择与制度建构．中州学刊 .2011 (4):105-107.

[3] Sunni Yuen. Exporting trust with data:audited self-regulation as solution to cross-border data transfer protection concerns in the offshore outsourcing industry. The Columbia Science and Technology Law Review.2008(9).

[4] 吕艳滨．个人信息保护法制管窥．行政法学研究．2006 (1): 87-91.

2. 对交易、市场自由的态度不同

除了对政府的天然怀疑之外，美国人对市场和技术怀有更大的敬意。他们崇尚交易自由和市场自由，生怕过多的对个人信息的保护会限制企业的自由发展，并更强调交流与利用才是信息的价值所在，担心严格的个人信息保护制度会妨碍经济的发展。因此更多地依赖自愿式的自律和技术解决措施。自律是美国的一种文化，或者说是一种社会生活方式，因为美国人的自律已经融入他们追求的自由之中。[1] 而自 19 世纪以来，欧陆国家对出版自由和市场自由就持怀疑态度。消费者信用报告制度和信用卡在欧陆国家的发展远不及美国那样发达就是这种怀疑态度的例证。[2] 因此很难想象，他们会像美国一样依靠市场调节来规制对个人信息的保护。

3. 欧陆国家的“二战”经历

欧洲人在二战期间尝尽了纳粹独裁者的监视和控制的苦头，因此欧盟各国都比较重视个人隐私权的保护，一直有着重视和保护隐私权的历史。尤其是对纳粹政权收集个人的出生、种族等个人信息用于种族屠杀以及战后东欧部分国家收集宗教、政治信仰等个人信息等侵犯个人基本权利的历史印象深刻。因此，对不加限制的个人信息收集行为天然持一种怀疑和担忧态度，他们担心这会导致对个人权利和自由的侵犯。[3] 因此，十分重视个人信息保护的问题。并期待政府能尽可能在这一过程中发挥积极的作用。再者，欧盟的成员国比较多，而且各国的法律法规都不尽相同，对于个人数据等隐私权内容的保护，在欧洲内部各国也很不统一，因此，要想尽快在保护网络隐私权这一领域步调一致，更好地发展信息社会 的各种跟互联网相关的产业和应用 (比如电子商务、电子政务等)，最有效的方法是通过统一的法律法规来协调。[4]

4. 法系的不同

以上两种模式中，美国属于普通法系，在司法实践中以先前的判例作为判决基础；欧陆国家多属大陆法系，以制定成文法为主。这种差别造成了上

---

[1] 吕艳滨 . 个人信息保护法制管窥 . 行政法学研究 . 2006 (1): 87-91.

[2] James Q. Whitman. The two western cultures of privacy: Dignity versus liberty. Yale Law Journal. 2004: 1151-1221.

[3] Ryan Moshell. And Then There Was One:The Outlook for a Self-Regulatory United States Amidst a Global Trend Toward Comprehensive Data Protection. Texas Tech Law Review. 2005(37).

[4] 徐敬宏 . 欧盟网络隐私权的法律法规保护及其启示 . 情报理论与实践 . 2009 (5): 117-120.

述欧盟和美国对个人信息进行的不同法律保护模式。不过，两种模式、两种法系之间存在着相互影响和相互借鉴的关系。比如，德国的人口普查案的判决结果影响了《个人数据保护法》的修订；1995 年《欧盟数据保护指令》迫使美国商业部于 2000 年 12 月与跟欧洲联盟建立安全港协议（Safe Harbor）协议，调整美国企业出口以及处理欧洲公民的个人信息保护问题。

（二）两种模式的相同之处

纵然有以上种种不同的区别以及文化传统的差异，但是这两种保护模式的本质是相同的，都是为了维护人的尊严以及自治。对人的自治及尊严予以尊重的表现在于所谓人的尊严及意味着人本身是目的，非把人当作工具或手段。“当一个个体的个人，被贬抑为物体、仅是手段或可代替之数值时，人性尊严已受伤害。”[1]

1. 人格尊严的欧陆传统

欧陆国家拥有相似的以尊严为导向的文化传统。以德国为例，对人格尊严的是德国“一般人格权”的理论基础，且有着悠久的传统。1895 年，德国学者基尔克（Otto Friedrich von Gierke）呼吁在德国法律中承认一种“一般的人格权”时将其描述为：

> 按照（一般人格权的理论）法律必须保护个人达到最完全的程度，在个人在每一个可能的方向展示才能的过程中。因此，个人有资格抱怨任何未经授权的干扰，不仅仅是介入他的人身或者他的财产或者他的名誉，还有社会的、智力的和经济的活动、机会和令人愉快之事务，这些共同形成了他的存在的总数。简言之，其他人对一个人的私生活的任何故意的和未经授权的侵扰都是被视为一种可诉的违法行为。[2]

“人格”是一个典型的德国概念，根源于康德（ImmanuelKant）、黑格尔（Georg Wilhelm Friedrich Hegel）这些哲学家。德国的人格法就是一部自由法——内心世界（Inner Space）的法律，“在那里……人们自由地负责任地发

[1] 黄桂兴 . 浅论行政法上的人性尊严理念 . 栽城仲棋主编 . 行政法之般法律原则 . 台北：三民书局 .1988:11.

[2] Jon A. Lehman.The Right to Privacy in Germany.The[J]. NYUJ Int'l. & Pol. 1968.1: 106.

展他们的人格。”德国人理解的“自由”与美国的“自由”有着根本不同。美国人认为自由主要代表了反抗暴政，19世纪的德国人经常认为自由主要代表了反对决定论（determinism）。

首先，自由并不是意味着远离政府的控制，也不是自由地参与市场交易。相反，自由意味着实践自由意志（exercise free will），具有自由意志的人的典型特征是他们是不可预见的个体，是一种没有机械或生物科学能够捕获他们的全部的创造物。对以这种方式来考虑问题的德国人来说，自由的目的是允许每一个个体充分意识到他作为一个个体的潜力：充分地表达出他独特的能力和力量。[1]

在欧陆国家，个人信息被认为是决定公民个人的公众形象的主要因素，是每一个不可预见的个体的一部分，个人信息是否公开的权利即信息自决权是个人实践自由意志的典型方式。因此，对于欧陆国家而言，个人信息的保护是关涉人格尊严的重要事项。“最高法院给予人格尊严的宪法价值的高度关注要求积极发展它的内容、它的程度和它的边界。”[2]隐私是为维护一种同一的利益和价值——人的尊严和人格，即，人作为一个独立的人的完整性。“不受侵犯的人格”是隐私权保护的社会价值，是人的本质要素。保护隐私权就是尊重人的尊严和选择自己生活方式的自由。

2. 美国对人格权的主张

在美国，人格权理论也有广泛的认同基础。最典型的是布劳斯坦，他在回应普罗瑟对隐私侵犯行为的4种分类的文章《隐私作为人格尊严的一个方面：对普罗瑟的一个回应》中掷地有声地主张，各种隐私行为都涉及到了干预一个人的个性和尊严，即侵犯一个人作为一个独立的个体按照自己的意愿行事的自由。

[1] Jon A. Lehman.The Right to Privacy in Germany.The[J]. NYUJ Int'l. & Pol. 1968.1: 106.

[2] Paul M. Schwartz&Karl-Nikolaus Peifer. Prosser's Privacy and the German Right of Personality: Are Four Privacy Torts Better than One Unitary Concept?[J]. California Law Review. 2010:1925-1987.

隐私案例中的利益在某种程度上是一种精神利益而不是财产或名誉利益。而且，他们也帮助我们理解了正在讨论中的这种精神特征不是一种创伤、精神疾病或者悲痛，而是一种个性或自由……[1]

在布劳斯坦看来，每个人都是独立自由的个体，每个人都有自己的个性和尊严，如果任由隐私，包括个人信息隐私被肆意侵犯，那么个人就被剥夺了自己的个性，他也丧失了选择生活方式的权利。这样的个体将丝毫没有独特性和唯一性可言。保护一个人的隐私免遭侵犯，都是为了维持个体的尊严和个性这一终极目的服务。“我们的隐私法试图通过惩罚对维持个性的条件的粗暴无理地入侵来保持个性。这是隐私法的社会价值。”[2] 隐私法的存在即是为了保持一个人的个性和尊严，使其得以选择自己喜欢的生活方式。

因此，虽然美国和欧陆国家对个人信息的保护模式和方式上的差别。但是，二者背后有着共同的价值基础，那就是对个人信息隐私的保护是对人之尊严、自治以及完整性的保护，这种保护最终于社会的整体发展有益。

三、“二分法”的局限

美国和欧盟对个人信息保护的不同分类对理解二者的保护方式、保护路径和保护内容，以及背后的文化价值传统有着重要的参考意义。但是，简单的二分法框架或多或少地抹杀了各种保护模式的丰富性，在一定程度上阻碍了对其他国家对个人信息的保护模式的探究。实际上，已经有学者意识到了这一问题。

比如说，本章第三节提到，日本的个人信息保护立法外形上类似欧盟立法模式，确立个人信息保护的调整范围适用于公共部门和非公共部门的基本原则，同时借鉴美国的做法，就特别需要保护的领域制定个别法，并鼓励非公共部门进行自律。英国和法国则有专门的机构或人员监督对个人信息保护

[1] Edward J. Bloustein.Privacy as an aspect of human dignity: An answer to Dean Prosser. NYUL Rev.1964. 39: 962.

[2] Edward J. Bloustein.Privacy as an aspect of human dignity: An answer to Dean Prosser. NYUL Rev. 1964. 39: 962.

法律的执行。

因此，除了以欧盟和美国为代表的两种主要模式之外，其他国家对个人信息的保护也有不容忽视的特色之处，简单的二分法无法涵盖这些不同之处。

四、各国个人信息保护制度对中国的启示

IT 时代的到来为中国本就薄弱的传统隐私保护“雪上加霜”，为了防止各种商业企业、组织和个人对个人信息的侵犯，对个人信息进行相应的法律保护已经迫在眉睫，这个问题已经引起了国内立法者和专家学者的关注，在全国人大法工委 2002 年向第九届全国人大常委会第 31 次会议提交的官方《中华人民共和国民法（草案）》第四编（人格权法）第七章中就提到了隐私权和个人信息。中国人民大学民商事法律科学研究中心起草的民法典草案也把个人信息保护制度纳入人格权保护体系。[1]

问题是，中国对个人信息的保护应该采取哪种模式？是以德国为代表的统一立法模式，还是以美国为代表的“分散立法 + 行业自律”模式？鉴于同属于大陆法系的缘故，不少学者呼吁采取德国模式，即，制定专门的个人信息保护法。这种主张不无道理，毕竟在大陆法系国家，成文法具有最高的法律效力，因此制定统一的个人信息保护法有助于对隐私文化薄弱的中国为隐私提供完善的保护。但是，应该看到的是，这两种模式是以美国和德国各自的社会、文化和价值背景为基础，中国的文化传统与之不同，因此直接移植某一种模式恐怕会产生“排异反应”，关键问题还是以中国的社会文化基础为出发点选择一种最合适最有效的方式。笔者认为，集统一立法和行业自律为一体的日本模式可以作为备选方案。原因如下：

首先，日本和中国同属东方文化，至少具有一定的文化一致性。

其次，隐私意识和价值观在中国生根发芽不过三十年时间，民众的隐私意识依然很薄弱，因此如果仅仅依靠市场调节，而不是实施专门的信息保护法的话，其效果几何不难推测。个人信息作为一项越来越重要的基本人权，政府理应在对其保护过程中扮演保护性的而不是防御性的角色。

---

[1] 谢青 . 日本的个人信息保护法制及启示 . 政治与法律 . 2007 (6): 152-157.

再者，中国的行业自律文化、对市场调节的推崇基础都不是很强，但是这并不意味着，行业自律就没有实施的必要，反之，正因为薄弱，才要从当下培育认同基础。自律规范可以节约执政保障的成本、司法成本、社会成本，不失为一剂保护个人信息的物美价廉的良药。

第五节 “被遗忘权”的法律保护

“被遗忘权”作为一种新的隐私含义在法律中也得到了体现，最早对其提出保护主张的是对个人信息保护具有长期传统的欧盟。

一、欧盟首提对“被遗忘权”的法律保护

2012年初欧盟建议其成为一项根本权利。它的思想基础主要来源于法国法律中的“遗忘的权利（le droit à l’oubli），”司法实践中关于这一权利最主要的例子是，一些被审判定罪的罪犯，经过一定期限后，希望与曾经犯罪的信息消失的权利。[1]

法国法律中的“遗忘的权利”允许人们忘记有前科的人的犯罪史，给予他们重新被社会接纳，洗心革面的机会。追随这一传统，2010年欧盟（European Union）提出了一种个人信息保护的更全面的方法，它将包含一种“被遗忘权”，这一权利延伸至所有人的个人信息，而不仅仅是犯罪者的犯罪前科。这一权利被定义为“个人有权利使它们的个人信息……被删除，当已经没有保存它们的正当理由时。”[2]

这一定义来自于欧盟《隐私保护指令》（European Union Privacy Directive）第6条，它规定，成员国的法律必须保证，个人信息被保存的形式是允许信息当事人的身份不能超越信息被收集的目的之外。该条约第12条规定，如果对

[1] Rolf H. Weber. The right to be forgotten: more than a Pandora's box? Journal of intellectual property, information technology and e-commerce law. 2011(2): 120-130.

[2] E.U. Personal Data Protection, at 8.

个人信息的使用与第6条不符的话，每一个信息主体都有权利要求信息控制者对信息进行删除或抑制。

为了更有效地应对互联网时代的个人信息保护问题，2012年1月25日，欧盟委员会发布了《有关“1995年个人数据保护指令”的立法建议》（简称《数据保护框架法规》草案），对1995年《个人数据保护指令》着手进行全面修订。与现存的1995年的《个人数据保护指令》相比，该方案一个主要的特点是增设了在线的“被遗忘权”。

但是，这并不说，1995年的《个人数据保护指令》中完全没有“被遗忘权”的影子。相反的，虽然它没有提出一种普遍的和明确的“被遗忘权，”但包含着一种形式上的或机械的“被遗忘权”，其中的某些现存条款可以被解释为“被遗忘权”的引申含义。比如，该指令第6条(1)(e)规定如果超越信息被收集或进一步处理的目的的必要性之外，信息不能再被保存。但是，除了一些个别的例子之外，互联网个人信息被以无数个目的无限期地收集、处理和存储，这导致目的限制原则在实践中很无力。而且，第7条所要求的同意，并没有回答当一个人撤销其同意时，个人信息应该怎样。

《个人数据保护指令》与被遗忘权最相关的是第12条（b）和第14条。前者主张每一个信息主体都有权利“要求控制者消除或抑制信息。”但是，这个条款应用的范围很有限，它只能应用于“对信息的处理与这一指令的条款不相符，尤其是由于信息的不完整或不准确”的情况。第14条，为信息主体提供了反对信息处理的普遍权利，但是也是有限范围内适用。这一条款只要求成员国在该指令第7条（e）和（f）规定的情况下为当事人提供反对的权利（第7条e款：为“公共利益”进行的处理，第7条f款：为信息控制者的合法利益所需要进行的处理）。这就意味着像第7条（a）至（d）款所规定的一样，在数据主体已经做出明确同意的情况下，当这种处理是为履行合同、履行法定义务，或者保护信息主体的关键利益所必需的情况下，成员国没有义务引入反对的权利。但是，14条（b）规定，如果信息是将会被用于直接营销的目的或者将会与第三方共享，个人总是有权利提出反对，无需给出任何正当性理由。

2012年欧盟《有关“1995年个人数据保护指令”的立法建议》中明确增设的“被遗忘权”是针对互联网上这种个人信息被无限滥用而且不可消除的

现象而提。欧盟将“被遗忘权”定义为“当个人信息不再为正当目的所需，个人使其……被删除。”[1]

《有关“1995 年个人数据保护指令”的立法建议》第 17 条是对“被遗忘和删除权”的具体规定。第 17 条第 1 款描述了可以援引此权利的情况。第 17 条第 2 款包含着在信息已经公开情况下的额外义务。第 17 条第 3 款提供了一些例外。第 17 条第 4 款和第 5 款规定了信息不必被消除，但是对它们的处理需要加以限制的一些情况。第 17 条第 7 和第 8 款包含着一种为信息的存储和消除施加时间限制的义务，以及信息被消除后不做其他处理的一种义务。第 17 条第 9 款为欧盟提供了采取授权行为的可能性。其具体规定如下：

第 17 条 被遗忘和删除权

1.信息主体应该有从控制者那里获取清除与他们有关的个人信息的权利，以及限制进一步散布这些信息的权利，尤其是与当信息主体在孩提时代自己发布的个人信息有关，并满足以下条件之一时：

（a）这些信息已经不再为收集或做其他处理之时的目的所必需；

（b）信息主体撤回了根据第 6 条第 1 款（a）项的规定为基础对信息处理做出的同意，或者当同意的存储期限到期，而且处理这些信息已经没有其他的合法基础的时候；

（c）信息主体根据第 19 条反对对个人信息的处理；

（d）对信息的处理因其他原因与该方案不符。

因此，能够援用此权利的情况共分为以下 4 种：

违反了目的限制原则；

同意被撤回或者合法的存储期限已经到期；

合法行使了对信息处理的反对权；

对信息的处理是非法的（比如，与这个方案不相符合）。

目的限制原则并不是一个新的概念，而且能在当前的 1995 年的《个人数

[1] Eur. Comm’n, A Comprehensive Approach on Personal Data Protection in the European Union, at 8 , COM (2010) 609 final(Nov. 4 , 2010).

据保护指令》第6条中找到。第三和第四种情况也能在当前的框架中找到原型。显然，当信息被非法处理的时候，控制应该移除它们，并且当一个人行使了他的反对权时，也会使进一步的信息处理（或移除）变成违法行为。但是，第二个条件更加新颖：同意撤回和期满。

现在的同意制度不能满足互联网时代提出的新要求。一种"被遗忘权"可能能帮助弥补现存同意制度的缺陷。这一新的规定试图弱化这种一次性同意框架的重要性，比如，通过明确允许撤回其同意。"这种权利还试图在永久性同意和重新评估其同意之间建立一种平衡的环境。"[1]

2. 第1条中提到的控制者已经将信息进行公开的情况下，它应该采取所有合理的措施，包括技术方法，与对公开负有责任的控制者有关的信息，告知处理这些信息的第三方，一个信息主体要求他们消除任何那些个人信息的链接和副本以及复制形式。在控制者授权第三方公开个人信息的情况下，应认为控制者对那一公开负有责任。

这一段将信息主体的权利延伸至了信息控制者已经将可识别的个人信息向公众公开（比如，将它们在网站上公开），或者当授权第三方公开的情况，因此成为分歧的重要来源，加剧了欧洲和美国之间有关信息隐私的法律和文化背景之间的激烈冲突。

3. 控制者应该立即清除这些信息，除非这些信息的保留是必要的：

（a）为践行根据第80条的言论自由权利；

（b）根据第81条，在公共健康领域的公共利益目的；

（c）根据第83条，为满足历史、统计和科学研究的目的；

（d）为遵循一项由欧盟或成员国法律设定的保留个人信息的法定义务，根据它，控制者就是主体；成员国法律应该满足公共利益的目标，尊重个人信息保护的权利的本质，并且与所追求的法定目的相称；

[1] Meg Leta Ambrose& Jef Ausloos.The Right to Be Forgotten Across the Pond. Journal of Information Policy3 2013:1-23.

（e）在第 4 段提到的情况下。

4. 在以下情况中，控制者应该限制对个人信息的处理，而不是消除它们：

（a）信息主体对其准确性提出异议，控制者有时间修正这些信息的准确性；

（b）控制者需要这些个人信息，已经不再是为了实现其任务，而是为了作为证据使用的目的；

（c）对这些信息的处理是不合法的，并且信息主体反对它们的消除，反而要求对它们的使用加以限制；

（d）信息主体要求将个人信息传递给与第 18 条第（二）款相符的另一个自动化处理系统。

5. 在第 4 段中提到的个人信息，除了存储之外，只能被以作为证据为目的加以处理，或者经过信息主体的同意，或者为保护另一个自然人或法人的权利或是为公共利益的目的。

6. 在根据第 4 段对个人信息的处理进行限制的情况下，控制者在对处理解除限制之前应该告知信息主体。

7. 控制者应该实施措施保障为消除个人信息建立的时间限度和 / 或者定期检查数据被存储的必要性。

8. 在实施消除的情况下，控制者不能再对这些信息进行处理。

9. 委员会应该有权采取遵循第 86 条的被授权的行动，为了以下具体目的：

（a）具体的部门和在具体的数据处理情况下，实施第 1 段的标准和要求；

（b）从第 2 段所提到的可为公众获取的沟通服务中删除链接，个人信息的副本或复制件的条件；

（c）第 4 段提到的限制对个人信息的处理的标准和条件。

根据这一规定，信息主体提出要求后，网站操作者被要求“不加延迟地实施删除”，除非对数据的保存为践行欧盟成员国的法律规定的“言论自由”所必需。负责司法、基本权利和公民的欧盟专员维维安 • 雷丁说，这一条款的目的是为了“保证当一个人不再想让它的个人信息被处理，并且组织机构没有合法理由再保留它的时候，它应该被移除……一个人不再想让她的个人信息被一个信息控制者处理或者存储，而且如果没有保存它的合理理由，信息就应该被从它们的系统中移除。”[1]“被遗忘权”意味着用户能够促使掌握着个人信息的公司删除它们。像 Facebook 或者 Twitter 这样的社交网站将不得不遵循用户的要求删除他们曾经在网上发布的关于自身的信息，即使这些信息已经广泛传播，否则将要面临金钱处罚。

二、“被遗忘权”判例

某些欧洲国家用案例证明了“被遗忘权”对个人自身发展的重要性。即，一些国家已经使用与隐私有关的法律来允许个人停止对个人信息的不想要的保留。

在欧洲，法国法律中有“被遗忘权”的等价物，名为“遗忘的权利（le droit à l’oubli）”，它指的是，一个已经被定罪、服刑完毕，而且已经洗心革面的罪犯有权利反对公开其过去的犯罪行为和被监禁历史。这是因为经过一系列法定程序，有前科者已经恢复名誉，过去的犯罪史不应该再来玷污他的名誉。

在瑞士法律中，“被遗忘权”保证人们能够防止其他人能从他过去的犯罪史中认出他：

> 根据瑞士法，只有在信息具有新闻价值的条件下，才允许在定罪一段时间之后刊登一些有犯罪纪录的人的名字……这就是说隐私问题可能能防止媒体揭露特定的真实的以前披露过的事实。但是，“被遗忘权”不一定总会取胜。当下出于保护公众的目的需要关于过去的信息时，就不存在被遗忘权。[2]

欧洲还出现过与此种“被遗忘权”有关的案例。比如：

---

[1] Viviane Reding. EU Data Protection Reform and Social Media: Encouraging Citizens’ Trust and Creating New Opportunities. speech at the New Frontiers for Social Media Marketing conference, Paris, France, Nov. 29, 2011(29). http://europa.eu/rapid/press-release_SPEECH-11-827_en.htm, 2014.2.14.

[2] Franz Werro.The Right to Inform v the Right to be Forgotten: A Transatlantic Clash.in A Colombi Ciacchi, C Godt, P Rott and LJ Smith(eds) , Haftungsbereich im dritten Millennium / Liability in the Third Millennium (Baden-Baden: Nomos, 2009) 285-300.

在德国，两个杀人嫌犯被审判、定罪、服刑、释放。他们离开监狱后发现这起案件中受害者的名字在维基百科上，而他们两人作为行凶者被指名道姓。他们起诉了维基百科的母公司。诉称，他们已经服过刑了，为社会付出了代价，他们想让这个事件被遗忘。所以不仅要求从德文的维基百科上移除其名字，而且在全世界范围内的维基百科上都不要出现它们。

同样在德国，一帮武装团伙抢劫了德国武器库并杀死 4 名服役人员。主犯落网被判终身监禁，其中一名司机被判入狱 10 年。一家德国媒体将此著名犯罪案例拍成纪录片，欲在那名司机出狱当天 (也就是谋杀案发生十年后) 播放。该纪录片包含了该司机的名字、照片和影像。法院在进行言论自由和公民隐私的利益平衡测试 (interest-balancing test) 后，判定该名司机胜诉。法院认为，该案件虽然是 10 年前的具有历史价值的案件，但是如果在涉案人员完成服刑出狱时公布其名字和照片，势必会对其改过自新重新融入社会造成负面影响。[1]

在瑞士，法院判决了一起案子，被告以前犯过罪，但他要求隐匿其犯罪的官方和非官方记录，使公众不得知晓。法院认为，由于犯罪分子对公众利益的影响不是无限的，公众在经过一段时间之后不应该再享受接触这些犯罪信息的权利。[2]

最新与“被遗忘权”有关的起诉与判例与 Google 和 Facebook 有关。如今客户、雇主或者恋人都会到 Google 上去搜索他们所感兴趣的人，而搜索出来的这条关于他的信息是带有误导性的，会损害被搜索者的声誉。马里奥 • 科斯特贾（Mario Costeja）是一名法医笔迹专家，如果在 Google 里搜索他的名字，在出现的头几个结果显示，他在 20 世纪 90 年代出了个人经济问题，被迫出售自己的房子抵债。这份卖房的通告是发在《先锋报》（La Vanguardia）上的，好多年后这家报纸把内容电子化归档，它突然就出现在 Google 上了，实际上那笔债务早就还清了，但是网络公司并没有义务刊登他已经还清债的情况。因此，这种过时的信息极有可能导致科斯特贾作为一个专家的名誉受损。为此，

[1] United States Department of Justice v. Reporters Committee for Freedom of the Press, 489 U. S. 749(1989) .

[2] Rolf H. Weber. The right to be forgotten: more than a Pandora's box?[J]. Journal of intellectual property, information technology and e-commerce law, 2011(2): 120-130.

他将自己对 Google 的诉讼文书提交到了位于卢森堡的欧洲法院。[1]

2014 年做出的一项判决引发了变革。一名西班牙男子投诉到法院称，通过谷歌搜索他的名字时可从附带链接查到一则 1998 年关于他重新获得一处住所的新闻报道。他觉得这样让他特别不舒服，于是要求法律保护自己。5 月 13 日，欧洲法院作出裁决，支持那名西班牙人的诉求，谷歌应删除涉及隐私的数据。欧洲法院法官是这么说的，谷歌可以被要求删除“不适当、不相关或不再相关以及随着时间流逝过度相关的”数据。互联网用户在网络空间上拥有“被遗忘权”，如果网民认为基于其身份的搜索结果损害个人隐私，有权要求搜索引擎公司删除相关链接。

2014 年 5 月 30 日，谷歌面向欧洲用户推出一项全新服务，可以应用户的要求，将他们认为有异议的内容从搜索结果中删除。用户需要提供希望删除的链接、删除的理由以及个人身份证件。这也是谷歌为遵守欧洲法院有关“被遗忘权”的判决迈出的第一步。[2] 这项服务开通的 4 天之内，谷歌公司就收到了 4.1 万份个人申请。在这些申请者中，最希望被 Google 忘记的是以下人群：曾经表达过激烈言论的人；一些年轻的求职者；家庭暴力受害者；在他国寻求避难的人。[3]

同样，在大洋彼岸的美国，像破产法、青少年犯罪法和信用报告中都有这个意义上的“被遗忘权”。比如，一些州允许密封和删除青少年罪犯的纪录，理由在于，一个人年轻时犯的错误不应该跟随其到成年。

但是，与欧洲不同的是，公开一个人的犯罪史是受到宪法《第一修正案》保护的。这一态度导致前述案例中，维基百科抵抗两名德国的谋杀案凶手要求移除其犯罪史的要求。

在阿根廷弗吉尼亚达库尼亚案（Virginia Da Cunha）中，“被遗忘权”似乎也遭遇了挫折。此案中的原告是一名流行歌星，早年间拍摄了一些生动的照片，但是起诉谷歌和雅虎要求将它们撤下，因为这两个搜索引擎将她的名

---

[1] 财新网：互联网，请将我忘记 .http://international.caixin.com/2013-04-10/100515068.html, 2014. 6.10.

[2] 新浪科技：谷歌允许欧洲用户申请删除内容不当搜索结果，http://tech.sina.com.cn/i/2014-05-30/11389410187.shtml, 2014.6.10.

[3] 钱江晚报 . 是创新还是进步？——欧洲网民热捧谷歌“被遗忘”. http://news.xinhuanet.com/world/2014-06/09/c_126592709.htm, 2014.6.12.

字和照片放置在与性感有关的搜索结果当中。她诉称它们违反了阿根廷版本的“被遗忘权”。谷歌说，移除这些照片在技术上无法实现，雅虎回应说，唯一的办法是在雅虎的搜索引擎上限制所有提到弗吉尼亚达库尼亚的网址。然而，阿根廷的法官与弗吉尼亚达库尼亚站在了一起，在惩罚了谷歌和雅虎之后，要求它们移除所有的包含含有弗吉尼亚达库尼亚名字的性感照片的网址。上诉法院推翻了这个判决，它主张，谷歌和雅虎只有在内容具有诽谤性或者疏忽大意而未能消除它们时才有责任。

“被遗忘权”成为人们感知到的一种新的隐私利益，而且得到了某些法律的承认，同时出现了以此为诉因的判例，虽然并未全部胜诉，但至少说明它作为一项新的隐私利益是非常必要的，尤其是在IT环境下。

三、“被遗忘权”的价值

“被遗忘权”能够辅助解决与互联网上的个人信息有关的隐私保护问题。隐私问题经常只有在为时过晚时才会显露出来。尤其是在今天的信息社会，预测使用个人信息的所有负面后果在实践中几乎是不可能的。而且，个人信息经常是在个人控制之外或者完全不知情的情况下被收集。因此将保护隐私的责任全部加诸在信息当事人头上是不公平的。“被遗忘权”这个概念能够被用来解决这个问题，而且它不是将责任全部归到单一一方的头上。

在一个自由民主的社会中，人们经常认为隐私通过给予一个人（不）同意的权利就能得到充分的保护。但是，新媒体实践清楚地表明了这一方法的局限性。各个网站的隐私政策经常写得晦暗不明，人们根本读不懂。但为了获得其提供的便捷服务，更多的用户选择在一知半解或者毫无了解的情况下点击“接受”或“同意”。而且即使是同意的撤回也不足以让人们不可撤回地消除自己的信息。目的限制原则的有效应用——将信息处理限制在之前界定的范围之内——似乎在理论上限制了可能伤害的数量。但是，在一个不断膨胀的私人化网络世界中，这一原则的价值已经变得可置疑，因为无数的个人信息被以无限的目的被无数的其他人使用着，信息当事人根本无从得知，更遑论征得其同意。因此，一种“被遗忘权”能被用来有效地控制对个人信息进行的处理。

此外，“被遗忘权”能为个人提供有效的永久性的重新评估机会，它能帮助信息当事人持续不断地重新评价发生在动态环境下的，抱着不同目的对其信息的使用。一旦发现超越其可接受范围内的使用，即可要求信息控制者第一时间撤除这些信息，弥补了之前的同意制度和目的限制原则中存在的不足。而且，它能强化个人对自己身份的控制，这对目的限制原则构成了某种制衡，而且将会简便数据控制者的责任。这些控制者可能会在隐私政策上变的更加仁慈，因为信息当事人有权利要求积极撤回它的信息。[1]

四、“被遗忘权”的普适性

文化传统的不同、对待政府、市场和言论自由的不同态度很可能导致在欧洲得到法律保护的“被遗忘权”在美国遭受冷遇。

美国和欧洲有着不同的隐私传统。在美国，隐私经常用“自由”来表达，公共政策主要是保护个人的“合理隐私期待”，针对未经允许的政府入侵。相反，欧洲的隐私法主要目的在于保卫一个人的尊严和公共形象，而不是提供针对政府入侵的保护。这一态度反映在《欧洲人权公约》（European Convention of Human Rights）第8条中，“人人有权享有使自己的私人和住宅生活、家庭和通信得到尊重的权利”。第8条来源于法国保护公民的名誉不受他人，尤其是媒体的入侵的传统。由于这一传统，法国法庭不像美国法庭那样主要聚焦于保护言论免受政府入侵，而是更加愿意限制言论自由，如果为保护公民的尊严所需的话。[2] 在隐私和言论自由的冲突中，人权法院……可能认为在一些案例中，隐私权比出版权重要。

其次，政策制定的关键在于谁应该是个人信息的保护者，而不是什么信息应该得到保护的问题。“欧洲人相信政府，不相信市场，而美国人的态度

---

[1] Jef Ausloos. The ‘Right to be Forgotten’–Worth remembering?[J]. Computer Law & Security Review. 2012. 28(2): 143-152.

[2] Franz Werro.The right to inform v. the right to be forgotten: A transatlantic clash. The Right tobe Forgotten: A Transatlantic Clash (May 8, 2009). LIABILITY IN THE THIRD MILLENNIUM, Aurelia Colombi Ciacchi, Christine Godt, Peter Rott, Leslie Jane Smith, eds., Baden-Baden, FRG, 2009.

恰巧与此相反。”[1] 在欧洲，普遍的取向是政府介入保护公民的隐私，而在美国——为提升个人自由和言论自由的利益——个人是保护自己隐私的主体。“因此，通过政府行为保护公共形象的欧式传统若被移植到美国，将会遭遇《第一修正案》的强烈阻碍。”[2] 在美国，根据宪法《第一修正案》，言论自由权被用来保护那些散布与公共利益有关的关于已定罪者的真实信息。由于宪法《第一修正案》在司法实践中起到了尤其重要的作用，而且与其他基本权利相比，似乎已经获得了一种特殊的优先地位。美国法庭倾向于认为对言论自由权的限制将会导致“胆小和自我审查，并且导致五花八门的镇压……”[3]

美国对待“被遗忘权”和言论自由的态度可以从以下案例中略析一二。2010 年末，哈维 • 库尔茨（Harvey Purtz）向施里尼 • 华森（Rajesh Srinivasan）提起了一个小额赔偿诉讼。小额索赔诉讼正常来说不重要，但是库尔茨提告的理由使得这个案例变的有趣。库尔茨主张华森已经使他和妻子遭受精神伤害，因为他拒绝从《加利福尼亚日报》（Daily Californian）在线档案中移除关于其儿子的一篇文章。这篇文章详细报道了在旧金山的脱衣舞俱乐部，克里斯 • 库尔茨醉酒后与员工冲突的事实。那次事件之后，他就在加利福尼亚大学伯克利分校球队暂停比赛。最终，因为个人原因于 2007 年 2 月离开球队，2010 年去世。

他死后一个月，哈维 • 库尔茨联系了当时《加利福尼亚日报》，并且要求从在线档案中删除关于他儿子的死亡的那篇文章。华森引用公司政策拒绝了这个要求，即只有达到撤销资格才能移除内容。库尔茨然后提起了 7500 美元的赔偿请求。法官支持华森的主张说，他很同情哈维 • 库尔茨遭受的丧子之痛，但是，这并不能赋予反对华森的请求基础。

库尔茨主张的是一种让关于他儿子的信息，尤其是负面的信息，从在线档案中被遗忘、消除的权利。如果得到允许，他将能主张包含在在线报纸档

[1] Franz Werro.The right to inform v. the right to be forgotten: A transatlantic clash. The Right tobe Forgotten: A Transatlantic Clash (May 8, 2009). LIABILITY IN THE THIRD MILLENNIUM, Aurelia Colombi Ciacchi, Christine Godt, Peter Rott, Leslie Jane Smith, eds., Baden-Baden, FRG, 2009.

[2] Robert Kirk Walker.The Right to Be Forgotten. Hastings Law Journal. 2012.64(101):257-286.

[3] Cox Broadcasting v. Cohn, 420 U.S. 469, 493-496 (1975); Gris- world v. Connecticut, 381 U.S. 479, 482-486. 1965.

案中的关于自己的信息不再需要，因此应该被移除。这样一种权利将会与允许公众获取信息的权利相冲突。

由此可见，美国传统和司法并未轻易接受“被遗忘权”。无比看重言论自由的学者看到了“被遗忘权”可能会给言论自由带来的潜在的伤害，隐私或者保密个人信息的权利与言论自由权利存在冲突，它可能会形成一种微妙的审查。

在他们看来，“文化就是记忆。”[1]一个人永远不会知道什么信息将来可能会变的有用。因此，在记住某些信息之上可能存在着大量的公共利益。“被遗忘权”允许人们自愿移除他们的个人信息，重要的信息可能因此会成为不可获取的、不完全的或者对现实的歪曲表现。[2]因此，它构筑了一道隐形的审查防线，妨碍着网络用户对信息的获取。全球的诽谤和隐私法律已经被大肆滥用来审查合法的言论。一种“被遗忘权”的引入将会增加另一个审查机会。

“被遗忘权”允许任何用户要求在线服务提供商删除其所拥有的所有的关于自己的信息。如果那些信息已经能被公众获取，信息控制者被要求告知链接或者有副本的第三方这个删除要求。这一广义的“被遗忘权”未能充分考虑从公共记录中移除真实、合法公开的信息中固有的自由表达权。引用和评论是自由表达不可或缺的一部分；但是，“被遗忘权”将会对这样的表达产生寒蝉效应，因为一个删除要求将会延伸至提及信息主体要求删除的信息的第三方。它授予用户命令粉碎他/她自己公布的信息之外的信息的权利。这在信息控制者身上施加的责任太高了，毫无疑问将会对用户的在线表达造成负面影响。

另外，“被遗忘权”除了与宪法《第一修正案》冲突外，也与美国传统的司法实践相冲突，一直以来，美国法律都主张，已经公开的信息不能再回到私密状态。“被遗忘权”是否真的是一种“隐私”权？因为隐私涉及的是那些没有公开的信息。相反，“被遗忘权”是通过不再允许第三个人获取这

[1] Peter Fleischer.Foggy Thinking about the Right to Oblivion.2011.3.9. Available at: http://www.pogowasright.org/foggy-thinking-about-the-right-to-oblivion/,2014.6.4.

[2] Jef Ausloos.The ‘Right to be Forgotten’ - Worth Remembering? Forthcoming Computer Law& Security Review 2012.

样的信息，将一定时期内的公共信息转向私人信息。[1]

第六节 中国：后发国家的起步、不足与新挑战

一、中国对隐私权的法律保护

中国目前的法律体系中没有一部专门的"隐私法"或者"个人信息保护法"，对隐私和隐私权的保护分散在数个法律性文件当中，比如，中国宪法对公民的人身自由、[2] 住宅、[3] 通信自由和通信秘密、[4] 人格尊严 [5] 做出了保护性规定。中国《刑法》第 253 条禁止相关人员售卖公民个人信息。[6] 这些零散的法律保护说明立法者已经意识到隐私和隐私权的价值，但是由于对隐私的含义和概念并未形成统一意见，而且中国大陆的隐私传统一直都很薄弱，所以还没有形成专门的隐私保护法。虽然有这些零散的法律规定，但是不得不承认，中国对隐私的法律保护远不够完善，其基本特点是"法律零散、途径间接、手段脆弱。" [7]

由于立法者对隐私权没有充分的认识，1986 年《中华人民共和国民法通

[1] Rolf H. Weber. The right to be forgotten: more than a Pandora's box? Journal of intellectual property. information technology and e-commerce law. 2011(2): 120-130.

[2] 中华人民共和国宪法 第三十七条 中华人民共和国公民的人身自由不受侵犯。任何公民，非经人民检察院批准或者决定或者人民法院决定，并由公安机关执行，不受逮捕。禁止非法拘禁和以其他方法非法剥夺或者限制公民的人身自由，禁止非法搜查公民的身体。

[3] 中华人民共和国宪法 第三十九条 中华人民共和国公民的住宅不受侵犯。禁止非法搜查或者非法侵入公民的住宅。

[4] 中华人民共和国宪法 第四十条中华人民共和国公民的通信自由和通信秘密受法律的保护。除因国家安全或者追查刑事犯罪的需要，由公安机关或者检察机关依照法律规定的程序对通信进行检查外，任何组织或者个人不得以任何理由侵犯公民的通信自由和通信秘密。

[5] 中华人民共和国宪法 第四十条 中华人民共和国公民的人格尊严不受侵犯。禁止用任何方法对公民进行侮辱、诽谤和诬告陷害。

[6] 第 253 条第 1 款规定："国家机关或者金融、电信、交通、教育、医疗等单位的工作人员，违反国家规定，将本单位在履行职责或者提供服务过程中获得的公民个人信息，出售或者非法提供给他人，情节严重的，处三年以下有期徒刑或者拘役，并处或者单处罚金。"

[7] 展江．雷丽莉．隐私权法的西风东渐与本土发展探析．南京社会科学 .2013.6:99-107.

则》在对人格权进行规定时只包括了健康权、姓名权、名称权、肖像权、名誉权、荣誉权、婚姻自主权等人身权，由于立法者对隐私权还没有充分的认识，没有将隐私权规定为公民的人格权。“这是立法上的一个疏漏。在《民法通则》颁布实施以后的不长时间里，人们就认识到了这个问题，在立法和司法上采取了一系列的补救措施，对这一立法疏漏进行补救。”[1] 其中一种重要的补救措施就是对隐私权保护问题进行司法解释。最高人民法院在 1988 年和 1993 年出台了两部实施《民法通则》有关隐私问题的司法解释。在《最高人民法院关于贯彻执行<中华人民共和国民法通则>若干问题的意见（1988）》中，第 140 条规定：“以书面、口头等形式宣扬他人的隐私，或者捏造事实公然丑化他人人格，以及用侮辱、诽谤等方式损害他人名誉，造成一定影响的，应当认定为侵害公民名誉权的行为。”在《最高人民法院关于审理名誉权案件若干问题的解答（1993）》规定：“对未经他人同意，擅自公布他人的隐私材料或以书面、口头形式宣扬他人隐私，致他人名誉受到损害的，按照侵害他人名誉权处理。”《最高人民法院关于确定民事侵权精神损害赔偿责任若干问题的解释法释（2001）》规定：“违反社会公共利益、社会公德侵害他人隐私或者其他人格利益，受害人以侵权为由向人民法院起诉请求赔偿精神损害的，人民法院应当依法予以受理。”

由于《民法通则》对隐私权没有作出明文规定的客观事实，为应急需，做出这样的司法解释，对隐私权采取间接保护方式进行保护，这是司法机关对人格权进行完整的法律保护的一个重要举措。[2]

除了司法解释之外，立法机关还通过立法形式将隐私权确定为一项独立的民事权利，与生命健康权、姓名权、名称权、名誉权、肖像权、荣誉权等权利处于并列地位。

《妇女权益保障法》是中国第一部使用“隐私权”这个概念的法律。该法第 42 条规定：“妇女的名誉权、荣誉权、隐私权、肖像权等人格权受法律保护。”这部法律经过修订之后，“改变了 1992 年《妇女权益保障法》第三十九条‘禁止用侮辱、诽谤、宣扬隐私等方式损害妇女的名誉和人格’的表述，

[1] 杨立新 . 关于隐私权及其法律保护的几个问题 . 人民检察 .2000.1:26-28

[2] 杨立新 . 关于隐私权及其法律保护的几个问题 . 人民检察 .2000.1:26-28.

将隐私权与名誉权、肖像权并列为一项独立的妇女人格权利。”[1]

2010 年 7 月 1 日起施行的《中华人民共和国侵权责任法》再次规定隐私权是与其他人格权处于并列地位的民事权益。其第 2 条规定：“侵害民事权益，应当依照本法承担侵权责任。本法所称民事权益，包括生命权、健康权、姓名权、名誉权、荣誉权、肖像权、隐私权”等等。

这一条款通过将隐私权置于与其他民事权利平等的地位，对隐私权采取了与其他人格利益相同的直接保护方式，隐私权的概念在法律体系中得以明确下来。“这不仅从民事基本法的角度承认了隐私权是一项基本民事权利，而且将隐私权纳入到侵权法的保护范围。它不但弥补了《民法通则》的不足，也进一步完善了中国的人格权体系。”[2] 这意味着法庭不再通过侵犯名誉或者其他人格利益间接保护隐私，而将隐私权作为一项独立的诉因，受害者能通过隐私权被侵犯直接向法庭提起诉讼。因此，就隐私权的性质来说，“从其发展过程来看，立法者和司法者意识到，《民法通则》规定的各种具体人格权存在遗漏，因此有必要在已经确认的各项具体人格权之外，通过确立隐私权，对个人生活秘密等隐私利益加以保护。隐私权从其产生之初就是作为具体人格权存在的。”[3] 但是，《侵权责任法》只能够“在这些权利遭受损害以后对其提供救济，而无法就权利的确认与具体类型进行规定。”[4]。

二、中国隐私权法律保护的不足

虽然中国的隐私权法已经逐渐起步，但是作为后发国家，法律对隐私和隐私权的保护有着很多的局限性。主要表现在以下几个方面。

（一）法律规定数量众多、门类零散、缺乏统一

中国没有一部专门的隐私权法，对隐私权和隐私利益的保护散见于各种各样的法律文件当中。在这些保护个人隐私利益的各种法律文件中，既有正

---

[1] 展江 . 雷丽莉 . 隐私权法的西风东渐与本土发展探析 . 南京社会科学 .2013(6):99-107.

[2] 王利明 . 隐私权概念的再界定 .2012.1(1):108-120.

[3] 王利明 . 隐私权概念的再界定 .2012.1(1):108-120.

[4] 王利明 . 隐私权概念的再界定 .2012.1(1):108-120.

式的法律，比如《宪法》《刑法》[1]、《刑事诉讼法》[2]和《民事诉讼法》、[3]《未成年人保护法》、[4]《监狱法》、[5]《传染病防治法》、[6]《执业医师法》、[7]《律师法》、[8]《消费者权益保护法》、[9]《母婴保健法》、[10]《残疾人保护

[1] 《中华人民共和国刑法》二百四十五条 非法搜查他人身体、住宅，或者非法侵入他人住宅的，处三年以下有期徒刑或者拘役。第二百五十二条 隐匿、毁弃或者非法开拆他人信件，侵犯公民通信自由权利，情节严重的，处一年以下有期徒刑或者拘役。

[2] 《刑事诉讼法》第一百零九条 公安机关、人民检察院或者人民法院应当保障报案人、控告人、举报人及其近亲属的安全。报案人、控告人、举报人如果不愿公开自己的姓名和报案、控告、举报的行为，应当为他保守秘密。第一百一十八条 侦查人员在讯问犯罪嫌疑人的时候，应当首先讯问犯罪嫌疑人是否有犯罪行为，让他陈述有罪的情节或者无罪的辩解，然后向他提出问题。犯罪嫌疑人对侦查人员的提问，应当如实回答。但是对与本案无关的问题，有拒绝回答的权利。第一百八十三条 人民法院审判第一审案件应当公开进行。但是有关国家秘密或者个人隐私的案件，不公开审理；涉及商业秘密的案件，当事人申请不公开审理的，可以不公开审理。不公开审理的案件，应当当庭宣布不公开审理的理由。

[3] 《中华人民共和国民事诉讼法（2013）》第六十八条 证据应当在法庭上出示，并由当事人互相质证。对涉及国家秘密、商业秘密和个人隐私的证据应当保密，需要在法庭出示的，不得在公开开庭时出示。

[4] 《中华人民共和国未成年人保护法（2006）》第三十九条任何组织或者个人不得披露未成年人的个人隐私。
对未成年人的信件、日记、电子邮件，任何组织或者个人不得隐匿、毁弃；除因追查犯罪的需要，由公安机关或者人民检察院依法进行检查，或者对无行为能力的未成年人的信件、日记、电子邮件由其父母或者其他监护人代为开拆、查阅外，任何组织或者个人不得开拆、查阅。

[5] 罪犯——《中华人民共和国监狱法（1994）》第七条罪犯的人格不受侮辱，其人身安全、合法财产和辩护、申诉、控告、检举以及其他未被依法剥夺或者限制的权利不受侵犯。

[6] 《中华人民共和国传染病防治法（2004）》第十二条在中华人民共和国领域内的一切单位和个人，必须接受疾病预防控制机构、医疗机构有关传染病的调查、检验、采集样本、隔离治疗等预防、控制措施，如实提供有关情况。疾病预防控制机构、医疗机构不得泄露涉及个人隐私的有关信息、资料。

[7] 《中华人民共和国执业医师法（1998）》第三十七条医师在医疗过程中不能泄露患者隐私。违反该规定的医师由县级以上人民政府卫生行政部门给予警告或者责令暂停六个月以上一年以下执业活动；情节严重的，吊销其医师执业证书；构成犯罪的，依法追究刑事责任。

[8] 《中华人民共和国律师法（2008）》第三十八条律师应当保守在执业活动中知悉的国家秘密、商业秘密，不得泄露当事人的隐私。律师对在执业活动中知悉的委托人和其他人不愿泄露的情况和信息，应当予以保密。但是，委托人或者其他人准备或者正在实施的危害国家安全、公共安全以及其他严重危害他人人身、财产安全的犯罪事实和信息除外。

[9] 《中华人民共和国消费者权益保护法（1994）》第二十五条 经营者不得对消费者进行侮辱、诽谤，不得搜查消费者的身体及其携带的物品，不得侵犯消费者的人身自由。第四十三条经营者违反本法第二十五条规定，侵害消费者的人格尊严或者侵犯消费者人身自由的，应当停止侵害、恢复名誉、消除影响、赔礼道歉，并赔偿损失。

[10] 母婴——《中华人民共和国母婴保健法（1995）》第三十四条 从事母婴保健工作的人员应当严格遵守职业道德，为当事人保守秘密。

法》、[1]《商业银行法》、[2]《保险法》、[3]《反洗钱法》、[4]《统计法》、[5]《银行法》、[6]《居民身份证法》、[7]《治安管理处罚法》[8]等，又有如《政府信息公开条例》[9]这样的行政法规及各种管理办法。这些法律文件中对隐私利益进行了各种各样的法律规定，没有统一的体系或者对制裁措施的规定。一旦侵害隐私的现象发生，确定归属于哪一门类的法律保护将是一个重要的问题。在中国公民法律素养不高的现实情况下，这样门类众多的规定会使受害者陷入困惑，恐怕无法找出最具效力的法律依据。

（二）隐私权含义界定不清

许多国家对隐私权保护的内容与范围均有规定以利于公民知道、了解，从而减少隐私权的侵害。同时，具体的内容与范围，对被侵害行为人采取救济措

[1] 《中华人民共和国残疾人保护法（1991）》第三条残疾人在政治、经济、文化、社会和家庭生活等方面享有同其他公民平等的权利。残疾人的公民权利和人格尊严受法律保护。禁止歧视、侮辱、侵害残疾人。

[2] 《中华人民共和国商业银行法（2003）》第二十九条规定商业银行办理个人储蓄存款业务，应当遵循存款自愿、取款自由、存款有息、为存款人保密的原则。对个人储蓄存款，商业银行有权拒绝任何单位或者个人查询、冻结、扣划，但法律另有规定的除外。

[3] 《中华人民共和国保险法（2009）》第一百一十六条　保险公司及其工作人员在保险业务活动中不得有下列行为：……（十二）泄露在业务活动中知悉的投保人、被保险人的商业秘密……

[4] 《中华人民共和国反洗钱法（2006）》第五条对依法履行反洗钱职责或者义务获得的客户身份资料和交易信息，应当予以保密；非依法律规定，不得向任何单位和个人提供。

[5] 《中华人民共和国统计法（2010）》第二十五条　统计调查中获得的能够识别或者推断单个统计调查对象身份的资料，任何单位和个人不得对外提供、泄露，不得用于统计以外的目的。

[6] 《中华人民共和国人民银行法（2003）》第十五条中国人民银行的行长、副行长及其他工作人员，应当依法保守国家秘密，并有责任为与履行其职责有关的金融机构及当事人保守秘密。

[7] 《中华人民共和国居民身份证法（2004）》第六条居民身份证式样由国务院公安部门制定。居民身份证由公安机关统一制作、发放。居民身份证具备视读与机读两种功能，视读、机读的内容限于本法第三条第一款规定的项目。公安机关及其人民警察对因制作、发放、查验、扣押居民身份证而知悉的公民的个人信息，应当予以保密。

[8] 《中华人民共和国治安管理处罚法（2006）》第四十二条　有下列行为之一的，处五日以下拘留或者五百元以下罚款；情节较重的，处五日以上十日以下拘留，可以并处五百元以下罚款：……（六）偷窥、偷拍、窃听、散布他人隐私的。……

[9] 《政府信息公开条例（2008）》第十四条行政机关不得公开涉及国家秘密、商业秘密、个人隐私的政府信息。但是，经权利人同意公开或者行政机关认为不公开可能对公共利益造成重大影响的涉及商业秘密、个人隐私的政府信息，可以予以公开。

施有明确的目的和方向，能充分保护其权利。[1] 但是，中国这众多的法律门类文件没有对隐私权的含义和概念做具体规定和描述，或者是对某一种具体隐私利益进行保护，或者以“人格尊严”、“人格权”、“合法权益”、“秘密”等没有具体指向的术语为对隐私利益提供法律保护。归纳起来，目前在中国的法律体系中明确保护的隐私利益主要有以下几类：通信自由和通信秘密；人身和住宅；身份信息——姓名、身份、住址等；患病信息；财产信息。但是，由于法律中缺乏对隐私和隐私权的统一定义，会给司法实践带来诸多不便。而且，由于科学技术的发展，隐私利益的范围处在不断调整之中，对隐私和隐私权的清晰界定就更加紧迫。

由于我国现有法律中没有对隐私的精确定义，学界通过总结现有法律保护，区分出了现阶段我国公民享有的 10 项隐私权利益：

（一）公民享有保守姓名、肖像、住址、住宅、电话等秘密的权利，未经其许可，不得加以刺探、公开或转播；

（二）公民的个人活动，尤其是在住宅内的活动不受监视、监听、窥探；

（三）公民的住宅不得非法侵入、窥视或者骚扰；

（四）公民的性生活不受他人干扰、窥视、调查或公开；

（五）公民的储蓄、财产状况不得非法调查或公布；

（六）公民的通信、日记和其他私人文件（包括储存于计算机内的私人信息）不得刺探或公开，公民的个人数据不得非法搜集、传输、处理和利用；

（七）公民的社会关系，包括亲属关系、朋友关系等，不得非法调查或公开；

（八）公民的档案，不得非法公开或扩大知晓范围；

（九）公民的向社会公开的过去或现在的纯属个人的情况（如多次失恋、被罪犯强奸、患有某种疾病等），不得进行收集或公开；

（十）公民的任何纯属于私人内容的个人数据，不得非法加以搜集、传输、处理和利用。[2]

[1] 黄瑶 . 陈亮 . 浅谈我国隐私权保护的不足与完善 . 贵阳市委党校学报 . 2008 (1): 40-41.

[2] 展江 . 雷丽莉 . 隐私权法的西风东渐与本土发展探析 . 南京社会科学 .2013(6):99-107.

总之，中国对隐私权的法律保护可以总结为“内容少、法律散、手段弱，”内容少是指国内对隐私权客体的认识不成熟，隐私权保护涉及的具体内容少；法律散是指国内隐私权的法律散见于宪法、民法、法律、司法解释之中，没有形成一个体系，缺少专门规定；手段弱是指隐私权保护措施缺乏，没有根据它的特殊性采取特殊的手段。[1]

（三）传统观念的影响

除了法律规定自身的局限性之外，中国的传统文化限制了法律对隐私权保护的实际效力。

1. *法律意识薄弱*

虽然隐私和隐私权已经在某种程度上存在于中国的法律体系当中，但是，民众的隐私意识依然不是很强烈，有时候已经获得了合法的隐私被侵犯诉因而不觉。这一因素在媒体对“深圳联防队员强奸案”的报道中体现得最为明显。

2011 年 10 月 23 日晚上，深圳宝安区西乡街道联防队员杨喜利手持钢管、警棍闯进杨武（化名）家中，一通乱砸后，对其妻子进行长达 1 个小时的毒打和强奸。报道称，当时杨武就躲在一旁，眼睁睁地看着这一切，大气也不敢出，大约 1 小时后才敢拨打 110 报警。宝安区人民法院当庭宣判：杨喜利强奸罪名成立，判处有期徒刑 6 年。另外两名从犯叶某和晏某分别判处 1 年零 6 个月和 1 年。

媒体在对此事的报道中有诸多不妥之处，首先是镜头直接拍受害者家的地址与店面。之后，“不止一家媒体，直接进入杨武家门，堵住躺在床上，已经有精神失常迹象的妻子，要求对方回答隐私问题，床上堆着话筒，女人穿着睡衣，蜷在床上，身体往后缩，掩住自己的脸。”[2]

在此过程中，媒体的这种侵犯行为已经涉嫌侵犯了受害人的隐私和隐私权，首先，进入被害人的住宅是否经过允许？再次，将强奸受害人狼狈的画面如此分开展现在观众面前是否经过当事人同意？最后，毫无保留地直摄当事人家的住址和店面已经将被害人的身份信息暴露无遗。

---

[1] 张莉 . 论隐私权的法律保护 . 北京：中国法制出版社 .2007:242-243.

[2] 柴静 . 保护性犯罪受害人是新闻伦理 . http://bbs1.people.com.cn/postDetail.do?boardId=2&treeView=1&view=2&id=113698895. 2013.11.6.

"隐私权一般指自然人享有的对自己的个人秘密和个人私生活进行支配并排除他人干涉的一种人格权。采取披露、宣扬等方式，侵入他人隐私领域、侵害私人活动或者侵害私人信息的行为，就是侵害隐私权的行为。"[1]《中华人民共和国妇女权益保障法》中明确规定，"妇女的名誉权、荣誉权、隐私权、肖像权等人格权受法律保护。禁止通过大众传播媒介或者其他方式贬低损害妇女人格。"同时，《侵权责任法》规定，侵害隐私权，应当承担侵权责任。

记者未经允许擅闯民宅，已然类似于骚扰，涉嫌侵犯受害者的隐私。后将镜头对准受害者，在当事人不愿的情况下，将其狼狈、无助的状态向不特定的社会公众间广为散播，是对受害者隐私的第二重伤害。媒体的肆意闯入其私密空间、公开令人尴尬的私人事实的行为已经严重损害了受害人的人格，因此，受害人有足够的理由以隐私权受到侵犯提告。但是，由于法律意识的薄弱及对隐私问题的认识不清，受害者未曾提起法律诉讼。

2. 集体利益优先

1978 年以前，执政者相信只有通过保护集体利益才能防止资本主义的复辟，因此，集体利益具有最高的排他性优先地位。1982 年《宪法》第 12 条规定，中华人民共和国的公共财产和公共利益神圣不可侵犯。"公共财产和公共利益'神圣不可侵犯'这一原则是社会主义国家特有的法律原则，它以公有制为基础。"[2] 任何人胆敢追求个人利益都会被其他人批评甚至被称为一个反对社会发展的利己主义者。"毫不利己、专门利人"是当时社会推崇的基本道德。

随着改革开放，中国由计划经济走向了社会主义市场经济，与西方国家展开交流活动，社会更加多样，中国民众也开始注意和重视个性和个人利益。个体利益逐渐挑战着集体利益的首要地位。但是，尽管个体利益逐渐受到重视，在中国道德准则中，集体利益根深蒂固的基础没有被改变。因此，个人利益和集体利益被视为同样重要，但是相对来说，集体利益依然比个人利益重要。

总之，在 1978 年之前没有隐私保护，因为个体利益完全被集体利益淹没了。1978 年之后，个人隐私开始被重视，但集体利益仍然具有优先性。在这

---

[1] 北京市朝阳区人民法院审理王菲诉大旗网侵犯名誉权案民事判决书（2008）朝民初字第 29276 号 .http://old.chinacourt.org/html/article/200812/18/336414.shtml. 2014.3.23.

[2] Chen P M. Law and justice: the legal system in China 2400 BC to 1960 AD. Dunellen Publishing Company. 1973:124.

种情况下，对个人利益的关注依然不够。因此，一旦发生隐私侵害现象个人很有可能会选择忽略它。

此外，由于儒家哲学的影响，中国民众长期以来都不怎么喜欢或信任法律。为了“面子”，即使隐私被侵犯了，他们也更愿意忽视这种侵犯而不是上法庭。作为解决社会矛盾的传统手段，调解在今天的中国依然很流行。当前，一些隐私问题就由社会通过调解自己解决了。因此，调解的广泛使用限制了对隐私的法律保护的效力。

三、IT 时代的新挑战

在中国传统的隐私权法还未出台的情况下，IT 时代为中国的隐私保护提出了新的挑战。以互联网为核心的新媒体技术，在赋予人们更多的表达自由权的同时，也为新的商业活动以及社会控制手段提供了便利，这些会对个人隐私的法律保护提出新的威胁。但是，在隐私权保护法律基础与文化传统都还相当薄弱的中国，对网络空间的个人隐私权没有专门的法律规定可供适用。只有有关部门出台的一些管理性质的规定文件，其中有对个人隐私的零星规定。比如，《计算机信息网络国际联网安全保护管理办法》第七条规定：“用户的通信自由和通信秘密受法律保护。任何单位和个人不得违反法律规定，利用国际联网侵犯用户的通信自由和通信秘密。”《互联网信息服务管理办法》第十五条规定：“互联网信息服务提供者不得制作、复制、发布、传播含有下列内容的信息：……（八）侮辱或者诽谤他人，侵害他人合法权益的；”互联网电子邮件服务管理办法》第三条规定：“公民使用互联网电子邮件服务的通信秘密受法律保护。除因国家安全或者追查刑事犯罪的需要，由公安机关或者检察机关依照法律规定的程序对通信内容进行检查外，任何组织或者个人不得以任何理由侵犯公民的通信秘密。”第九条“互联网电子邮件服务提供者对用户的个人注册信息和互联网电子邮件地址，负有保密的义务。互联网电子邮件服务提供者及其工作人员不得非法使用用户的个人注册信息资料和互联网电子邮件地址；未经用户同意，不得泄露用户的个人注册信息和互联网电子邮件地址，但法律、行政法规另有规定的除外。”《全国人大常委会关于维护互联网安全的决定》第四款规定“非法截获、篡改、删除他人电子邮件或者其他数据资料，侵犯公民通信自由和通信秘密；构成犯罪的，依照刑法有关规定追究刑事责任。”

这些管理办法如同各种法律对隐私权的保护一样零散、不统一，只是简单地对电子邮件、通信秘密等具体的隐私利益进行了规定，对于广义上的个人的网络信息权没有进行统一的规定，这就造成了当网络用户个人信息被滥用时无法获得法律的救济。再者，这些法律文件都是管理办法或决定，处于下位法，就具体规定让位于上位法的可能性很大。因此，目前这样的法律规定对于保护隐私权和个人数据而言是远远不够的。同时，由于网络本身的开放性、全球性、不完善性，以及人们隐私权法律意识的淡薄，加之对隐私权侵权案件的侦查、起诉、取证、审判等方面都存在困难，使公民个人的网络隐私权无法得到基本的法律保护。[1]

隐私权与个人数据信息十分重要，因为正是这些塑造了每一个独立、不同于他人的个体和自我。一旦个人信息被他人滥用，他所丧失的将不仅是经济利益，还有作为“人之完整性，”因为其他人可以利用这些碎片的个人信息通过拼接、拉伸塑造一个模拟“自我”的“他我”。这样的结果是，个人将失去独立、失去尊严、失去对自我的把握和控制，而这样的社会也必将是一个人人自危、个人无法得到充分发展的恐怖的控制与受控空间。因此，中国制定专门的《隐私权法》甚至《个人信息保护法》将是大势所趋。

中国隐私问题有其自身的特殊性，中国隐私保护的根本问题在于对党和政府控制个人信息没有制约机制。2012 全国人大常委会通过网络实名制立法，规定，“网络服务提供者为用户办理网站接入服务，办理固定电话、移动电话等入网手续，或者为用户提供信息发布服务，应当在与用户签订协议或者确认提供服务时，要求用户提供真实身份信息。”但是这一规定只制约网络商，不限制政府。相反网络商有向政府提供其所需信息的义务：“有关主管部门应当在各自职权范围内依法履行职责，采取技术措施和其他必要措施，防范、制止和查处窃取或者以其他非法方式获取、出售或者非法向他人提供公民个人电子信息的违法犯罪行为以及其他网络信息违法犯罪行为。有关主管部门依法履行职责时，网络服务提供者应当予以配合，提供技术支持。”最新的《信

---

[1] 曾尔恕 . 美国网络隐私权的法律保护 . 中国人民公安大学学报 .2003(6): 41.

息安全技术公共机商用服务信息系统个人信息保护指南》《电信和互联网用户个人信息保护规定》都只限制商业机构而不涉及政府。至今个人档案对本人保密还是不可侵犯的底线，成为制定个人资料保护法的重要障碍。因此，隐私保护的根本问题在于限制公权对个人的侵犯，其次才是私法问题。

四、IT时代对个人信息的监管

美国对于互联网信息有一系列法律保护，乃至“9·11”以后为平衡国家安全与个人信息保护之间的冲突，需要修改这些法律，最终形成了《爱国者法》（Patriot Act），但是反对派一直说《爱国者法》违宪。与欧美国家不同的是，中国的法律文化传统一直以来强调为民众施加义务，而非保障权利，而且由于政府权力的膨胀，公权管理部门被赋予越来越多的社会控制权力。进入IT时代，这一传统并未改变。因此，应该看到的是，中国除了对个人信息进行零星的法律保护之外，更重要的是通过加强对个人信息的监管而强化对互联网环境的管制，这可以追溯至从入网许可到近期对微博、论坛等的实名制法律规定。

中国对于电话入网一向实行实名制。所谓入网，是指将计算机接入互联网。从上世纪90年代互联网向社会开放时起，邮电、公安等部门一些规定就要求用户向接入商办理计算机入网必须使用有效证件登记备案，与接入商签订协议等。我们每个家庭到通讯公司办理电脑接入手续时必须交验身份证或户口簿，并且在申请表格上填写有关身份信息，然后取得相关密码。也就是说接入互联网一开始就采取了实名制。[1]2011年，国家出台规定，凡进入网吧从事上网的消费者均须凭个人有效身份证件进行登记，经网吧管理人员审验后方可上机。进而，网吧上网实名制。随着移动数据终端的普及，手机也实行了实名制。2013年9月1日开始，我国在全国范围内对新增固定电话、移动电话（含无线上网卡）用户实施真实身份信息登记，严格实行“先登记，后服务；不登记，不开通服务”。随着智能手机和公共场所提供无线网络服

[1] 魏永征：互联网实名制和滥用身份证现象. http://weiyongzheng.com/archives/32359.html, 2014.6.10.

务日益普及，人们习惯了在机场候机、酒店商务谈判等公共场合，接入无线网络进行网络冲浪。部分地区规定非经营性上网服务场所需建立互联网安全保护技术防范措施和机制，记录并留存用户注册、登陆、访问等个人隐私信息。[1]《互联网信息服务管理办法》规定网络商留存用户信息60日，并在国家有关机关依法查询时，予以提供。[2]这样政府只要需要，就很容易从IP地址查到任何一个上网人的身份信息。随后，微博注册也推广实名制。2011年12月，北京市推出《北京市微博客发展管理若干规定》，《规定》提出，“后台实名，前台自愿”。微博用户在注册时必须使用真实身份信息，但用户昵称可自愿选择。这一实名制政策也是为了强化国家对微博用户的管理。2012年6月7日，国家互联网信息办公室与工业和信息化部发出通知，就《互联网信息服务管理办法修订草案》（以下简称《修订草案》）向社会各界征求意见。此次《修订草案》第十五条规定进一步将实名制坐实：“提供由互联网用户向公众发布信息服务的互联网信息服务提供者，应当要求用户用真实身份信息注册”，明确了使用论坛、博客、微博客等互动服务的用户用真实身份信息注册的要求。《修订草案》第十六条对现行办法有关互联网接入服务提供者、互联网信息服务提供者的记录留存期限作了调整，明确“互联网信息服务提供者应当记录所发布的信息和服务对象所发布的信息，并保存6个月”；“互联网信息服务提供者、互联网接入服务提供者应当记录日志信息，保存12个月，并为公安机关、国家安全机关依法查询提供技术支持”。两部门“关于《修订草案》的说明”中对此修订所给出的理由是“为适应打击网络违法犯罪的需要”，换言之，是为了执法的便利。可见，这条修订实际上是为了执法的便利，而给互联网服务提供商设定了额外的义务。[3]所以，政府对互联网的治理思维一直都是控制，进而实现社会稳定，对于政府管理而言，社会稳定当然高于个

[1] 腾讯科技：李彦宏提案：取消公共场所无线上网身份认证 http://tech.qq.com/a/20130304/000055.htm, 2014.6.10.

[2] 《互联网信息服务管理办法》第十四条 从事新闻、出版以及电子公告等服务项目的互联网信息服务提供者，应当记录提供的信息内容及其发布时间、互联网地址或者域名；互联网接入服务提供者应当记录上网用户的上网时间、用户帐号、互联网地址或者域名、主叫电话号码等信息。互联网信息服务提供者和互联网接入服务提供者的记录备份应当保存60日，并在国家有关机关依法查询时，予以提供。

[3] 雷丽莉.《互联网信息服务管理办法》修订草案征求意见稿初读. http://weiyongzheng.com/archives/32273.html, 2014.6.11.

人隐私保护。因此，对于中国的实践来说，所谓对个人信息的保护实则是以对个人信息的管制为手段实现对网络环境的清理净化和言论控制。

第七节 隐私权法如何应时而变?

诚然，隐私权法对于隐私权的保护起着至关重要的作用，但是单靠法律规定和保护不能为隐私权提供全面周翔的保护，尤其是在新技术环境中，其保护隐私权的效力更具局限性。主要有以下几个原因。

一、隐私案件本身的特殊性

与其他侵权案件相比，针对隐私权的诉讼为数并不很多。理查德•艾伦•波斯纳法官（Richard Allen Posner）所说，“隐私案件很少见，因为像这样的诉讼，导致更进一步地宣扬隐私的违犯。”[1] 此类案件一旦走向诉讼程序，可能会导致对当事人更大程度的伤害，“通过高度曝光聚焦于伤害性揭露的真实性的审判，恶化了原告的伤害。”[2] 因此，在许多案例中，不管涉及不涉及新闻界，个人都不愿意等着法律救济，而是用自己的方式救济侵犯。比如，中国人的传统观念是不愿意上法庭的，这减少了就隐私提起诉讼的可能性。中国传统崇尚和谐和稳定，任何争议都会扰乱社会和谐的渴望。因此，除非万不得已，几乎每个人都试图避免任何民事争议。如果民事争议是不可避免的，中国式的解决方法就是调解或调停。

再比如，在 19 世纪的美国，人们甚至宁愿武力决斗，也不愿意走向法庭捍卫与名声有关的隐私利益。“诉讼提供了一个和平的方式以解决争执，同时避免人们诉诸暴力。它们以金钱替代鲜血。但是仍有许多人相信，对于名声的争吵，‘最好是以不受法律支配的方式来解决’，而法院是‘最后的手段’。

[1] [美]丹尼尔•沙勒夫.隐私不保的年代.林铮顗译.南京:江苏人民出版社.2011:129.

[2] Note.The Right to Privacy in Nineteenth Century America. Harvard Law Review. 1981.94(8).

在决斗的时期，走上法庭被视为胆小的且无效的。”[1]

二、网络技术的独特性

（一）司法管辖权的问题

“一切法律具有不证自明的地域性。”[2] 也就是说，法律的适用范围仅限于一国的领土主权范围内。但是网络是一项无边界的技术，因此，几乎任何国家都不可能实现在这个散漫的网络空间领域实施法律或限制的企图。如果美国决定宣布色情为违非法，那么，这些限制可能仅仅适用于美国的色情供应者。它不能够限制欧洲或加勒比的商家在互联网上提供人人都可以看到的色情内容。[3] 但是由于互联网技术的全球性、超国界性，处于网络此处的内容可以在瞬间被分享至“地球村”的每一个角落。在这样的情况下，司法管辖权的问题限制着主权国家能对非本国的网络服务提供商进行的法律规制。

（二）网络的无中心化

传统的法律规制往往针对责任明确的责任主体，对其进行有效的约束即可实现管制的效果。而网络是一个无中心的网状结构，信息一旦进入网络，其源头难觅踪迹。这使得传统的中心控制模式难以奏效。如微博、微信、自媒体用户都可以通过加关注、加好友等方法将其他结点纳入自己的信息网络中，或成为其他核心用户网络中的一个节点，以即时性的聚合主动或被动地构建自己的信息网络。[4] 这是因为，网络的网状结构可以使信息像病毒一样从各个结点传播，控制其中一个结点无法有效阻断信息从众多其他结点的传播。正如约翰·吉尔默尔（John Gilmore）指出的那样：“当网络的某个结点被撤掉，信息可以走如此多的其他路径，因此，网络具有几乎不死的灵活性。……网络把审查制度视为毁灭，并绕过它。”[5] 互联网就像一张渔网一样，是平

---

[1] [美]丹尼尔·沙勒夫.隐私不保的年代.林铮顗译.南京：江苏人民出版社.2011:125.

[2] America Banana Co. v. United Fruit Co. 213 U.S. 347.357.(1909).

[3] [美]理查德•斯皮内洛铁笼，还是乌托邦：网络空间的道德与法律.李伦译.北京：北京大学出版社.2007:38.

[4] 代玉梅.自媒体的传播学解读.新闻与传播研究.2011(5):4-11.

[5] Howard Rheingold. The virtual community. Reading digital culture. 2001: 272-280.

面的，没有层次，没有控制中心。甲乙两地之间，就像渔网上的两个结点一样，可以有无数条线路相通。即使把渔网洞穿，剩下来的破网虽然支离破碎，但上面的任何两点还是联着的。分布式的交互网络所具有的无数个结点可以进行平等的相互传播，而具有无数个信息源和无数个接受点，则意味着任何人在任何时间和任何地点都把传播的网络延伸到世界的任一角落。[1] 这种无中心的结构使得法律对网络的规制就像“按下葫芦起了瓢”一样，无法穷尽所有的信息传播结点和方向的可能性。

（三）数字化信息

在网络上，一切信息，包括音频、视频、图像都可以被数字化处理。所有信息均以“比特”的方式被存储、传输和接收。这使得信息的获取和存储变得门槛降低、方便、迅速，巨大的比特流以及信息流使得任何有效的管理和法律规制都变得成本极大，甚至无法实现。

三、权力（利）冲突加剧

网络公权力与私权利、网络私权利与私权利冲突加剧致使网络媒体法律监管陷入左右为难的境地。

诚如第四章即将展示的一样，技术的更新在赋予普通互联网用户以更多的表达自由和言论自由的同时，也使得其他的组织团体，诸如政府、媒体、商业企业组织和个人能够在新技术的武装之下对他人的隐私权构成前所未有的挑战。国家安全、社会安全、知情权、新闻自由、交易及市场自由、表达自由和言论自由与隐私权的冲突在新技术环境下更加凸显，在这些都为人类所珍视，但存在天然冲突的权利当中如何维持一种适当的平衡变得更加困难。拿中国为例，言论自由是《中华人民共和国宪法》赋予每个中国公民的权利。由于网络媒体上博客、QQ 空间、论坛、微博、微信等自媒体的极低的准入门槛，各种收入水平、各种受教育程度的草根民众都通过这些自媒体形式表达自己内心的想法，践行言论自由这一宪法权利。正是网络媒体言论的空前活跃，才使人相信言论自由不是一纸空文。但是，就像中国首个人肉搜索案件“王

[1] 陈卫星 . 传播的观念 . 北京：人民出版社 .2004:249.

菲诉大旗网案”展示的那样，在网民的表达自由和他人的隐私权之间是存在此消彼长的关系的，过多保护他人隐私将会限制言论自由的实现，而对言论自由保障到不必要的程度也可能会以出卖他人的隐私利益为代价。这种情况下，如何维持言论自由与隐私权之间的动态平衡有时候不是靠一刀切就能解决的。在严格的法律条文的规定框架内，考虑其他的基于案情本身的事实和价值标准，才能将这二者维持在双方当事人都认可的界限之内。

再比如，斯诺登曝光的“棱镜计划”引起国际各界对美国政府的一派指责之声，强大的监视监听技术使得看到、听到每一个人的动作、声音成为可能。人们担心这样一来人们将会生活在一个完全透明、公开化的环境中。而在这样一个“玻璃世界”，何谈隐私。但是，这次，一向对美国政府保持警觉的美国人民却一反常态，没有一边倒地对政府破口大骂。美国独立数据机构皮尤中心2013年6月10日公布的民调结果多少出人意料：56%的美国公民表示，可以接受国安局为反恐跟踪对百万美国人进行电话记录监控，41%的人表示反对；45%的受访者表示，若政府的数据秘密收集项目真能阻止另一次类似“9·11”的恐怖袭击，那政府就应该进一步加大对民众网络活动的监控。[1]也就是说，越来越多的美国人表示愿意让渡部分个人隐私，以维护国家安全，重建被“9·11”恐怖袭击摧毁的安全感。尤其是安全部长说美国国家安全局局长义正言辞地说，“棱镜计划”救过美国不止50次了。从实行“棱镜计划”开始后，阻止的恐怖袭击案件从2起一直增加到50多起。这样有说服力的证据不禁使人唏嘘，在国家和社会安全与隐私中，当然是安全最重要。

这样出乎意料又在情理之中的调查结果表明，公共安全和个人隐私的界限从来不是泾渭分明，倒像是一只左右晃动的钟摆，在不同的历史时期寻找平衡点。“每当美国发生大事，比如珍珠港遇袭，或遭遇“9·11”恐怖袭击，政府决策的钟摆就剧烈摆向右边，倾向于为了公共安全牺牲个人隐私；而随着时间推进，公共安全环境好转，钟摆又会摆向左边，以尊重个人利益为主。”[2]也就是说，随着社会的发展和情势的变更，在一些具体事件中，人们的某些

---

[1] 邵乐韵．监控．各国都是狠角色．新民周刊 .2013.6.26 http://www.xinminweekly.com.cn/News/Content/2497， 2014.4.5.

[2] 邵乐韵．监控．各国都是狠角色．新民周刊 .2013.6.26 http://www.xinminweekly.com.cn/News/Content/2497， 2014.4.5.

固有价值，包括对政府、对隐私的看法可能会发生改变，而法律规则的相对固定性，使它不能针对这些变化做出相应的调整，因此就不能很好地协调各个权利之间的冲突。

随着互联网、数据库、云计算等高新技术的发展，个人信息的保护无疑成为现代社会所面临的新挑战，而法律还未对此挑战做好充足的应对。[1] 也正是由于法律规制互联网存在这样或那样的缺陷，所以才导致在新技术环境下，各种源头对隐私权的侵犯现象屡禁不止，各种权力以及权利之间的冲突此起彼伏，在这样的语境下，隐私权的边界一直处于不确定的流动状态。

本章小结

本章主要阐述了隐私权的起源，以及各国对隐私进行法律保护的建立和发展过程。最早对隐私权进行直接法律保护的是美国，它通过一系列判例保护着住宅内的隐私利益，沃伦和布兰代斯的文章刺激了侵权法隐私权的发展，之后隐私权上升为一项宪法权利，成为宪法保护的重要内容。除了美国之外，英国、德国、法国、日本和中国台湾都是对隐私进行比较完善的法律保护的代表性国家，只不过各国对隐私的保护方式不同。比如，英国不承认隐私权，但以各种其他的诉因，尤其是违反保密责任保护隐私利益；德国和法国将隐私规定为“一般人格权”的一种进行保护。而中国由于隐私文化传统的薄弱，所以还没有一部专门的《隐私权法》，对隐私利益的保护零散地分布在一些既有的法律框架中。自从《妇女权益保障法》和《侵权责任法》将隐私权置于与其他人格利益平等的一项人格权之后，隐私权的法律地位有所明证。但是，固有的法律保护的不足以及 IT 时代带来的纷繁的隐私侵犯现象为本就对隐私保护不力的法律体系提出了新的挑战，如何应对这一挑战将是中国立法者需要考虑的重要问题。

[1] 王利明．论个人信息权的法律保护——以个人信息权与隐私权的界分为中心．现代法学．2013. 35(4): 62-72.

在 IT 时代，各国对隐私权的法律保护进行了大幅调整。或通过制定新的法律规范，或通过在本国现有法律框架内对隐私权的保护进行细微调整。这种调整主要表现在两个方面，第一，隐私向信息的自我控制权迈进；第二，各国都愈来愈强调个人信息在隐私权的法律保护当中的地位。这些改变是以人们的隐私观念在新技术环境下发生的嬗变为思想基础。

但是，即便有了应激性的法律调整，对隐私权的法律保护依然是不够的，它不能从遏制各种隐私侵害现象的发生。尤其是在新技术环境下，那些隐私的宿敌，政府和传媒，在新媒体的武装下拥有了更加强大的威胁个人隐私的武器。而同时，对隐私权的侵害也增加了新的敌人：商业企业组织以及作为普通大众的每一个人。他们都具有使用新媒体技术的能力，能够以一种前所未有的方式对个人隐私产生危害。这也是第四章即将阐述的问题。

第四章 | CHAPTER 4

IT 时代对隐私权的多源侵犯

以隐私观念的变迁为思想基础，新技术环境下，各国都对隐私权的法律保护进行了相应的调整。但是，法律从来都不是解决问题的最有效手段，隐私权法也不例外。一方面，隐私权法的更新无法根治政府、媒体对隐私的侵犯，另一方面，它更加不能预见到在新技术环境下，商业企业组织以及个人也加入了威胁个人隐私的行列，成为两个重要的危害源头。在这样的情况下，个人隐私正面临着来自四面八方的全方位威胁。所以才会有学者断言，“隐私已死”。[1]

[1] Charles J. Sykes.The End of Privacy. St. Martin's Press.1999.

第一节　新技术环境下的隐私风险

过去的20年间，计算机技术的发展席卷世界，这是一种前所未有的新技术革命，便携式智能移动终端的普及，这二者合力创造了一个前人无法想象的世界。拍摄照片、发布到网络、与他人共享、反馈互动，这一传统的传播流程可以在几分钟甚至不到一分钟的时间内完成。互联网是一个令人倍感兴奋的工具，只需轻点鼠标，海量的信息便触手可得。与互联网技术有关的电子商业业务的迅速扩张便利更加便利了用户的工作和生活。比如，通过轻点鼠标，能购买机票火车票、预定酒店、送花给朋友、或者购买任何需要的物品。新年期间，腾讯公司旗下的实时聊天工具微信推出的“新年红包”可谓引爆了对移动终端支付功能的争夺战。现在，通过微信中“我的银行卡”功能，用户可以叫出租车、交话费、购买电影票、团购美食等各种活动。

人们在享受着信息的流动带来的快感之时，也已经深深地感受到网络技术侵犯个人隐私的可能性较之以前大幅增加。强大的收集信息功能只是互联网技术最基本的特征，收集、存储、处理和共享（散布）信息的能力都为个人隐私设定了难以预测的威胁。

一、信息收集与隐私风险

互联网生产信息的数量是惊人的。通过互联网的每次互动，每一次信用卡交易，每一次银行取款，每一次杂志订阅都被数字化的记录并且与特定的个人联系起来。互联网收集用户信息的途径主要以下两种方式。数码指纹（digital footprints）和数码阴影（data shadows），数码指纹是用户自己生产的信息，数码阴影是其他人生产的关于某些人的信息。在互联网上，虽然数码指纹的数量很多，但是数码阴影的数量已经超越数码指纹。[1]

（一）数码阴影

公共和私营组织通过追踪他人的网上活动生产出个人信息，它们在数据库中收集和存储个人信息。网络用户有意或无意泄漏在网上的个人信息被公共或私营机构或者个人以盈利或其他目的被收集、整理。因此，网络用户时时感觉它们的个人信息超脱于自己的控制之外。个人信息经常在个人的控制之外甚至未经得当事人同意而被收集和使用。“我们的搜索历史、所处位置的信息、浏览习惯、阅读行为，很快甚至我们的情绪都能以我们未曾想象到的方式被收割和／或者使用。技术的革新产生了前所未有的数据匹配、去匿名化和数据挖掘的形式，所有这些都导致了广泛的‘数据档案库’。”[2] 比如，谷歌存储了所有的个人搜索请求，而且能够详细勾勒网络用户：“谷歌对我们的了解比我们自己能够记住的还要多。”[3]Facebook 通过 Cookies 收集大量的关于个人喜好的信息。移动电话持续地生成位置信息。不是所有这些信息都能是可以追踪可识别个人的个人信息，但是通过与其他信息的叠加，那些零散琐碎的信息就可能会变成个人信息。

除了这些公共或私营组织生成关于个人的信息外，其他个人也越来越积极地生产关于其他人的信息，比如通过博客和微博。一个具有说服力的例子是为照片贴标签：将一个人的名字添加到社交网站上的一个照片上，因此这张照片就能自动链接到那个人的主页。[4] 因为每天有数百万张照片被上传和许多的 Facebook 用户，因此人们很可能被认出来。

当用户在互联网上交流、沟通、浏览网页或者购物时，在其无意识状态下收集其遗留的数据痕迹，比如用户进入了淘宝网上的哪家商铺，在这个店里看了什么，买了什么。即使最终没有进行交易，用户也会在下次打开该网

[1] Koops, Bert-Jaap.Forgetting Footprints, Shunning Shadows: A Critical Analysis of the 'Right to Be Forgotten' in Big Data Practice. SCRIPTed. 2011.8(3): 229-256.

[2] Meg Leta Ambrose& Jef Ausloos.The Right to Be Forgotten Across the Pond.Journal of Information Policy3. 2013:1-23.

[3] ［英］维克托・迈尔—舍恩伯格．删除——大数据取舍之道．袁杰译．杭州：浙江人民出版社.2013:13.

[4] A Besmer and H Richter Lipford.Moving Beyond Untagging: Photo Privacy in a Tagged World. CHI2010.

站之时看到为自己推荐的商品，其都与上次自己浏览的商品有关联。之所以这样，是因为互联网产生了数据追踪技术，能够陈述个人在互联网上做的每一个停顿。因此，用户的任何活动都不会逃离其视野之外。

（二）数码指纹

“数码指纹”是指互联网上由用户自己创造的信息。博客和社交网站就是“数码指纹”的典型例子，用户每天都会主动将自己的个人信息张贴到这两个网站上。可以说，如今每个用户都是一个内容生产者。人们主动留下的数码指纹数量大得惊人。而且，“社交媒体上的交流经常发生在公开或半公开的场合，这些信息能被其他人轻易获取。”[1] 所以，“以先进的技术为基础，一旦个人信息进入网络系统，当初披露它们的初衷就无所谓了。一旦被允许自由流动，信息就会完全脱离它们原始的语境被解释和使用（或者滥用）。”[2]

除此之外，个人为获取各种各样的在线服务，注册和披露关于自己的数据（比如姓名、电子邮件地址等）已经变得越来越平常。然后，在一段时期之内，这一信息被存储在企业的数据库中，而且有可能与其他的企业部门或有选择的第三方组织共享。例如，回想一次当你在亚马逊上的浏览和购物体验。如果你看重某件商品并有购买意向，首先要做的是就是用邮箱或手机号码注册一个亚马逊账号。亚马逊记录了每一个用户的邮箱地址，除了为方便用户购物发送的日常邮件之外，它还会经常发送本质上属于广告的邮件，其中推荐的与之前的购物体验相似的商品类目表明其显然也在记录着用户的购物习惯和偏好口味。亚马逊不会读心术，但是，一方面，他们会根据你自己的购物喜好继续向你推荐同一类别的商品；另一方面，他们会利用你浏览和购买物品的倾向来搜索在他们资料中其他有类似喜好的买家。如果他们定位到了一个人，他们就会把那个买家买过的其他产品推荐给你，因为他们假定你们买的共同的产品能反映出你们有共同的喜好。

购物者和消费者丧失了对自己的可接触途径，比如邮箱或手机号码的控制，同时也丧失了对自己的喜好偏向的控制。电子邮件地址和购物喜好都属

[1] Dr. Joris van Hoboken.The Proposed Right to be Forgotten Seen from the Perspective of Our Right to Remember. Freedom of Expression Safeguards in a Converging Information Environment. June 2013.

[2] Robert Kirk Walker.The Right to Be Forgotten. Hastings Law Journal. 2012. 64 (101):257-286.

于一个人的个人信息，大多数理性人都不喜欢毫无意识或意料之外地对自己的信息失去控制。

在我们生活的这个“大数据”的世界中，互联网上生成的信息不仅仅是个人主动生产的，其他人通过收集遗留痕迹也能生产关于个人的信息。而且第二种的数量已经超越了第一种。[1] 数码指纹和数码阴影都以某种方式威胁着个人的隐私。

二、信息存储与隐私被交易风险

互联网收集这些碎片化的个人信息意欲何为？这些信息被存储之后将会被存储在互联网庞大的数据库中，然后海量的个人信息进入计算机的存储空间，这些信息被分类整理，并以不同方式排列组合，描绘出一个个单个人的“侧面像”。极端情况下，这些信息会各个公司竞相追逐的资源，因为其可以提供定制化和个性化的服务。在利益的驱使下，这些信息不可避免地成为现金交易和买卖的对象。

个人信息流动的这一完整过程涉及到了信息的存储和处理以及交易。具体到存储过程中，云技术的出现解决了困扰着存储的容量问题，这使得海量信息的存储更加容易和可能。除了存储空间的无限扩展之外，个人信息的存储之所以成为可能还与用户网上活动越来越成为常态有关。除非你拒绝考取驾照，从投币式公用电话上拨出所有电话，只以现金结账，否则你的个人信息、习惯和喜好都将成为任何想知道它们的人的猎物。比如说，购物的支付方式从现金到储蓄卡或信用卡交易的转变导致了个人信息的大量泄漏。

想象一次实体店的购物体验，用户选定一家中意的店面挑选需要的商品，有售货员向用户进行介绍和推荐，最终用户选定了中意的商品，并用现金支付，之后离开店铺。在这个过程中，售货员与用户有交流和谈话，但是售货员和用户互相不知对方的姓名等个人信息，用户用现金支付了货款，收银员只知道该用户只是千万用户中的一个，若不是靠脸部识别功能，他并不能准确说出该用户的姓名。

---

[1] IDC.The Digital Universe Decade. 2010.

而在互联网技术和网上交易出现之后，我们的购物、储蓄和进行日常事务的方式已经经历了剧烈的转变——这些改变导致了记录和数据前所未有的激增。比如，现在，我们的钱包里见不到大量现金，而是被各种ATM卡，电话卡，频繁光顾的购物卡，信用卡所填满，所有这些都可以被用来识别和记录我们去过哪里和我们做了什么。

支付方式的不同直接决定着用户的个人隐私受到保护的程度，对支付手段的选择影响着用户的隐私。不同的支付手段生成和收集的个人信息的量不同，现金交易不能收集个人的身份、购买的商品或服务、商家、交易日期和时间，这些在信用卡支付中都能获得。

正是基于此，杰里·伯曼（Jerry Berman）和戴尔德丽·马利根（Deirdre Mulligan）才会说：

> 现金交易为线下世界中的经济交易提供了最严格的隐私保护。在线上环境中，现金的数字化等价物还没有被广泛采用。大多数线上购物都是通过信用卡进行，这能够识别当事人并便利了对购买信息的收集。线上世界中现金的等价物的缺乏，以及它在现实世界中的收缩使用，将会严重转变个人的经济交易的隐私。[1]

一个人从出生到死亡都逃不开被记录的命运，从他的出生证明、接种记录、受教育情况、结婚以及离婚程序、破产申请和社会保障福利的集合都被一一记录在案，这些记录掌握在政府手中。在互联网出现之前，其安全性并未引起隐私倡导者的担忧。但是，互联网出现之后，信息的数字化和计算机存储使得泄露的可能性大大增加。用户的医疗信息、经济信息等都被诸如医院、银行等不同的机构收集并存储，甚至它们比用户自己更知道“我是谁，我拥有什么，我喜欢什么。”

所有这些改变不仅影响着信息隐私，也影响着信息。现代技术的收集、聚集、分析和散播个人信息的监视能力，还有当前的交易实践活动已经使得

---

[1] Jerry Berman. Deirdre Mulligan. Privacy in the digital age: Work in progress. Nova Law Review.1999(23):549.

个人隐私处于不受保护的状态。

第二节 现代大政府与隐私侵犯

技术的可能性和扩张后果是如此无所不及，一切事物如今是如此的打上了技术的烙印，而技术的发展速度甚至会使人感到，在技术的许诺本身的同时，任何一项新技术的问世，都可能增加一项新的技术灾难和人文环境污染的可能性。[1] 而政府用来控制社会的监视技术以及其他网络技术无疑就是这种人文环境污染的典型代表。新技术可以成为社会监控的工具，比如，双向进出的有线电视允许政府以公共利益的名义对公民进行监视。对信息传播技术的扩散不加限制，会增强少数人对多数人的监视，从而丧失个人隐私和个人自由的安全。[2] 政府有如此多的社会控制，或曰社会监视的手段，以至于有学者断言，现在的社会已经不是一个“控制社会”，而是“监视社会”。[3]

一、公开监视

（一）电子摄像头

近年来，电子摄像头技术被广泛采用用来打击和预防违法犯罪行为，满足人们的安全需要。如，北京安装了26.3万个监控摄像头，广州至少安装了25万个监控摄像头，上海在2010年前安装了20多万个摄像头，“社会安全防控体系”初见端倪。[4]“电子眼工程”作为一项重要的安保工程，在提高破

[1] 陈卫星．传播的观念．北京：人民出版社.2004:258.

[2] 陈卫星．传播的观念．北京：人民出版社.2004:258-259.

[3] Rouvroy A, Poullet Y. The right to informational self-determination and the value of self-development: Reassessing the importance of privacy for democracy[M]//Reinventing Data Protection?. Springer Netherlands, 2009: 45-76.

[4] 余凌云．王洪芳．秦晴主编．摄像头下的隐私权．北京：中国人民大学出版社.2008:13.

案率、保护公民生命与财产安全方面起到很大的作用。[1] 比如，2005 年 7 月 7 日，伦敦发生连环爆炸案，英国警方正是依靠城市图像信息监控系统在一周之内抓获了犯罪嫌疑人。作为一种社会治理的手段，电子摄像头确实满足了人们的安全需要。

但是，这种技术的广泛应用也对个人隐私带来了隐忧，生活于摄像头下的个体感觉自己始终处于权力机关的监视之下，而通过摄像头收集的图像则可能被行政机关非法收集、处理、滥用，这些都构成了对个人隐私的潜在威胁。比如，深圳罗湖雅园立交桥旁一个路面摄像头每天午夜零点后，都像幽灵一般转向 50 米开外的旺业豪苑两栋高层居民楼，透过设“防”不严的窗户拍摄卧室或浴室内男女脱衣、女人洗澡等居民的隐私。镜头一般会大范围扫描从中选出几个“可疑”窗口，然后长时间对准，来回反复观看，一旦某个窗口出现“异常”，镜头便会立刻拉近放大，持续时间比较长。而这些监控录像可以通过实时视频信息“直播”，普通网民在公开的政府部门信息网上直接点击、随意观看。这一偷窥行为极为规律，一般从午夜零点左右开始，清晨 5 点 30 分左右结束。受访居民对这一事件极为愤怒，认为偷窥行为侵犯了自己的隐私，冒犯了人格尊严，并严重地干扰了自己安宁的生活，一些居民声明保留诉诸法院的权利。[2] 由此可见摄像头技术对个人隐私的侵犯之可能性。

但是，摄像头一般都是安装在公共场合，而现在学界和业界对公共场所是否存在隐私尚未达成一致的意见。比如，中国目前的法律法规并未对此做出相关规定，而英国、德国、美国、日本、澳大利亚等国已经直接或间接地在法律上承认公民了公共场所的隐私权。[3] 因此，对个人隐私的担忧尚未构成阻却摄像头安装的有力理由。但是，笔者认为，即便是在公共场合个人也有合理的隐私期待，因此，必须对摄像头的安装进行一定的法律规制，否则，公权部门将会利用电子摄像头、治安警察等“权力的媒介”[4] 营造一种全景式的监控体系，造成监控的集中化。在这种环境下，个人将丧失自由与隐私。

---

[1] 党玺．公民隐私权利的宪法保护———深圳“电子眼事件”引发的法律思考．太平洋学报 .2009.4.

[2] 党玺．公民隐私权利的宪法保护———深圳“电子眼事件”引发的法律思考．太平洋学报 .2009.4.

[3] 向淑君．敞开与遮蔽．北京：知识产权出版社 .2011:100.

[4] [英]安东尼•吉登斯．民族-国家与暴力．胡宗泽等译．北京：生活•读书•新知三联书店 .1998.

（二）网络数据库

除了现实中的电子摄像头之外，互联网上也到处都是权力监控的痕迹。受到控制目的驱使的政府已经使用先进的技术设备，比如网络追踪技术创造了一个无形和巨大的圆型监狱，允许个人自由行动的私人领域大幅度收缩，旁人的视线已经内化到个体的行动之中，让个体丧失了自主构建自我的能力。

的确，被监视的不安感现在比以往任何历史时期都更加普遍。政府机构和私人企业带着看似合理的为更有效地服务客户的动机收集公民和消费者的数据信息。但是，这些数据的应用并不是如信息收集和存储者所说是为了当事人的良善目的，而事实上，这只是一种更有效的社会控制手段，政府和企业才是最终的获利者。随着在数据收集和管理方面的新技术革新的出现，控制手段也出现了新的形式，网络数据库就是这种新形式之一。

网络数据库是现代政府和商业企业进行监控和管理的重要数字化手段。它通过将人"数字化"的方式方便管理、检索和操作。比如，客户到银行申请贷款买房，瞬间之内，该客户的所有赊购交易清淡便会显示在银行的电脑桌面上，其中甚至包括客服本人都已经忘记了的详细信息。网络数据库就是这样一种收集、整合某人在任何时间、任何场合的活动信息的新技术。它在隐蔽的状态下追寻个人行为处处留下的数字化信息的痕迹和片段，并进行收集和存储。一个数据库可能由种种域组成：一个人的姓和名，社会保障号码，街道地址，市，州，邮政编码，电话号码，年龄，性别，种族，未付的违规停车费，租看成人录像次数，订阅共产主义刊物次数。为这一数据库收集信息的机构根据这些参数构建个人。[1] 由于这项技术具有全面收集、瞬间调取的信息能力，所以已经为政府和各类商业企业组织采用。不计其数的政府、银行、公共事业公司、保险公司、公安部门、机动车辆管理机构等都采用这种方式管理民众和客户。

比单一数据库更为可怕的是数据库之间的相互联接，它能构建一个庞大网络，贮存着全民信息。如果两个数据库有一个相同的域，那么这两个域的功能也就一致。于是，如果某个人口普查数据库和某个雇员数据库都有社会保障号码域，如果它自己的记录中没有这些信息而人口普查数据库中有的话，

[1] ［美］马克·波斯特．信息方式．范静咏译．北京：商务印书馆．2001:130.

他便可以利用人口普查数据库来挖掘他想要查的雇员的任何信息。关系数据库已经在它们的结构中内置了与其他数据库结合的能力，它们形成了巨大的信息储量，几乎把社会中的每一个个体都构建成一个对象，并且原则上能够包括该个体的几乎所有信息——信用评定数据、服役记录、人口普查资料、教育经历、电话记录等等。[1]

这种相互联接的网络数据库能够毫无遗漏地收集着个人随时随地遗留在任何地点的购物、交易、注册、登记等信息，通过检索、整理，一个数字化的个人便会出现在数据库中。数据库之所以高效，只是因为其信息瞬间即可获取，但同时它还必须具有量大面广的参照人口。近乎全部的覆盖率和瞬间获取性是一个好数据库的特征。[2]

（三）公开监视对个人隐私的影响

1. 自我建构的丧失

韦斯廷认为，隐私保护了对社会规范轻微的不顺从。一些与社会规范不符的行为因为隐私而免于遭受处罚。根据这一说法，隐私赋予了个人以无需其他人介入或干扰，而按照自己的意愿行为的可能性。而“我们大多数人盼望有一个有限的领域，在那里我们可以缓解来自他人的判断，不然也许会窒息而死。”[3] 隐私领域恰恰就是这样一个允许自己不顾忌他人如何判断自己，可以自由行动、自由选择的领域。在这一只有自己才能接触到的领域内所发生的个人行为是自我构建的重要一部分，甚至是比其他的公开社会角色和行为更加重要的自我认同的基础。

关于隐私对个人自我建构的重要性，赖因•埃曼（Rein Èman）曾经指出：“隐私对作为人的自我的创造很有必要，因为自我至少在某种程度上是将他的存在、他的想法、他的身体、他的行为视为自己的人。”戴维•J•库普弗（David J. Kupfer）指出：“隐私有益于自治个体的形成和维系，通过使他们能控制是否他们的物理或心理存在变成另一个人的经验的一部分。恰恰是这种控制对他们认为自己是自我决定的个体很有必要。”[4]

---

[1] [美] 马克•波斯特．第二媒介时代．范静咏译．南京：南京大学出版社 .2000:123.

[2] [美] 马克•波斯特．信息方式．范静咏译．北京：商务印书馆 .2001:54-55.

[3] [美] 丹尼尔•沙勒夫．隐私不保的年代．林铮顗译．南京：江苏人民出版社 .2011:79.

[4] David J. Kupfer.Privacy, autonomy, and self-concept. American Philosophical Quarterly. 1987: 81-89.

隐私对个人的自我建构有着重要的价值，如果没有隐私将没有自我。如果没有隐私，将自己与其他人相区分将是很困难的，甚至是不可能的。因为没有行为或思想被称为是原创性的。没有隐私，一个人就不会是创造者或发起人，而只能是其他人或个体的复制者或实施者。

隐私对个体建构自我之所以至关重要，是因为无外人涉入。相反，当私人领域处于观察之中时，情况将发生颠覆性地改变。如果一个人意识到自己被观察，他可能就会意识到自己正成为被观察的对象。作为一个被观察的对象，他就会不会完全根据自己的意愿或喜好构建自己的行为，而是也希望与他所感知到的其他人预期的他的行为保持一致。一个被观察对象的行为永远不能被理解为自己的行为实体。其他人的观察或期待能够自动产生影响的原因可能根源于期望被其他人接受，或者希望以某种方式影响观察者的愿望，或者不会引起其他人的反感或厌恶。不管动机是什么，成为被观察的对象这一事实本身就足以使个人做出独处的时候不会做的行为方式。也就是说，他人的观察将会使人丧失构建自我的能力。如果我们每个人无论在任何情况下都按照他人的期待说话或行为，那么结果可能会是形成一个道德标准得到完全贯彻的社会，毕竟，“如果知道每一个行为都能别其他人知道，谁还会去当杀人犯或者贼呢？”[1]谁还会爆粗口或不伦行为呢？而这样的社会也毕竟是一个完全透明的社会和千篇一律的社会，其中，每个人的行为都是重复的、类似的，每个人都不是独特的，都是可替代的。这样的社会是可怕的，是丧失原创性和根本动力的社会，个人在其中生活也毫无存在感。正是基于此，隐私不仅对个人的自我构建，而且对整个社会的发展都至关重要。

但是，在现代社会，出于社会治理的需要，政府权力部门通过各种控制手段，比如电子摄像头、网络技术以侵犯他人隐私的方式维护统治和管理。在这一背景下，个人建构个体身份已经变得越来越困难。

当个人意识到他们正在被观察的时候，他将会是因行为获得表扬的诱惑而改变其行为，这样他们就能回应观察者希望他们成为的样子。这不是更多的自治，而是更微妙的控制。没有被要求的隐私，将不会有自我（自治）。

[1] Lucas D. Introna.Privacy and the computer: why we need privacy in the information society. Metaphilosophy, 1997. 28(3): 259-275.

将自我与他人区分开来，如果不是不可能的，那也是极端困难的。各种行政机关和组织就是用各种网络数据库这一类似超级全景式监狱的手段来实施着对每个人的控制，扮演着乔治·奥威尔(George Orwell)在《1984》中提出的“老大哥”的角色。一旦当事人意识到这种观察的存在，其结果将会是个人自治和自我建构的丧失。

2. 圆型监狱使人无处躲避

1787年，实用主义哲学家边沁设计出了一个理想的监狱，并称之为“圆型监狱”（panopticon）。在这种监狱中，每个犯人都随时可能受到监视，而他们自己不知道在什么时候会受到监视，只能假定自己随时受到监视，从而创造出一种奥威尔式的“看不见的、无所不知的权威”的感觉。[1]

其所要实现的目标可能非常不同，甚至完全相反：如惩罚屡教不改的犯罪分子，看管精神病人，改造堕落者，拘押犯罪嫌疑人，雇用游手好闲者，扶养无助者，治疗病人，在任何一个行业中指挥顺从的下属员工或教育和培训正在开化中的种 族。一言以蔽之，它可以被应用于死囚牢、审前拘押所、监 狱、矫正院、教养院、工厂、疯人院、医院和学校等各种机构。

很明显，在以上所有这些机构中，被监视者受到监视者的监视越频繁，这种机构的目标就能够得到越好的实现。如果要实现理想的状况——如果这些机构的目的是实现这种状况的话，那么就必须确保每个人在任何时候都处于被监视状态。但是如果无法实现这种状况的话，那么我们就只能退而求其次，那就是让这些机构中每一个受监视者每时每刻都有理由相信自己正在受到监视，在任何时候都无法肯定自己不会受到监视，因此只能认为自己一直在受到监视。[2]

监狱的目的是为了使“罪犯的心智从犯法这种不理性转向规范这种理性”，

---

[1] [英]吉隆·奥哈拉.奈杰尔·沙德博尔特.咖啡机中的间谍.毕小青译.北京：生活·读书·新知三联书店.2011:192.

[2] Jeremy Bentham.Panopticon. quoted in.Jeremy Benthamf. The Panopticon Writings, ed. Miran Bozovic. London: Verso.1995: 29-95.

“要把囚犯还原到非囚犯状态，”“使犯法的人制度化地转为有用的人，”[1] 要达到此种改造个人的目的，就必须为囚犯创设一套“规范的权威”，一套“审慎的综合的详细标准”，以此确认非囚犯、囚犯、以及从一种状态转变为另一种状态的发展阶段。要实现这种转变，还必须有一种详细安排的生活方式。最后，还必须要有一套方法或体系，能够对每一个囚犯的转变进行跟踪记录。[2]

圆型监狱就是这样一种设计，它意指“一个能看到一切的人”。其结构设计使得囚犯不得不假定自己的行动时刻受到狱卒的监视。“因为不可能逃避或缓期接受全景之目的监督，囚犯只好接受规范的权威，接受这种规范的合乎理性的欢娱与痛苦系统。”[3] 按照那套规范标准活动和行为，进而达成从囚犯到非囚犯的转变。

在 19 世纪，圆型监狱受到技术上的局限。它既被要求在安排好的封闭受控空间中被监视者的亲自在场，也要求监视者的在场。狱卒在中心塔楼里，可以看到所有囚犯的牢房，这些牢房分布塔楼周围，窗子去全部朝向塔楼。窗子的位置使得囚犯不能确定狱卒是否在监视他。[4]

进入现代社会，圆型监狱已经不再是控制和治理犯人的一种手段，而是变成了对日常生活中的每个普通人进行监控的措施，它将每个人都预想成可能的犯人，将治理的犯人的话语逻辑应用到每个普通人身上。信息技术已经变成一个甚至边沁在最狂热的梦中都没有预见到的真实的圆型监狱。[5]

福柯借用边沁“圆型监狱”的概念，他把该机器“看作一种支配结构”，这一结构能界定规范、约束消极因素、观察从消极向积极的转变、并研究整个过程，以便使机器能够完善。[6] 这种圆型监狱的结构是，一个狱卒设岗在一个中央塔楼，他自己不会被这些犯人看到，但狱卒却可以观察到每一个犯人，因为所有犯人都被安排在围绕塔楼排开的单人囚室中，窗户全部朝向塔楼。这种圆型监狱的结构已经渗透至社会的各个层面。比如，看似正常的社会管

[1] [美] 马克·波斯特.信息方式.范静咏译.北京：商务印书馆.2001:123.

[2] [美] 马克·波斯特.信息方式.范静咏译.北京：商务印书馆.2001:124.

[3] [美] 马克·波斯特.信息方式.范静咏译.北京：商务印书馆.2001:124.

[4] [美] 马克·波斯特.第二媒介时代.范静咏译.南京：南京大学出版社.2000:125.

[5] Lucas D. Introna.Privacy and the computer: why we need privacy in the information society. Metaphilosophy . 1997. 28(3): 259-275.

[6] [美] 马克·波斯特.信息方式.范静咏译.北京：商务印书馆.2001:124.

理程序也可以起到这种监视的作用。档案记录就是对主体单向全盘监督的延伸。没有对主体行为的系统记录，监督便是不完全的。为了使全景监狱机器发挥作用，个体必须变成一个个案，记载细密的个人档案反映着他偏离规范的历史。[1]

福柯认为，在资本主义生活中，调控采取了“话语 / 实践”这一形式，它们对规范进行生产和再生产。在早期时代，权力是由贵族阶层的亲自在场和淫威暴力强制行使的；而在现代社会则不一样，权力是通过话语中的系统梳理、通过对日常生活的不断监视、通过对个体的规范进行无穷调适和再调适而实施的。现代社会可以被解读为一种话语，名义上的行动自由被他者无处不在的眼光所剥夺。圆型监狱被施加到所有地方，甚至施加到没有设置圆型监狱的场所。哪怕是为了保证自己的自由，自由个体也会要求有一个受压抑的他者，一个外部超我，一个不在场的父亲。[2]

狱卒这个权威能看到所有而又是隐形的。圆型监狱不仅仅是塔楼上的那个狱卒，而是施加于囚犯、把他或她构成为一个罪犯的整个话语 / 实践。圆型监狱是监狱的话语 / 实践构建主体的方式，即把主体建构成一个罪犯并把他或她规范化到一个洗心革面、重新做人的程序中。[3] 因此，边沁提出的改造囚犯意义上的圆型监狱被福柯用来指代现代社会中无处不在的对常人的控制手段。这是一种话语实践，因为它通过营造的无处不在的受监视感，塑造了被监视者的思维和行动方式，这是一种权力结构实施的方式。因此，我们的世界事实上是透明的，而且隐私是不可能的，因此最终我们总是在监视着自己。因此，在这种全景监狱中，狱卒的监视内化到每个囚徒的自我意识当中，他们按照被观察的方式从事行为活动，狱卒某天的偶尔缺席也不会改变这种自我意识。

到了信息社会，监督方式发生了改变。数字化是一种有效的控制手段。以数字信息为核心的网络数据库是圆型监狱的终极形式。在这个意义上，波斯特提出了“超级圆型监狱”（super panopticon）的概念，其意指一套没有围墙、窗子、塔楼和狱卒的监督系统。这种新的话语 / 实践便在社会场中运作，它重

[1] [美] 马克·波斯特 . 第二媒介时代 . 范静咏译 . 南京：南京大学出版社 .2000:125.

[2] [美] 马克·波斯特 . 信息方式 . 范静咏译 . 北京：商务印书馆 .2001:125.

[3] [美] 马克·波斯特 . 第二媒介时代 . 范静咏译 . 南京：南京大学出版社 .2000:118-119.

新构型了主体的构建。[1]

这种监督方式与之前最大的不同是，个人主动参与了这一监督过程。但是，其完全可能是在无意识地情况下加入的。它能在当事人的主体意识缺席的情况下，通过其身份证号、信用卡号、社会保险号、支付购物费用、到图书馆借书、驾驶记录、打电话等过程中遗留的零散的信息痕迹构建一个主体。在这种情况下，个人完全不知道有监视的存在，但又无时无刻不受到某些行政机关和商业企业组织的监视与控制。因此，人民大众已经受到监督的约束，并参与这一过程。社会保障卡、驾驶执照、信用卡、借书证等等，个人必须申办、必须随时准备好、并不断使用它们。每一次使用都被记录、编码并加进数据库中。许多情况下，人们自己动手填表；他们便同时既是信息源又是信息记录器。电脑的家庭联网构成了这种现象的一体化的顶点：调制解调器与生产者的数据库相连，消费者通过这个调制解调器订购产品，便在购买行为中将自己的数据直接键入了生产者的数据库。通过将数据库的话语植入每个人的日常生活，使个人习惯并适应这套话语逻辑，个人积极主动地参与并协助圆型监狱的运行。在超级圆型监狱中，当个人行为通过电话线与电脑化的数据库传播时，监视就开始实施，而销售人员只须键入极少量的数据。一个庞大而不露痕迹的操作展开了，而其中监视的政治力量却因受害人心甘情愿地参与而无法实施。[2]

数据库的话语，即超级全景监狱，是在后现代、后工业化的信息方式下对大众进行控制的手段。全民都参与了自我建构过程，把自己构建成超级全景监狱规范化监视的主体。我们认为数据库不是对隐私的侵犯或对中心个体的威胁，而是对个体的增值，一个额外自我的建构。[3] 它能在主体毫不知情的情况下，通过收集加工在各种行政管理部门和社会机构收集的数码痕迹在网络数据库中建构另一个自我。而且，个体是在缺席状态下被构建的，证实着该事件的只是一些诸如垃圾邮件等非直接的证据。比如，对于数据库而言，张某某便是这个名字下的各种域中的所记录的信息综合。所以对于所有进入数据库的那些机构或个人来说，张某某现在就有了一个能界定他这个人的新

[1] [美]马克·波斯特.第二媒介时代.范静咏译.南京：南京大学出版社.2000:118-119.

[2] [美]马克·波斯特.第二媒介时代.范静咏译.南京：南京大学出版社.2000:120-127.

[3] [美]马克·波斯特.信息方式.范静咏译.北京：商务印书馆.2001:132.

型存在形式，一个新的主体位置。数据库话语的表征构建了张某某这个主体，其构建形式虽是极度漫画式的，但却立刻可以获得。[1]这一额外自我可能在“真”自我根本不知发生何事时，就对“真”自我造成伤害。数据库的图型构成成分便存在于这种自我建构中。利奥塔在《后现代状况》中的结论“让公众自由进入记忆库和资料库。”[2]

在互联网环境下，随着智能手机和移动互联网络的普及，这种超级圆型监狱已经不限于由政府和企业组织掌控的网络数据库，生活在每个人身边的不具名的作为私人的个体同样可以成为实施监视、营造超级全景监狱的权力控制者。他们携带着随时记录和散布信息的移动互联网终端，不管到哪里都能迅速撷取信息与图像，而且咔嚓一按鼠标或者轻触手机键盘或屏幕就可以瞬间与这个世界分享它们。某个你从未熟悉或知晓的陌生人可以拍摄你的照片，把它张贴到互联网上，与无数的人分享它。在这个过程中，个人成为了监视和观察权力的实施者，意识到这种权力结构存在的个体被迫改变行为方式，即便是在理想的私人领域中也要时刻警醒不能失范、越轨。这是一种更加微妙的话语实践，它将个人的行为逻辑纳入到了作为私人的个体的观察视野当中，使个人丧失了自主性。

二、秘密监视：国家安全与隐私的边界

(一) 斯诺登爆料“棱镜计划”

爱德华·约瑟夫·斯诺登（Edward Joseph Snowden）前美国中央情报局雇员，美国国家安全局技术承包人，过去四年一直为美国国家安全局工作。因于2013年6月将美国国家安全局关于PRISM（棱镜计划）监听项目的秘密文档披露给《卫报》和《华盛顿邮报》而“一举成名”。

2013年5月，斯诺登以治疗癫痫为由申请暂时离职并获得批准。离开美国时，他已在国防承包商博思艾伦咨询公司（Booz Allen Hamilton）工作了不到3个月，职务是在夏威夷的一处国家安全局设施内担任系统管理员。5月

[1] [美] 马克·波斯特. 第二媒介时代. 范静咏译. 南京：南京大学出版社 .2000:124-126.

[2] [美] 马克·波斯特. 信息方式. 范静咏译. 北京：商务印书馆 .2001:133.

20日，他飞抵香港，入住美丽华酒店（The Mira Hotel），在此将秘密文档披露给《卫报》并接受该报采访。6月5日，《卫报》发表美国的外国情报监视法院 (FISC) 的一道绝密命令，责令威瑞森通讯公司的一个商业分支逐日提供“包括地方电话通话在内的美国境内所有的”以及“美国和外国”所有电话通话的元数据。6日，先是《卫报》、20秒钟以后是《华盛顿邮报》披露了据称能让国家安全局实时评估电邮、网页搜索以及其他互联网通讯的“棱镜”项目。美国国家安全局和联邦调查局直接接入9家美国互联网公司中心服务器，挖掘数据以搜集情报，微软、雅虎、谷歌、Facebook、贝宝聊天、YouTube、Skype、美国在线和苹果9家美国互联网公司参与了这一项目。

这项计划的目的号称“是要获知世界上每个人说的每一句话和做的每一个动作”。对网络上的所有流入和流出美国的通信数据以及储存在美国的既存数据进行深度监听。许可的监听对象包括任何在美国以外地区使用参与计划公司服务的客户，或是任何与国外人通信的美国公民。NSA 通过参与棱镜计划的科技巨头们，可以获得被监听对象的所有电子邮件、视频和语音交谈、视频、照片、网络通话、文件传输、登录下线等活动通知以及社交网络细节。

照斯诺登的说法，“美国国家安全局已搭建一套基础系统，能截获几乎任何通信数据。凭借这样的能力，大部分通信数据都被无目标地自动保存。如果我希望查看你的电子邮件或你妻子的手机信息，所要做的就是使用截获的数据，然后就能获得你的电子邮件、密码、通话记录和信用卡信息。”

斯诺登知道，棱镜计划是对互联网自由和基本人权的恣意侵犯。他说，“他们的所作所为是对民主的威胁。”他认为，互联网的价值，以及基本的隐私，正被无所不在的监控迅速破坏。“我不认为自己是一个英雄，”他说，“因为我所做的是维护自身利益：我不想生活在一个没有隐私的世界，不想生活在一个不给知识探索和创造力留空间的世界。”他决定放弃自己现有的舒适生活，包括20万美元的年薪、大好的前途、一起同居在夏威夷的亲密女友以及深爱的家人：“我愿意牺牲所有的这一切，因为我不能昧着良心，让美国政府依靠着他们秘密建造的大型监视体系，去摧毁全世界人民的隐私、网络自由和基本权利……我希望能让公众知道，这些以他们的名义所做出来的事情，其实是在对付他们。”

但是，美国官方却不这样看。6月12日，在美国国会参议院情报委员会举行的听证会上，美国国家安全局局长亚历山大辩称，美国所实施的大规模秘密监控是维护美国安全所必需的“有效手段”，监控手段经由国会批准。这些监控项目在纽约、芝加哥等地摧毁或帮助摧毁了恐怖分子的破坏图谋。他认为，斯诺登的“泄密”行为损害了国家安全局的行动能力，其结果是令美国及盟友已不像两周之前那样安全。他们已经利用斯诺登曝光的手段阻止了数十起恐怖阴谋。亚历山大还认为，这些监视行为符合美国法律。奥巴马此前也要求公众“明白100%的安全和100%的个人隐私不可兼得，每个人都不得不有所取舍”。[1]

（二）国家安全与隐私权的冲突

斯诺登曝光的“棱镜计划”引起国际各界对美国政府的一派指责之声，强大的监视监听技术使得看到、听到每一个人的动作、声音成为可能。人们担心这样一来人们将会生活在一个完全透明、公开化的环境中。而在这样一个“玻璃世界”，何谈隐私。珍视自由是美国社会的传统，美国人民对政府有着天生的怀疑。托克维尔在热情洋溢地肯定了美国公民高度的乡镇自治精神时，不忘对此作出说明：美国的居民从小就知道必须依靠自己去克服生活的苦难。他们对社会的主管当局投以不信任和怀疑的目光，只在迫不得已的时候才向它求援。[2] 按此逻辑，“棱镜计划”的曝光本该遭到美国民众一边倒似的反对，但是实际情况却并非如此，一向对美国政府保持警觉的美国人民一反常态，没有一边倒地对政府破口大骂。美国独立数据机构皮尤中心2013年6月10日公布的民调结果多少出人意料：56%的美国公民表示，可以接受国安局为反恐跟踪对百万美国人进行电话记录监控，41%的人表示反对；45%的受访者表示，若政府的数据秘密收集项目真能阻止另一次类似“9·11”

---

[1] 根据维基百科和新闻报道整理．展江．《“吹哨人”斯诺登：金哨？黑哨？》．新京报 2013年6月22日；江楠．《棱镜门和<一九八四>的突然畅销》．《新京报》2013年6月17日；七猫编译．《棱镜计划泄密者斯诺登：叛国者 or 救世主？》．《南都周刊》2013年第23期；胡超平．林徽道编译．《逃亡的PRISM泄密者斯诺登》．《南方都市报》2013年6月16日；陶短房．《美国“棱镜门”拷问安全和隐私边界》．《新京报》2013年6月13日；Glenn Greenwald. EwenMacAskilland LauraPoitras. The Guardian, Monday 10 June 2013, 维基百科:http://zh.wikipedia.org/zh-cn/%E7%88%B1%E5%BE%B7%E5%8D%8E%C2%B7%E6%96%AF%E8%AF%BA%E7%99%BB,2013.6.29.

[2] [法]托克维尔．论美国的民主（上卷）．董果良译．北京：商务印书馆 .1988:213.353.8.

的恐怖袭击，那政府就应该进一步加大对民众网络活动的监控。[1]

是什么让崇尚自由至上，视政府为侵犯隐私的首要敌人的美国民众保持沉默？答案是——国家安全。当政府的窃听以“国家安全”这一合法目的为初衷时，似乎个人隐私就要败下阵来，政府在以国家安全为自己的行为辩护时也更加理直气壮。当政府为保护国家安全为由实行监督时，公民保有隐私的合理区域与远离政府干预生活这两个行为之间的关系确实会更加紧张。[2] 但是，人们感受到的对隐私的威胁似乎就不那么强烈了。之所以会这样，可能与亲眼目睹飞机撞上世贸中心和五角大楼的恐惧感受有直接关系。“9·11”恐怖袭击之后美国人感觉到需要采取激烈的措施阻止新的攻击并且重建被打破的安全感。因此，“国家安全”和“反恐”成为比个人隐私重要得多的公共利益。公民个人能够容忍为“国家安全”这样的公共利益让渡部分个人隐私，即，当隐私权在社会紧急状态威胁到国家、人民利益时，其权利本身要受到削弱和限制。[3] 皮尤中心的调查结果也恰恰表明，越来越多的美国人表示愿意让渡部分个人隐私，以维护国家安全，重建被“9·11”恐怖袭击摧毁的安全感。

国家安全和个人隐私的边界究竟在哪里，对其进行平衡的标准究竟是什么，这是一个悬而未决的难题，但是斯诺登事件至少已经提醒现代社会中的人们讨论这一问题的必要性。就像《纽约时报》在评价斯诺登的历史贡献中提到，“如果不是斯诺登，我们不会有立法来支持隐私保护、要求更多监督……而且，关于自由和安全之间恰当的平衡点在哪里，美国人和隐私观更加严格的欧洲人之间也不会进行一场严肃的辩论。”[4]

事实上，公共安全和个人隐私一直处于博弈状态，民众对其优先性的感知一直处于变动之中。随着社会的发展和情势的变更，在一些具体事件中，人们的某些固有价值，包括对政府、对隐私的看法可能会发生改变。

但是，不管民众对待“棱镜计划”的态度如何，秘密监视监听已经成为

[1] 邵乐韵．监控．各国都是狠角色．新民周刊 .2013.6.26. http://www.xinminweekly.com.cn/News/Content/2497，2014.4.5.

[2] Patricia Mell.Big Brother at the Door: Balancing National security with Privacy under the USA PATRIOT ACT. Denver University Law Review. 2002(80): 375.

[3] 张新宝．隐私权的法律保护（第二版）．北京：群众出版社 .2004:184.

[4] 《纽约时报》：“如果没有斯诺登会怎样？”2013.6.27.http://news.xinhuanet.com/world/2013-07/02/m_124940541.htm, 2014.2.23.

一个既成事实，而且所谓的“秘密”也越来越不具有隐蔽性。“棱镜计划”也许是美国政府的独创专门术语，但是政府的秘密监视监听却不是美国政府的专利。至少“棱镜计划”的曝光已经明示或暗示所有人，其在自以为的隐私领域内的一举一动都可能在国家政府的“千里眼”和“顺风耳”的掌控范围之内。

隐私观念之一所谓的“控制私人领域免受侵扰”之“控制”意味着个人有选择被侵扰或者不被侵扰的可能性，但是在政府的公开和秘密监视监听中，这种所谓的选择性是根本不存在的，越来越多的民众同意为国家安全让渡部分隐私也并不说明是对个人隐私的控制，因为即便民意调查的结果相反，民众反对为安全出让隐私，政府依然不会在监视监听的决策上做出任何改变，所以所谓的控制实则自欺欺人。面对强大的国家政府为安全之名进行各种公开的和秘密的监视监听，所谓“对私人领域进行控制”基本是不可能的事情，它通过假定每个人都有成为嫌疑犯的可能，使每个人的私人领域都具有了公共的意义。这在某种程度上是现代性背景下，国家权力机器不断强化而私人领域步步后退这一大的国际趋势的反映。

三、政府信息公开中的隐私侵犯

在政府对个人隐私的侵犯中，还有一种类型是政府信息公开中的隐私侵犯问题。政府信息公开近半个世纪以来是一种世界趋势。

(一) 政府信息公开与知情权

早在1776年，瑞典就制订《出版自由法》，成为最早确立公众有知晓政府信息权利的国家。但直到上个世纪四五十年代，政府信息公开才重新被提上政治议程。首先是在美国，随着罗斯福新政的推行，美国政府机构迅速膨胀，现代大政府的建立，使得公众对政府的了解越来越少。在这样的背景下，公众和媒体开始担心如何行使对政府的有效监督。当时的美联社社长肯特·库柏（Kent Cooper）首提“知情权”（the right to know）概念。1945年1月23日，库柏著文指出公民应当享有更广泛的知情权，不尊重公民的知情权，在一个国家乃至在世界上便无政治自由可言。[1] 随后，新闻界和律师界联手进行了知情权运动，终于迫使美国政府出台《信息自由法》，通过不断完善，如今美国建立了较为完善的信息公开制度 [2]。现代意义上的政府信息公开法律是美国 1966 年生效的《信息自由法》，今天已经成为包括中国在内的世界各国立法和学术研究的蓝本。《信息自由法》确立了如下重要原则：现代社会要求政府以信息公开为常规，以保密为例外，由此保障社会透明度。

在美国的影响下，目前世界上已经有 90 多个国家和地区制定了专门的信息公开法、信息自由法或者保障公众知情权的立法。[3] 特别是近 20 年来，形成政府信息公开立法高潮。如 1978 年 7 月 17 日，法国通过了第 78 － 753 号“关于改善行政机关与公众关系的各种措施以及其他行政、社会和税收秩序规定的法律”，该法第一篇题为“自由获取行政文件”，其中第一条明确规定，公民在自由获取行政文件方面享有信息权。日本国会于 1999 年 5 月 14 日颁布《关于行政机关拥有的信息公开的法律》；英国的《信息自由法》2000 年颁布，2005 年正式生效；2005 年 6 月 3 日，德国《信息自由法》由德国联邦议会通过并于 2006 年 1 月 1 日正式生效。台湾《政府资讯公开法》于 2005 年公布施行。

中国的《政府信息公开条例》于 2007 年出台，2008 年 5 月 1 日开始实施，这一条例的出台与那一时期突发公共事件的频发有直接关系。2003 年初，“非典”在我国蔓延，起初，卫生部门和地方政府在传统管理思路的影响下一味隐瞒真相，这不但在广大人民中造成恐慌，而且造成疾病的进一步肆意蔓延。但由于国家采取果断措施，2003 年遂成为重大突发公共卫生事件引发的政府信息公开元年。2007 年以来，从应对重大突发性的公共卫生事件和安全生产事件着手，国务院着力推动政府信息全面公开，其主要成果就是《政府信息公开条例》。

（二）政府信息公开法对知情权与隐私权的调整

在这些信息公开法律中，基本都将个人隐私视为信息公开的例外。有学

[1] 宋小卫 . 美国《情报自由法》的立法历程 . 新闻与传播研究 .1994 (2):80-87.

[2] 这里所说的信息公开和信息自由是一个概念。英文 freedom of information 直译即为信息自由 . 但在世纪之交中国推进相关立法时 . 为便于推进工作 . 将之翻译为信息公开较为妥帖。

[3] www.article19.org/pages/zh/resource-language.html, 2014.4.4.

者在对多个国家和地区信息公开例外进行总结后发现，“不得泄露个人信息，政府机关所获取的个人信息免予公开”[1]成为共同的例外原则。

以距离大陆较近的台湾为例，台湾《政府资讯公开法》中将私密资讯作为公开限制，“公开或提供有侵害个人隐私、职业上秘密或著作权人之公开发表权者。但对公益有必要或为保护人民生命、身体、健康有必要或经当事人同意者，不在此限（第1项第6款）”。

中国《政府信息公开条例》中也有类似规定，如第14条中规定，“行政机关不得公开涉及国家秘密、商业秘密、个人隐私的政府信息。但是，经权利人同意公开或者行政机关认为不公开可能对公共利益造成重大影响的涉及商业秘密、个人隐私的政府信息，可以予以公开。”第23条规定，“行政机关认为申请公开的政府信息涉及商业秘密、个人隐私，公开后可能损害第三方合法权益的，应当书面征求第三方的意见；第三方不同意公开的，不得公开。但是，行政机关认为不公开可能对公共利益造成重大影响的，应当予以公开，并将决定公开的政府信息内容和理由书面通知第三方。”

隐私权是政府信息公开的例外，是对公众知情权的限制性原则已经成为一种国际共识，在满足公众对于公共事务的知情权的同时要防止损害个别人的隐私权或隐私利益。

(三) 政府信息公开中的隐私侵犯与权利冲突

由上可以看出的是，政府信息公开中，可能涉及的是隐私权与公众知情权、公共利益、公共权力之间存在一定的权利（力）冲突问题。不同国家对待这些冲突会有不同的倾向，出现权利侵害的情况也屡见不鲜。

在美国，当知情权与隐私权发生冲突时，其更倾向于保护知情权。如《美国公民自由联盟诉国防部案》[2]（ACLU vs. Dept of Defense）。2003年，公民自由联盟就连同其它几个非盈利组织向多个政府部门提出申请，索要如下资料：美军监管的海外监狱是如何对待囚犯的，囚犯的死亡情况，以及怎样把囚犯转移到有酷刑的国家。由于没收到政府回应，公民自由联盟在2004年7月提起诉讼，索要资料列表里明确提到尚未曝光的虐囚照片。作为被告的政

[1] 刘华．论政府信息公开的若干法律问题．政治与法律．2008 (6): 66-71.

[2] American Civil Liberties Union v. Department of Defense Case No: 04-CV-4151 (ACLU v. DoD).

府方面以保护被囚者隐私为由不予提供。2005 年 9 月，联邦地区法院驳回了被告的抗辩理由。法院认为，经过处理的照片可以在很大程度上避免侵犯被囚者的隐私。虽然经过处理的照片也会在某种程度上披露其隐私，但其中涉及的公众利益“远远超出这些臆测的个人隐私侵犯”。政府方面不服联邦地区法院裁决，提起上诉。2008 年 9 月，第二巡回上诉法庭的三位法官一致裁决：维持原判。不过，2008 年 11 月 30 日，最高法院撤销了上诉法院的判决。[1]最后的结果现在不得而知，不过需要说明的是，该案中除隐私权抗辩理由外还有其他理由，且早在 2004 年 4 月哥伦比亚广播公司已经公布了部分虐囚照片，从中可以看出美国保护公众知情权的偏向。

同样在美国，1971 年，格特曼（Getman）向政府申请获取选民地址和姓名信息，法庭认为所构成的隐私侵权是“微小”的，因而判决将信息全部提供给格特曼随意使用。[2]

当然，美国也有保护个人隐私的案例。如，《司法部诉新闻记者自由委员会案》[3]（U. S. Dept. of Justice v. Reporters Committee for Freedom of Press）。美国 CBS 记者及新闻自由报道委员会申请提供梅迪科 (Medico) 家庭成员的犯罪记录，该名记者尤其指定要求取得其中 4 位家庭成员的前科纪录。联邦调查局拒绝了上述请求。在其中的 3 人死后，联邦调查局提供了这 3 位成员的前科纪录，但没有梅迪科的前科纪录。新闻记者自由委员会依据《信息自由法》主张即使该记录涉及隐私也应公开，因其关乎重大公共利益——传闻梅迪科因涉嫌行贿国会议员从而取得与国防部签订国防契约的机会。最高法院对此作了精辟的阐释：该前科记录并不能证实也不能消除他与议员非正当关系的传闻，更确切地说，该记录不能直截了当地体现该议员的不当行为，以及国防部与其签约的行为。并进一步指出，尽管在刑事犯罪记录当中，尤

[1] S.D.N.Y., Index No. 04 Civ. 4151 (AKH) (direct) .ACLU et al. v. Department of Defense (Seeking access to government documents under FOIA) . http://www.nyclu.org/case/aclu-et-al-v-department-of-defense-seeking-access-government-documents-under-foia.2014.4.4.

[2] United States Court of Appeals. Case of Julius G. Getman v. National Labor Relations Board [EB/OL].(1971-08-31)[2009-03-20].http://vlex.com/vid/julius-getman-national-labor-relations-36753912. 2014.4.4.

[3] United States Department of Justice v. Reporters Committee for Freedom of the Press, 489 U.S. 749. 1989.

其是与行政官员或机关有关的犯罪记录中，毫无疑问地存在着一定的公共利益，但信息自由的中心目的是保障政府的行为处于公众雪亮眼睛的审视之下，而不是公开处于政府保管之下的个人信息。因此，判决认定将联邦调查局所持有的刑事犯罪记录提供给第三者，构成对隐私权的不必要侵害，不应提供。[1]

美国倾向于一定程度上牺牲个人隐私保障公众的知情权，而中国处理知情权与隐私权的实践则十分吊诡，隐私权时而成为政府剥夺公众知情权的冠冕堂皇的理由；时而又成为信息公开中不必要的牺牲品。

一方面，尽管《政府信息公开条例》对信息公开与隐私做了协调，但现实中以隐私权为幌子损害知情权和信息公开中侵害隐私权的现象屡见不鲜。如广西兴安县国土资源局网站的领导公示信息一栏，局长照片栏为空白，数名副局长和党组成员的公示照片被打马赛克。该县国土局纪检负责人解释说这是此前该局数名领导接到过敲诈信，为避免麻烦和保护个人隐私考虑，不得已出此下策。[2]媒体经常报道这种打着保护隐私权的幌子侵害公众知情权的例子。而另一方面，政府在信息公开中侵害个人隐私的例子也十分常见。如在计划生育工作中，为所谓方便监督和报销透明，把已婚妇女姓名、身份证号、家庭住址、避孕方式统统公布出来。[3]当然，更为严重的情况是，个人信息被政府部门贩卖赢利，类似办完结婚登记、新车上户、考试报名等和政府有关的事项后就接到垃圾广告短信的情况经常见诸报端。

因此，中国在平衡知情权和隐私权这个问题上，存在两头都靠不住的情况。其最终结果只能是两败俱伤，既不能满足公众对公共事务的正当性知情权，又牺牲了他人不必要的隐私利益，这一现实情况亟需改善。

（四）隐私权与知情权的协调原则

---

[1] U. S. Dept. of Justice v. ReportersCommittee forFreedom ofPress,489 U. S. 749,109 S1Ct11468.1989.
司法部诉新闻自由记者委员会，美国最高法院1989年案例，转引自许莲丽．论违法行为信息公开中的隐私权保护．行政法学研究.2010(1):139-144.

[2] 政府网站为防敲诈给领导照片打马赛克．南国早报.2012.12.19.http://news.163.com/12/1219/10/8J33NIB800011229.html, 2014.4.4.

[3] 不能为了所谓知情权粗暴践踏公民隐私权．鲁中晨报.2013.3.13.透明中国.http://www.chinatransparency.org/newsinfo.asp?newsid=16569, 2014.4.4.

事实上，对于如何协调知情权和隐私权是一个国际难题，以下原则可以作为解决这一问题的适当指导：（1）公共利益优先原则。（2）利益衡量原则。（3）最大限度维护人格尊严原则。（4）有限的公众合理兴趣原则[1]。（5）可克减性原则。（6）程序正当原则[2]。

其中，将公共利益置于隐私权之上是大多数国家普遍认可的规则，这一点在上述相关法律中已经得到认可。在公法中的诉讼领域和私法领域，利益衡量是确定法律优先保护哪种权利的主要标准。[3]在政府信息公开过程中，有时会不可避免地泄露个人隐私，但应最大限度地维护人格尊严，特别是当个人隐私与公共利益、公众知情权无关时，要最大限度地维持个人尊严，即使是对待行政处罚相对人、违法犯罪人员亦应如此。在政府信息公开中，还涉及官员个人隐私问题。一般来说，由于官员态度、行为往往涉及公共利益，其个人隐私范围会较一般人少，如官员的个人财产状况一般应予以主动公开，而一般人则属于隐私。因此，在这方面，应维护公众对官员隐私的适当兴趣，这有助于将官员和政府置于监督之下，防止腐败现象的发生。隐私权虽然是受到各国法律保护的基本人权，但它是一个可克减的权利。根据联合国《公民权利和政治权利国际公约》第四条和第十七条精神，在社会紧急状态威胁到国家的生命并经正式宣布时，隐私权是一种可克减的权利。至于程序正当原则，指的是行动应符合基本的程序规范，其核心思想有两点：一个人不能在自己的案件中做法官；人们的抗辩必须公正在听取。[4]以上这些原则是协调知情权与隐私权的基本原则。

在这些原则的运用方面，不同国家也有不同的倾向。如前面所说的美国和欧盟。美国由于历史文化原因，对政府侵犯个人隐私制裁比较严厉，而对非政府机构处理个人信息方面，则采用了较为宽松的方式，不像欧盟那样，承认隐私权是一项基本的宪法权利。不过，由此也可以看出的是，在对待政府侵犯个人隐私方面，大多数国家都采取了较为严格的限制措施。

---

[1] 高立忠．隐私权与知情权的法律边界．社会科学家 .2008(6):71-74.

[2] 业国强．周丹丹．论政府信息公开与个人隐私保护．2013-08-20,http://www.njjnqsfj.gov.cn/www/jnsfj/jyjl-mb_a391308203459.htm, 2014.4.4.

[3] 汪习根．陈焱光．论知情权．法制与社会发展 .2003(2):62-74.

[4] [英]韦德．行政法．徐炳译．北京：中国大百科全书出版社 .1997:95.

第三节 媒体与隐私侵犯

隐私权从诞生之日起就与媒体结下了不解之缘。19世纪末期，“黄色新闻思潮”下，报纸记者携带便携式照相机，用窥探他人私生活的方式满足报社和读者的需求，隐私权的意识受此刺激而萌芽。至今，各种各样的媒体平台更以前所未有的方式对个人隐私构成威胁。

一、对报纸的义愤与隐私权的诞生

（一）黄色新闻思潮

19世纪末期，西方社会发生了翻天覆地的社会转型，各国纷纷转向工业化、城市化。其间出现了大量商业性大众报刊，有几分类似于20世纪末崛起的互联网。从1850年到1890年美国报纸发行量增长近10倍，它们竞争激烈，并广泛深入地渗透了整个社会。[1]数量激增的商业报纸用通俗化的手段吸引更多的读者。“更大的标题、更可读的故事、照片和颜色的点缀”都是非常有效、实用和可取的技巧。记者用“骇人听闻、华而不实、刺激人心和满不在乎的那种新闻阻塞普通人所依赖的新闻渠道，把人生的重大问题变成了廉价的闹剧，把新闻变成最适合报童大声叫卖的东西。”[2]

此时，煽情主义已经发展成了以“大图片 + 大标题”为形式、以耸人听闻为特征的“黄色新闻思潮”（“yellow journalism”），报纸版面被“罪恶、

[1] 展江．吴薇主编．开放与博弈——新媒体语境下的言论界限与司法规制．北京：北京大学出版社 .2013:217.

[2] ［美］迈克尔·埃默里等．美国新闻史——大众传播媒介解释史（第九版）．展江译．北京：中国人民大学出版社 .2009:197.

性和暴力”占据。严肃的新闻工作者《民族》（The Nation）[1] 的主编埃德温·劳伦斯·戈德金（Edwin Lawrence Godkin）1889 年对这种低俗化、煽情化的新闻事业提出了尖锐的批评：“在任何一个基督教国家中，一家黄色报馆在气氛上大概是最像地狱的了。因为没有一个地方能比黄色报馆更适合把一个青年训练成永远遭人唾骂的人。”[2]

（二）瞬间摄影术的发明

工业革命为美国带来了一系列先进的技术，其中一种照相机的发明和销售更加直接地威胁当时人们的私生活。这种照相机允许瞬间摄影，便携式随身携带，能在被拍摄对象完全不知情的情况下拍下照片，即使是非专业的摄影师也能操作，它允许任何人对任何人拍照。柯达公司创始人乔治·伊斯门（George Eastman）说，这种照相机完全改变了将拍照的那些人的概念。拍照不再是专业人士和富裕的爱好者的领域，而有千千万万的人来实践。摄影作为一个爱好变得越来越流行。[3]

纽约市的照相机和业余摄影的流行产生了一种摄影“文化”，这种文化赞扬捕捉到当事人的“真实感觉、特征和个性，”当当事人没有意识到拍摄者的存在时才是最好的记录。因为这种摄影“文化”必然导致对不知情的当事人的隐私的侵犯，因此，它是纽约州的立法机关承认隐私权的强有力的推动力。[4]

《隐私权》正是在“黄色新闻思潮”和便携式照相机的流行这一背景下写作。

当时，出身富家的沃伦夫人在家中举办了一系列社交娱乐活动。波士顿报纸《星期六晚报》（Saturday Evening Gazette）用被认为是高度私人化和令

---

[1] 《民族》是美国现存最早的连续出版的周刊。1865 年由经济学家埃德温·劳伦斯·戈德金（1831- 1902）创办。是一份以知识分子为主要读者的小众意见杂志。但对精英界影响不小。戈德金除了创立《民族》杂志之外，还在 1883-1899 年任美国现存最老的日报《纽约晚邮报》（New York Evening Post）的总编。

[2] [美] 迈克尔·埃默里等 . 美国新闻史——大众传播媒介解释史（第九版）. 展江译 . 北京：中国人民大学出版社 .2009:207.

[3] Robert E. Mensel. “Kodakers Lying in Wait”: Amateur Photography and the Right of Privacy in New York, 1885-1915. American Quarterly. 1991. 43(1): 24-45.

[4] Robert E. Mensel. “Kodakers Lying in Wait”: Amateur Photography and the Right of Privacy in New York. 1885-1915. American Quarterly. 1991. 43(1): 24-45.

人尴尬的细节报道了她举办的派对。报纸在沃伦夫妇女儿婚礼那天大显身手，以头版头条报道婚礼，沃伦很烦恼，于是求助律师搭档布兰代斯，二人合作完成了《隐私权》。[1]

作者严厉谴责了窥探他人私生活的新闻媒体，将擅长违背个人意志公开信息的大众传媒视为威胁受到美国人重视的“个人独处”方式的主要敌人：

最近的发明和商业手段使人注意到保护托马斯•麦金泰尔•库利（Thomas McIntyre Cooley）法官所说的个人和个体的“独处”必须采取下一步行动。瞬间摄影和报纸企业已经侵入了神圣的私人领域和家庭生活；无数的机械设备威胁着使“壁橱里的窃窃私语应该在屋顶上大声宣布”这个预言成真。

新闻界正在各个方面明显逾越正当、庄重的界限。闲话不再是游手好闲之人和品行不端之人的资源，它成为一种交易，可以通过勤劳工作和厚颜无耻而获得……为了吸引好逸恶劳之人，报纸的大量版面充斥着毫无价值的闲话，这些闲话只有通过侵扰他人家庭生活方能获得。[2]

因此，从诞生之时起，隐私权就与大众媒体结下了不解之缘。

至今，无论在任何国家，大众媒体都是侵犯隐私的主要敌人之一。在关于隐私权的判例中，新闻媒体占据强势的比例。进入互联网时代之后，由于信息的链接、分享、收集变得更为便利，网站或个人侵犯他人隐私的案例更是越来越多。

二、新闻自由与隐私权的冲突

新闻自由起源于英国，随着近代资本主义经济和政治制度的形成和发展而逐渐演变的。在英国的影响下，新闻自由在美国建国后得到了比较充分的发展。在西方其他国家，新闻自由的形态因具体历史条件、政治结构、新闻界与政府的力量对比的不同而存在着种种差异，但是新闻自由的基本精神趋

[1] William L. Prosser. Privacy. Cal. L. Rev. 1960(48): 383.

[2] Samuel D. Warren and Louis D. Brandeis. The right to privacy. Harvard law review. 1890:193-220.

于一致。在当代，世界上大多数国家所认可的新闻自由是一种普遍的公民权利。

1948年，联合国大会通过《世界人权宣言》。它的第19条规定：“人人有权享有主张和发表意见的自由；此项权利包括持有主张而不受干涉的自由，和通过任何媒介和不论国界寻求、接受和传递消息和思想的自由。”

《世界人权宣言》不是一项国际公约，不具有法律约束力，但它为后来国际人权活动奠定了基础。1966年，联大通过了《国际人权公约》，即《经济、社会、文化权利国际公约》和《公民权利和政治权利国际公约》，于1976年生效。《公民权利和政治权利国际公约》所确认的权利大体上与《世界人权宣言》中公布的个人权利和政治权利相当。它的第19条规定：“人人有权持有主张，不受干涉。人人有自由发表意见的权利，此项权利包括寻求、接受和传递各种消息和思想的自由，而不论国界，也不论口头的、书写的、印刷的、采取艺术形式的、或通过他所选择的任何其他媒介。”但是这些权利的行使要受到法律的限制。只有为“尊重他人的权利或名誉；保障国家安全或公共秩序，或公共卫生或道德”所需的情况下才能对此进行限制。

现代的隐私观念强调的是对个人信息的控制，其中包括未经允许不得随意公开个人信息；未经允许不得随意进入私人空间。这两种最主要的隐私含义都与新闻自由强调的获取、传播信息的自由有关。

因此，新闻自由、表达自由与隐私权存在着内在、天然的冲突和对抗。具体体现为传统新闻媒体在采访报道中的窃听他人电话、监视、侵入住宅等采访手段，以及公开他人私人信息。比如，2011年的《世界新闻报》窃听丑闻就是新闻媒体利用窃听手段获取报道材料而侵犯他人隐私的典型案例；2014年3月底“文章出轨，文姚笛恋”遭曝光也得益于媒体持之以恒的跟踪、偷拍和监视；在2011年的“深圳联防队员强奸案”中，大批媒体和记者未经当事人允许就私自进入受害者的私人住宅，拍下其凄惨、狼狈的样子后旋即公开，这一连串的行为已通过侵入住宅的采访手段和擅自公开他人信息构成了对当事人隐私权的侵犯。

在新技术环境下，“媒介技术的发展使人类一步步摆脱时间和空间的限制，消解了现实传播的确定性和时空限制，从而使人摆脱了偶然性的束缚，无止境地拓宽了传播的时空疆域；使传播成为不受时空制约、可以自主选择的自由传播，成为向无比广阔的领域、无限多样的形式开放的传播。”[1] 即时通讯、博客、播客、短信、电子商务、智能手机、微博、微信、社交网站等使个人践行新闻自由的成本大大降低，自由自在弥散式的信息分享与链接，使得侵犯个人隐私更加便利。

比如，在 2008 年的《莫斯利诉 < 世界新闻报 > 案》（Mosley v News Group Newspapers）[2]，时任国际骑车联盟（FIA）主席的莫斯利（Mosley）先生在其私人公寓与 5 名妓女进行性虐（SM）派对，过程被其中一名妓女用针孔摄像机偷录下来，著名小报《世界新闻报》刊载题为“F1 老板与 5 个妓女的病态纳粹狂欢”（F1 Boss has Sick Nazi Orgy with Five Hookers）的图文报道，并在其官方网站上挂载相关视频。之后，莫斯利向法院申请暂时性禁止令（interim injunction），法官认为他的请求虽然正当，但由于传播范围过广，禁止令已无实际效果。此后，莫斯利正式向法院起诉，请求救济公约第 8 条的隐私权。法官戴维 • 伊迪（David Eady）说，“现在法律为具有合理隐私期待的信息提供保护，即使不存在保密关系的情况下也是如此。”[3] 他说，1998 年《人权法》的通过要求这一结论。

这个案例中反映出来的相关价值就是公约第 8 条和第 10 条的权利。伊迪法官相信需要克服的第一个障碍就是需要表明是否存在一种合理的隐私期待，如果是的话，再衡量其与公约第 10 条的自由言论权利之间的比重。在衡量二者之间的重要性时，伊迪法官运用了新方法：第一，没有任何一种公约权利本身比另外一种公约权利更优先；第二，当公约第 8 条和第 10 条各自捍卫的价值发生冲突时，必须在个案中就具体情形对特定权利的重要性进行比较；第三，法院必须考虑干涉或限制任一种权利的正当性；第四，因此，必须在每一种情形均运用比例性测试标（proportionality test）。法院最终判定，莫斯利胜诉，并获得高额赔偿金。[4]

---

[1] 李欣人 . 人学视野下的媒介演进历程 . 山东师范大学学报 : 人文社会科学版 . 2006.50(4): 96-99.

[2] Mosley v News Group Newspapers [2008] EWHC 1777(QB).

[3] Mosley v News Group Newspapers [2008] EWHC 1777(QB).

[4] Mosley v News Group Newspapers [2008] EWHC 1777(QB), at Para.28. 转引自 : 郗伟明 . 论英国隐私法的最新转向——以 Mosley 案为分析重点 . 比较法研究 .2013,3:104-119.

三、不同文化下的新闻自由与隐私保护

新闻自由、言论自由在美国受到宪法《第一修正案》的保护，有深厚的法律和文化传统，这导致了当涉及到新闻媒体的表达自由侵犯隐私的案例时，隐私取胜的概率不高。而在欧陆国家，隐私关涉的是一个人的荣誉与尊严，相较于新闻自由，这一价值具有更高的地位。就像一个德国作者 1959 年所说的那样——那时，德国人开始重新主张他们独特的民族传统——当然在歌德的世界观和杰斐逊的世界观之间肯定有不可避免的冲突，对歌德来说，“人格”的发展是“世界上的孩子们最大的福气”，对杰斐逊来说，出版自由是一个自由社会必不可少的基础。[1] 这导致了两种不同的文化传统对新闻自由与隐私的权衡有不同的倾向。

对这种深层的文化和态度差异时，一个评论家这样说：

隐私不是美国人珍视的唯一价值。我们也珍视信息，正直和言论自由。我们期待自由发现和讨论我们邻居的秘密，名人，和公共事务。我们期待政府公开行政，即使那样会侵害有关人的隐私。最重要的是，我们期待媒体揭露真相并报道它——不仅仅是关于政府和公共事务的真相，还有关于其他人的真相。

法律也保护这些期待——当它们与隐私的期待相冲突的时候，隐私几乎每每败下阵来。[2]

比如，在《西普勒诉纪事报出版有限公司案》[3]（Sipple v. Chronicle Publishing Co.）中，美国法院没有为同性恋倾向被被揭露的原告提供救济。[4]

[1] Löffler, Persönlichkeitsschutz und Meinungsfreiheit, 12 N.J.W. 1 (1959). Quoted in. James Q. Whitman. The two western cultures of privacy: Dignity versus liberty. Yale Law Journal, 2004: 1151-1221.

[2] David A. Andson. Anderson D A. The failure of American privacy law. Protecting Privacy: The Clifford Chance Lectures.1999.4.

[3] Sipple v. Chronicle Publishing Co., 201 Cal. Rptr. 665, 666, 671.

[4] Sipple v. Chronicle Publishing Co. (1984)154 Cal. App. 3d1040 [201 Cal. Rptr. 665]

法国的法院却为案情基本类似的案件[1]赋予了法律救济。[2]

具体到互联网环境，这种结论依然成立。在德国，前网球明星施特菲·格拉夫（Steffi Graf）起诉微软公司并胜诉，因为该公司拒绝确保禁止一张她的头被叠加在另一个女人的裸体上的"伪造"照片的传播。在法国，模特埃丝特勒·阿利代（Estelle Hallyday）因为一个免费网络服务提供商存有她的裸照，她成功起诉之。阿利代的起诉使得这个提供商破产。在这两个案例中，德国和法国的法庭都对存有名人裸体照片的因特网服务提供商设定了责任。

而在美国，国会已经通过了旨在禁止给网络服务提供商强加责任的立法。而且，美国法院认为一旦照片已经不能撤回地在网络上传播，禁令就没什么意义了。这就导致相似的案件情节在美国会得到不同于欧洲大陆的判决结果。

例如，保守派广播评论员劳拉·施莱辛格博士（Dr. Laura Schlessinger）在1960年代为了自己的导师兼男友被拍下了一些下流的裸体照。1998年，施莱辛格的前男友将这些照片卖给了IEG互联网娱乐公司（IEG Internet Entertainment Group）网站，这是一个专门在线登载这些名人裸照的网站。IEG迅速地将照片展览，它的技术允许付费的观众能放大施莱辛格身体的任何部位。毫无疑问，任何欧洲大陆法院都会命令类似的网站停止散布这些照片。即使是在美国，施莱辛格也成功地暂时获得了禁令。但是，几周之后，法庭以这些照片已经在网络上广泛传播为由撤销了禁令。

从某个角度看，劳拉·施莱辛格真正的诉讼结果与施特菲·格拉夫或埃丝特勒·阿利代的判决结果没有什么不同，因为有好奇心的人依然能在网络上找到所有这些倒霉的名人的裸体照片。（对阿利代的判决持批评意见的人大声抱怨说她的裸体照片至少在20个网站都能够找到）互联网技术的强大记忆功能已经使得完全实现判决结果变得不可能。但是虽然意识到完全清除裸照痕迹是不可能的，欧洲法庭依然感到不得不禁止这些照片的散布，即使这

[1] CA Paris, le ch., June 14, 1985, D. 1986 inf. rap. 50, note R. Lindon.

[2] 一个同性恋者参加了巴黎同性恋者游行并在其中表现积极.一幅新闻照片捕捉了他的形象。该同性恋者以将其性取向公开暴露给这个同性恋联盟之外的其他人知道为基础主张伤害赔偿。法庭以一个人将自己置于有限度的公共空间）——巴黎的同性恋者同盟.不意味着他在更大的公众面前放弃了所有保护这一说法为基础.承认原告反对公开其肖像的权利.他有权要求那个"秘密"不让家人和同事知道。

么做没什么效果，为的是表达出保护“私生活”的重要性。与美国的效果角度相比照，欧洲大陆的法庭更加注重的是表达出对随意披露私生活的不可容忍。[1]

在涉及灾难受害者题材的典型新闻报道案例中，这种差异更加明显。在《巴黎日报》案（Le Quotidien de Paris）中，《巴黎日报》刊登了一篇关于一起谋杀年轻少女犯罪案件的报道，其中包含有邻居的评论说，受害者家人的道德是有问题的，受害者自己也是不道德的和好斗的。受害者的家人成功地根据《民法典》第9条“任何人都享有其私生活受到尊重的权利”起诉。上诉法庭否决了新闻界主张的有权报道这一信息的自由。该法庭认为，虽然新闻界有权利告知读者犯罪的文化和社会背景，但是未经核实的伤害受害者及其家人的贬义陈述不在此列，因此新闻界应承担责任。最高法院肯定了这个判决。

与这一案例对应的美国案例是《坎特雷尔诉弗雷斯特市出版公司案》[2]（Cantrellv. Forest City Publishing Co.）。1967年，坎特雷尔夫人的丈夫在一起桥梁塌陷事故中遇难了。克利夫兰《实话报》（The Plain Dealer）报道了这个故事，焦点在于坎特雷尔先生的死和其对这个家庭造成的影响。自从那以后的几个月内，克利夫兰《实话报》做了关于这个家庭的连续报道。他们到原告的住处，与孩子们交谈并拍照。当这些记者出现的时候坎特雷尔夫人并不在家。后来，一篇重在强调这个家庭的贫穷和桥梁倒塌灾难的影响的文章发表了。此文还暗指坎特雷尔夫人当时在场，并且捏造了她没有说过的话。坎特雷尔夫人及其孩子们提起了诉讼，主张他们被用普罗瑟的“挪用他人的姓名或肖像”的侵犯隐私方式描绘了。地方法院判决原告无权获得惩罚性赔偿金，但是允许对坎特雷尔夫人做出一些补偿。上诉法庭撤销了地方法院的判决结果。美国最高法院发出复审令。最终，高等法院支持丑化形象的隐私主张。这个主张之所以得到支持只是因为这则报道是虚假的，因为这个母亲没有向记者这样展示或者说过。假定这则报道是真实的，那么美国法院将不会为真实报道一起悲剧的受害者的生存条件而感到不安，但是法国法院将会

[1] James Q. Whitman. The two western cultures of privacy: Dignity versus liberty. Yale Law Journal. 2004: 1151-1221.

[2] Cantrellv. Forest City Publishing Co. 419 U.S. 245 (1974).

渴望保护这样的事实，不管其是真是假。[1]

综上，对保护个人隐私来说，媒体无疑是首当其冲的威胁来源。故新闻自由和隐私权之间的冲突由来已久，而且在新技术环境下有愈演愈烈之势。对于二者之间的边界美国和欧洲国家有不一样的标准，究竟该倾向于保护言论自由还是倾向于保护隐私权并不能一概而论。

第四节 利用隐私赢利的商业机构

随着电子商务的勃兴，各种商业企业组织已经成为IT时代威胁个人隐私的重要源头。对个人来说，隐私是有关于其个人身份和独立性的精神财产，而在各色商业组织的眼中，他人的隐私更多的是一种物质财产，一种可以用来买卖、发送定制广告进而盈利的经济价值。它们通过消费者的电子邮件、个人信息网上注册、在线广告点击、植入特色软件等方式搜集关于消费者的基本个人信息或者喜好偏向的蛛丝马迹，或贩卖、或为广告主提供定制广告服务以实现盈利目的。其威胁个人隐私的方式主要有几下几种。

一、个人信息交易

表面上看，充斥于网络中的都是碎片化的个人信息，用户似乎无需惧怕。但是，专业公司对个人信息进行的后台处理用户却不能预见，可以说，用户压根不会想到，那些公司会拿这些碎片化的个人信息做什么。这些公司最常见的做法是，将零散的个人信息收集整理加工成关于一个人近乎完整的“侧面像”。互联网技术的这一处理过程与强大的信息收集功能和存储海量信息的数据库有密切关系。

互联网促进了信息收集的强度。随着个人使用互联网留下的数码痕迹，即，

[1] Hauch J M. Protecting private facts in France: the Warren and Brandeis tort is alive and well and flourishing in Paris. Tul. L. Rev. 1993(68):1219.

众所周知的交易数据，是反映消费者的商业习惯的丰富信息源泉。个人电脑的互联网协议地址（IP 地址）能够包含着用户的交易数据、点击流数据，或者鼠标点击处，使用的浏览器，电脑类型，该用户在访问该网址之前访问的什么内容，或者甚至其他的网页。这些数据或许不太可能足以识别具体的个人，但它们在互联网的各个点被捕捉，并且极有可能被再次使用和披露。伴随着在购物或注册活动中故意披露信息而来的是，交易数据能提供个人活动的"侧面像"。当收集起来时，这一数码指纹能披露一个人生活的蓝图。像 cookies 这样的技术，能直接写入你的硬盘，能使网站偷偷收集你的在线活动的信息并且为将来的使用而存储。为使网站识别重复访客，cookies 迅速被网站采用用来方便追踪具体个人在互联网上的活动，目的是为了定制化的内容和广告。

当几乎每一个活动都留下数码痕迹时，政府和私人部门的监督在更大的意义上是一种"数据挖掘"（data mining），而不再是单纯的监视和监督。[1] 大体上说，数据挖掘是综合碎片式的个人信息然后推断出一个具体的个人的侧面像，为广告投放或其他目的。一个人的侧面像可能包括关于以下属性的信息：姓名（假名），年龄（生日），职业，社会阶层或经济地位，定位（电话号码，电子邮箱账号），种族，性别，车的型号，孩子或孩子们的数量，与宠物、音乐和电影喜好有关的信息，政治观点或者所属政党，志愿活动，性取向（同性或异性），嗜好（抽烟和喝酒），兴趣爱好和购物习惯。一个具体的侧面像可以从独立来看对我的身份没有任何意味的一团团信息中提炼出来，但是当整合起来它就能做到了：侧面像有助于知晓关于我的一些事情，但是没有这个整合的模型，他只能知道关于我生活的某些方面的点点无联系的信息。这种挖掘的结果就是每个人的"侧面像"。例如，某些网站要求新注册用户在申请过程中填写个人的某些基本信息，比如真实姓名、出生年月、身份证号码、性别、职业等，服务器会对很多这样的信息进行整理挖掘，之后就形成了数据库。

除了遗留在互联网上的冲浪痕迹之外，通过信用卡、储蓄卡、购物卡等各种方式产生的信息溪流每天都会流入电子的记录器中，它们被筛选、分类、重新安排，并且以数百种不同方式整合。技术使得保存我们日常来来往往，

[1] Joseph S. Fulda.Data Mining and Privacy", 11 Alb. L.J. Sci. & Tech. 105 2000-2001.

我们的喜好和厌恶之事，我们拥有什么的细节成为可能。专业公司正是通过这些构建个人档案的数据库，积累关于一个人的种族、性别、收入、兴趣和购物的信息。由于个人生活和活动的各个细节都被各种记录所捕捉，因此创建覆盖一个人的生活的电子画像变得不再是什么难事。

关系数据库的出现使得各个数据库之间可以实现资源共享，数据库之间的资源共享导致的结果就是全面获取关于一个人的个人信息更加便利。“关系数据库已经在它们的结构中内置了与其他数据库结合的能力，它们形成了巨大的信息储量，几乎把社会中每一个个体构建成一个对象，并且原则上能够包括该个体的几乎所有信息——信用评定数据、服役记录、人口普查资料、教育经历、电话记录，等等”。[1]

互联网和电子商业产生的是个人信息的市场的扩张。的确，个人信息现在已经成为一种商品，可以被买卖。

好吧，可能不是我个人，而是“我”——消费者——群体。我拥有一些和可使用的现金一样有价值的东西：关于我自己的信息。在它们能让“我”买东西之前，它们需要知道关于我的很多事情：我多大了，我做了多少，我投给谁选票，我吃什么，穿什么，开什么车，想什么或者做什么。[2]

详细的“个人侧面像”的扩张市场互联网上很紧俏，因为它帮助网站为特定用户提供定制和专门的商品和广告。这种个人侧面像的蔓延甚至发展为为每一台电脑贴标签的行动，一旦个人使用电脑释放出信息，每一个人都将在赛博空间中有一个唯一的和可追踪的身份。[3] 这对无意识暴露个人信息的个人是可怕的梦魇。美国有一些网站专门从事个人信息的交易。比如，“在 1-1800 U. S. Search, American Data Link 公司输入某个人的社会安全号，一个小时内就能找到这个人近 10 年内的住址变动以及电话号码，出生日期和别名。花上

[1] [美] 马克·波斯特 . 第二媒介时代 . 范静咏译 . 南京：南京大学出版社 .2005:67.

[2] PaulFarhi, Me Inc. Getting the Goods On Consumers; Marketing Firms Want Basic Data About You and Me, But We're Wising Upto What Those Facts Are Worth, WASH. PosT, Feb. 14, 1999, at H01.

[3] Jerry Berman&Deirdre Mulligan.Privacy in the digital age: Work in progress. Nova Law Review,Vol.23:549. 1999.

179 美元，就可以找到他在银行保险库的保险箱；花上 289 美元，可以访问其银行档案；花上 789 美元，就可以了解他存有多少海外账号。”[1] 可以想见，个人信息的购买者对这些信息的使用将会对当事人的隐私权产生怎样的威胁。

售卖个人隐私的著名案例是 1990 年 Lotus Development Corporation 宣布将要发布的 Lotus Marketplace Household 计划：对刻录了全美 112 亿人的姓名、住址、购买习惯和收入信息的 CD-ROM 进行销售。这个被期望是名单行业革命的计划最终由于公众的不满而被迫放弃，但是仅小公司受到影响，许多大公司已经购买并且一直在使用该数据库，每年至少 4 亿个信用记录、7 亿个药品记录、1 亿个医疗记录和 6 亿个其他私人记录被出售，这些出售记录包括银行资产负债表、租赁历史、犯罪记录、没有公开的电话号码等。[2]

除了对隐私的威胁之外，它还会对个人的其他利益和生活产生影响。比如，1990 年明星丽贝卡·塞弗在家门口被一个狂热的追求者开枪打死，事后调查发现，凶手正是从她在政府登记备案的驾驶证号码上一步一步查到她的住址而行凶的。2008 年，中国 500 位南京市民的身份证复印件被某信用社工作人员胡某盗用，向银行骗取贷款。[3] 这些都是个人信息遭到泄露对个人实际利益造成无法挽回的后果的例证。

二、无意的信息泄露

2011 年 7 月，韩国门户网站 Nate 以及社交网站“赛我网”遭黑客攻击，导致约 3500 万名用户的个人信息外泄（韩国 2010 年总人口约为 5000 万）。被泄露的资料极为详尽，包括姓名、生日、电话、住址、邮箱、密码和身份证号码。同年 11 月，韩国游戏运营商 Nexon 公司服务器被黑客入侵，导致 1300 万名用户的个人信息被泄露。网站所掌握的海量用户资料，最终却成为黑客的盘中餐，引发了一场史无前例的网络安全危机。被泄露的个人信息，有可能被不良商家利用，从事电话营销，发送广告邮件，更可能导致账号盗用、侵犯隐私、电话诈骗等难以预料的恶劣后果，带来史无前例的安全危机。

---

[1] 向淑君 . 敞开与遮蔽 . 北京 : 知识产权出版社 .2011:110.

[2] 丁楠 . 潘有能 . 数据挖掘中的隐私保护：法律与技术 . 情报理论与实践 .2007(6):772-775.

[3] 向淑君 . 敞开与遮蔽 . 北京 : 知识产权出版社 .2011: 92.

在韩国即将告别网络实名制之时，2011年年底，中国CSDN社区600万用户密码泄露，天涯社区4000万用户明文密码和注册邮箱泄露。这仅仅是开始，随后，从社交网站、门户网站乃至电子商务网站，其庞大的客户信息数据库在黑客面前不堪一击，人人自危，改密码改到手软。“今天你改密码了吗？”也成为网络流行语。[1]

在这种类型中，商业企业组织并非故意出售个人信息，只是由于安全保障措施不到位导致个人信息泄露的现状。而且这种状况不是个别现象，在任何网站，只要网络用户键入自己的个人信息，它基本上就不为自己所控，而成为网站的盘中餐，会否泄露基本取决于这些网站的安全保障措施的到位与否。

三、商业定制化服务

笔者2012年欲参加某国家资格考试，在备考阶段，报名参加了互联网上的某一辅导班，该网站上传授课视频供学员下载。在注册报名中，笔者被要求提供了个人手机号码。自此，手机上源源不断收到来自各大考试辅导班的短信息，在考试前几天还收到卖考试答案的短信，各种与考试有关的信息五花八门，扑面而来。直到次年，辅导班再度开班时，仍能收到来自各个辅导班的短信和电话。笔者质问他们从哪里获知手机号码，对方支支吾吾不置可否。

再比如，近期微信朋友圈流行一个轮盘，只要填写真实姓名等信息就能看到自己的来世今生。这听起来不可思议的测试游戏引起了众多微信用户的参与。结果，做完测试的第二天，用户就接到各种推销电话，微信用户这才知道上了当。据知情人士透露，微信朋友圈写这些所谓的测试网页其实是有某种后台服务器的。点开页面，写下姓名之前，用户的姓名和微信号已经在他们的数据库里面关联好了。接下来，比如，数据库的控制者推进一个测试手机号码吉凶的测试，他们就有了用户的手机号码。再接下来搜索用户的微信号，甚至连那些作为微信号码的QQ号、邮箱地址也都被数据控制者知道了。

[1] 宋珏：《韩国网络实名制兴废记》. 载《南方周末》2012年1月13日。http://www.infzm.com/content/67455， 2014.2.16.《韩国网络实名制是如何倒台的》. 阳光总第151期 .http://news.takungpao.com.hk/mainland/yangguang/q/2013/0708/1744845.html, 2014.2.16.《韩国网络实名制兴废始末》. 网易见证 .http://game.163.com/special/jianzheng_44/,2014.2.16.

最后，庞大的数据库不断累积，他们就能知道用户点开过什么样的转帖，进而知道用户对哪方面感兴趣。

在这两种情境中，购物者和微信用户丧失了对自己的可接触途径，比如邮箱或手机号码的控制，同时也丧失了对自己的喜好偏向的控制。这两个案例展示了个人隐私与交易、市场自由之间的矛盾。

交易消费者信息有好处。如果卖主更容易知道消费者喜欢什么，他们就更容易为其提供想要的商品和服务。用美国法律和经济语言来说，消费者信息交易降低了搜索成本：它使得消费者和销售者更容易找到彼此，创造不这样就可能不会发生的交易，进而增强市场的效率。[1] 就像国外的信用报告制度一样，好的信用报告会使每个人的生活更容易、更富裕，是提升自身的一种很好的选择。

但是，任由商业企业组织自由地掌握和控制其他人的消费喜好这类行为是对信息隐私的侵犯。如果卖主能够买到他或她喜欢什么的信息，这将是对消费者隐私权的严重潜在侵害。对他们来说，最重要的问题不仅是市场效率的问题。消费者需要的不仅仅是信用、便宜的商品和服务，他们需要对自己喜好的控制，这是关乎一个人的尊严和人格的大事。一个人的财政状况是关于其人格特征的信息，每个人对此必须拥有控制权，就像对自己的形象具有控制权一样。[2] 如果消费者的形象描述一直在网络空间的某处浮动，个人就没有控制自己的肖像。想象如下场景：

某披萨店的电话铃响了，客服人员拿起电话。

客服：XXX 披萨店。请问有什么需要我为您服务？

顾客：您好，我想要一份……

客服：先生，烦请把您的会员卡号告诉我。

顾客：16846146***。

客服：陈先生，您好！您住在泉州路一号 12 楼 1205 室，您家电话是

[1] Jeffrey Zaslow, If Tivo Thinks You're Gay, Here's How To Set It Straight, WALL S T. J. 2002(26):1.

[2] James Q. Whitman. The two western cultures of privacy: Dignity versus liberty. Yale Law Journal. 2004: 1151-1221.

2646****，您公司电话是4666****，您的手机是1391234****。请问您想用哪一个电话付费？

顾客：你为什么知道我所有的电话号码？

客服：陈先生，因为我们联机到CRM系统。[1]

顾客：我想要一个海鲜披萨。

客服：陈先生，海鲜披萨不适合您。

顾客：为什么？

客服：根据您的医疗记录，您的血压和胆固醇都偏高。

顾客：那你们有什么可以推荐的？

客服：你可以试试我们的低脂健康披萨。

顾客：你怎么知道我会喜欢吃这种的？

客服：您上星期一在中央图书馆借了一本《低脂健康食谱》。

顾客：好。那我要一个家庭特大号披萨，要付多少钱？

客服：99元，这个足够您一家6口吃了。但您母亲应该少吃，她上个月刚刚做了心脏搭桥手术，还处在恢复期。

顾客：那可以刷卡吗？

客服：陈先生，对不起。请您付现款，因为您的信用卡已经刷爆了，您现在还欠银行4807元，而且还不包括房贷利息。

顾客：那我先去附近的提款机提款。

客服：陈先生，根据您的记录，您已经超过今日提款限额。

顾客：算了，你们直接把披萨送我家吧，家里有现金。你们多久会送到？

客服：大约30分钟。如果您不想等，可以自己骑车来。

顾客：为什么？

客服：根据我们CRM全球定位系统的车辆行驶自动跟踪系统记录，您登记有一辆车号为SB-748的摩托车，而目前您正在解放路东段华联商场右侧骑着这两摩托车。

---

[1] CRM，即客户关系管理，是利用信息科学技术，实现市场营销、销售、服务等活动自动化，是企业能更高效地为客户提供满意、周到的服务，以提高客户满意度、忠诚度为目的的一种管理经营方式。它以"客户关系一对一理论"为基础，旨在改善企业与客户之间关系的新型管理机制。为了满足每个客户的特殊需求，同每个客户建立联系，通过同客户的联系来了解客户的不同需求，并在此基础上进行"一对一"个性化服务。

顾客当即晕倒。[1]

这个例子也许略为夸张，但却并非不现实。它表明了面对企业强大的信息收集能力，个人的无力和脆弱。消费者认为他们的买卖是私人的，属于资本主义体制的一部分，而这种体制把所有经济交易都标示为“私人的”，但是，进行网上销售的零售商把他们积累的客户资料视为自己的财产，视为一种有价资产，这种资料是他们从销售中获得的副产品，[2] 这种副产品甚至比出售商品本身更具价值。通过将其纳入网络数据库并将其与其他的数据库联结，关于顾客的各类信息这一副产品实现了从一个摊贩到另一个摊贩的转移和共享。

比如，顾客在超市购买食物，在结账的时候向收银员出示付款账号。收银员扫描这些事物的条形码，屏幕上立刻出现其名字及价格。然后，顾客购买的所有商品的类目就展示出来了。售卖商不仅知道顾客这次买了什么，还知道他以前买过什么。这次购物的信息累积到超市的数据库中，其中有关于该顾客的这次和之前的所有购物类目。这也意味着商场大致掌握着该顾客的购物习惯。他们知道其买了多少酒，喜欢什么牌子的大米，什么种类的蔬菜。

通过积累众多顾客的购物习惯和类目，它就能通过数据挖掘整理出客源的大致购物倾向，以为后续的促销活动或调整库存做准备。这是企业通过数据库获取的最具价值的副产品。在这种情况下，企业组织是通过暗自收集的方式将消费者的私人购物信息转变为公共数据的一部分。在有些情况下，消费者无意之中协助越来越多的经济交易数据进入网络数据库当中。信用卡消费自然是极好的例证。按照传统的理解，消费者购买某物是出于理性选择的“私人”行为。可是，当信用卡从钱包或手袋中拿出来交给店员结账时，那种“私人”行为就已经变成一种“公共”记录的一部分。一个人的个人选择受到强加于人的监视，但借助受监视个体的自愿参与，那种监视变成了一种话语现实。在此情形中，权力与话语作用被独特地构型了。被监视者提供了监视所必须的信息。[3]

商业网站是个人获取便利服务不可或缺的手段，网络购物、休闲娱乐、工

[1] 什么是大数据？ http://www.hackdig.com/?06/hack-10677.htm, 2014.6.3.

[2] ［美］马克 • 波斯特 . 第二媒介时代 . 范静咏译 . 南京：南京大学出版社 .2000:120.

[3] ［美］马克 • 波斯特 . 信息方式 . 范静咏译 . 北京：商务印书馆 .2001:120.

作已经成为个人生活的一部分，为了获取各类商业网站为个人工作及生活服务带来的便利，网络用户经常会大方地提供个人信息——虽然明知这种慷慨有可能会带来对安宁生活的持续骚扰。网络已经深入个人生活的方方面面，有时为了便利，提供个人信息是不得已而为之的无奈之举。因此，“隐私悖论”不仅仅存在于在各类社交网站张贴个人信息的网络用户身上，在那些为获取网络服务而提供个人信息的商业服务网络用户身上这一悖论也体现得尤为明显。

第五节　个人作为隐私侵犯的主体

除了传统的政府部门、大众媒体，以及随着电子商务而兴起的商业企业组织对个人的隐私侵犯之外，生活在每个人身边的每个陌生人现在也完全有可能成为新技术环境下威胁他人隐私的来源。

一、威胁隐私的新主体

在互联网环境下，除了具有超级监视和观察能力的政府和商业企业组织之外，生活在每个人身边的不具名的陌生人也成为了威胁隐私的最大敌人之一。在新技术环境下，公权部门依然是威胁隐私的主要敌人，但是作为普通大众的每一个人也逐渐成长为仅次于这些公权部门和商业企业的威胁因素。他们携带着随时记录和散布信息的移动互联网终端，能随时随地拍下陌生人的百态，然后将它们共享给全世界的每一个人。

考虑一下之前提到的“狗屎女”的故事，这个故事所表明的正是便利的信息共享为个人隐私带来的威胁。携带着选取和记录信息工具的人不管到哪里都能迅速撷取信息与图像，而且咔嚓一按鼠标或者轻触手机键盘或屏幕就可以瞬间与这个世界分享它们。某个你从未熟悉或知晓的陌生人可以拍摄你的照片，把它张贴到互联网上，与无数的人分享它。

二、个人成为威胁主体的原因

新媒体为每个网民的赋予自由表达权的同时也赋予了他们侵犯他人隐私的可能性和潜力。

（一）生产和公开信息的便利

在互联网环境下，之所以个人能够成为威胁他人隐私的敌人，在很大程度上是因为个人生产信息的便利。

智能手机的出现使得每个人只需要打开相机功能就能随时随地捕捉和记录发生在身边的事件，而且不必考虑失真的问题。移动网络的全面覆盖，使得当事人可以瞬间将信息发送至互联网。而各种社交网站的出现，则使得信息共享成为常态。有些人每日张贴新的照片，疯狂记录他们生活的每一面。而类似于Youtube这样的视频网站则允许全球观赏上传的视频。在这个网站上，全球的人每天观赏超过一亿只视频。如此一来，一个普通人只需要配备一部可以拍照和上网的智能手机，拥有一个社交网站或个人主页的帐号密码，就可以瞬间向全世界共享其所记录的信息。每个网络用户都是一个内容生产者。在这样的背景下，每个普通人的角色已经不再是“业余狗仔队”，而是已经变成了一个超级通讯社、电台或者电视台。也正是这样的信息生产和公开能力，使得普通的每个人都可能成为侵害他人隐私的元凶。

互联网生产和公开信息的天然特性决定了公开他人私人事务、私人信息、私人照片已经不再是传统媒体的专利和独门技巧。现在，每一个网络用户都可以利用互联网技术公开展示自己生产信息、公开信息的强大能力，也正是在这一技术背景下，个人通过公开信息侵犯他人隐私是可能的。

（二）链接的易得

除了生产和公开信息的便利之外，网上信息链接的易得性也使得每一个个体都具有成为威胁他人隐私来源的潜力和可能性。

现实生活中，许多人都会假定他们的生活是在不受公众注视的私密状态下进行。非数字世界的假定状态是隐私或匿名，为了得到公众注意，一个人需要积极采取一些常规之外的举动。但是，在互联网时代，事实正好相反：常态是个人信息能被轻易获得，而只有通过有意的活动才能获得隐私。之所以会出现这样的反差和对比，在很大程度上是因为网络信息的易得性，即，各种网络链接的存在使得个人可以从各个结点接收来自四面八方的信息。因而，信息的跳转、知识的扩展变得触手可得。存储于各种社交网站的文字、照片、视频等可随意共享和移植，它们允许人们存储成千上万张照片，任何东西一旦放上网络，很容易会被复制并且广泛传播，用户就几乎完全丧失了对其踪迹的掌控。

三、个人侵犯隐私的方式

（一）有意或无意的披露

1. 恶意披露

恶意披露他人信息是不正当使用个人信息中最常见的情形，而通过互联网恶意披露他人隐私，更容易，危害性也更大。这是因为，首先，互联网具有隐蔽和匿名的特点，很多网民匿名上网。因此，有些人放松了对自己的道德要求，肆无忌惮、不负责任甚至是恶意地传播他人的隐私，别有用心地进行人身攻击。[1] 再次，互联网用户众多，私人信息一旦遭恶意披露，将瞬间为不特定的多数人所知，对当事人造成的伤害无法估量。比如，在陆幽诉黄健翔案中，黄健翔就通过其个人博客对陆幽的隐私权和名誉权造成了无法挽回的侵犯。[2]

2. 无意披露

除了恶意披露之外，另外一种可能侵犯其他人隐私的行为无意地披露。虽然目前法学界对于隐私侵权应属于过错侵权还是无过错侵权尚有争议，但是随着 IT 时代的到来，智能手机、互联网带来的信息的普遍易得性带来的伤害扩大的可能性。个人无意披露他人隐私的风险也在加大。地铁站、公交车、

---

[1] 试析我国互联网隐私权的保护 http://www.chinalawedu.com/new/201308/caoxinyu2013082814550225498608.shtml, 2014.4.1.

[2] 2008 年 6 月 6 日，黄健翔博客撰文《丑话说在前边》披露前国足总教练杜伊科维奇将某“国家队首席跟队记者”“搞成了宫外孕”。随即，网络舆论的矛头便指向了央视女记者陆幽。陆幽认为，文章以披露隐私方式，捏造她与国家队前主教练杜伊科维奇的性丑闻。文章中称其因杜伊科维奇而宫外孕，因此她起诉黄健翔侵犯名誉权，要求黄健翔为其恢复名誉赔礼道歉，并连带赔偿精神损失费 50 万元。结果陆幽败诉。

火车站、机场、商场、公园等公共场合，随意把玩手机的邻座和身边人随时有可能随时将镜头对准你，拍照，发布到网上。个人能在完全无意识中一炮而红，2003 年红遍网络的“小胖”就是一例。

2003 年春天，念初二的小胖参加上海市某个交通安全的集会，他偶尔斜眼回头的照片不知道被谁拍了下来，照片后来流传到猫扑网站，网友们开始用 PS 软件把他的脸合成到机器猫、阿里巴巴、怪物史莱克、蒙娜丽莎、自由女神，甚至裸女、光屁股小孩的形象中。他那惊为天人的一瞥，开辟了网络恶搞的时代。小胖也成为网络恶搞第一人，校园里一时也出现了众多的“小胖”。[1]

再如，2006 年，香港的巴士司机陈乙东因为一段网络视频的传播一举成为香港地区 2006 年度最受关注的网络红人。这段视频来源于一个手机乘客的偷拍。

4 月 27 日晚，驶往元朗的 68X 路公交巴士上，23 岁的何锐熙拍了前座一位正在打手机乘客的肩膀，请这位乘客小声些。这位脑后留束长发的阿叔站起转过身来，怒气冲冲地爆发了：“我有压力，你有压力，做乜（为什么）挑衅我？”车里另一位乘客 21 岁的方颖恒担心冲突激化，用手机拍下大部分场面，以备警方调查取证使用。方的亲戚看过这段短片，觉得很戏剧性，于是“支持”他将短片传到网上，谁都没想到，在完全不知情的情况下，这位阿叔在半个多月后迅速蹿红，短片在 YouTube.com 网站的下载次数已经超过了 700 万。“巴士阿叔”立刻成为港人情绪的代表。这段 5 分 59 秒的对话被改编成无间道版、卡拉 OK 版、粗口过滤版、以和为贵版等 60 多种风格，也都很快在网上流行开来。甚至香港无线电视台在播报体育新闻时也套用这句话。偷拍者自述“早知道这么受欢迎，就不会放到网上。”[2]

在这两个案例中，偷拍者不是为仇恨或怨恨而故意泄露或侵犯他人隐私，而是出于纯粹的好玩、猎奇、赶时髦、狂欢、释放压力等心理将他人的信息曝光在网上，他们无意于侵害当事人的隐私，但是，在新技术环境中，侵害的发生已经不是由偷拍者的动机来主导。一段或搞笑或有内涵的视频发布到

---

[1] 搜狗百科．“小胖”，http://baike.sogou.com/v341888.htm, 2014.4.8.

[2] 南都周刊．香港第一网络红人巴士阿叔真实生活，http://news.qq.com/a/20060628/001447.htm, 2014.4.8.

网络上，引起众多网民的追捧、恶搞，这一连串的后续反应对当事人的精神伤害完全出乎任何人的意料。

笔者在关于隐私观念的冲击中论述过，在新媒体环境下，人们的隐私观念一个重要转变就是，自我披露“隐私”成为一种时尚生活的方式。人们通过网络社区、博客、微博、微信、QQ 空间，利用类似于写日记的方式主动暴露自己的私人生活，与陌生人或现实生活中的好友一起分享和交流，读者或转发、或评论、或分享、或点赞，构成了读者与作者之间的独特互动方式。所自我披露的私人生活内容则五花八门，对此只能用“无所不晒”来形容，近期照片、纯收入、年终奖金、理财心得、家居服饰、心爱物品、豢养宠物、生理缺陷、情感困惑、幸福生活、旅游休闲、心路历程、情感生活甚至孩子的照片都位列其中。在这样的“自我披露”行为中，如果仅仅是像“竹影青瞳”、[1]“流氓燕”、[2]“芙蓉姐姐”[3]为走红目的主动出让自己的身体隐私也就罢了，一旦在此过程中涉及到了其他人，那么，这种出于娱乐、消遣、炫耀等无害目的而进行的时尚“自我披露”生活的方式也完全有可能会威胁到另一个当事人的隐私。严格来说，这涉及到的是共同隐私的问题，尤其是，社交网站使得共同隐私被侵犯变得更加容易和低成本。

比如，木子美的“性爱日记”就是这一侵犯源头的典型例证。2003 年，这位广州某周刊编辑，把自己与众多男人的风流韵事写成网络日志，其中用实名描述了其与广州某摇滚歌手的性爱过程，挂在中国博客网。博客的访问量暴增，“木子美”也因此而一炮走红。虽然被无辜曝光的该摇滚歌手并未起诉，但是他已经获得了合理的隐私侵犯诉因。

美国发生过一起与此类似的事件。2004 年，美国一名参议员的女助手因在博客中记录与几个“国会山情人”的幽会场景而成为家喻户晓的“木子美”

[1] “竹影青瞳”是广州某高校教师，在天涯虚拟社区的个人博客上以大胆的性事文章加上张贴的自拍裸照而夺人眼球，不到两个月，她的个人博客访问量超过 130 万次。她在自己的宣言中坦陈：“我对我身体的自拍，只是因为我有冲动要这么做。我的鲜血直往头上涌。我想看见自己美丽的样子，然后让人也看见。我在担心我会不会有一天彻底抓狂，自恋至死。”

[2] 2005 年，一个叫“流氓燕”的单身母亲在天涯社区“天涯真我”版上勇敢地发布了自己清晰的半身裸照，然后是全身。

[3] “芙蓉姐姐”也在 2005 年走红。她以自己别样的文字、热辣的舞姿和独特的自拍照片引起校园学子在 BBS 上的追捧而风靡全国，成为当年中国互联网上最炙手可热的偶像人物。

式人物。不过与“木子美”不同的是，这个网络红人不仅因博客而丢掉了工作，还被一名她提及真实身份的“国会山情人”以侵犯隐私罪告上法庭，并索赔2000万美元。[1]

在自我披露隐私案例中，体现的对共同隐私的侵害与保护问题。所谓“共同隐私”是指“与个人隐私相并列的范畴，是指群体的私生活安宁不受群体之外的任何他人非法干扰，群体内部的私生活信息不受他人非法搜集、刺探和公开，即使是群体的成员或从前的群体成员公开共同私生活秘密也受到若干原则的限制”。[2]共同隐私区别于一般隐私的最明显的区别是这个隐私是来源于两个或两个以上自然人之间的共同生活关系，而且，这种共同隐私形成以后，就独立地属于每一个共同生活关系中的自然人，成为每个自然人的各自隐私权的独立客体。即便这种共同隐私产生之时的当事人之间的关系，比如夫妻、朋友、合作伙伴已经终结，共同隐私也不会被消灭。一方当事人要公开这些共同隐私的内容依然要取得对方或几方当事人的同意。比如，出于报复，昔日男友常会将自己与前女友的亲密裸照上传至互联网。根据共同隐私的理论，这一行为已经侵犯了对方的隐私权，因为这些裸照作为共同隐私的客体，只有在双方一致同意的情况下才能发表公开。

（二）“人肉搜索”：网路警察还是规范警察?

“人肉搜索”是中国社会语境中国独有的现象，其本质特征是通过将个人信息公共化实现达成社会正义或进行道德惩罚的目的。

1.“人肉搜索”

信息数字技术为本就强大的政府和商业企业组织赋权的同时，也为普遍网民赋权。互联网技术的发展和社交网络的普及使得网民能够以一种更有效的方式搜索、处理、散布和共享信息。普通网民的意见和心声变得可视化，并成为现实世界中公共舆论的主要部分。[3]虚拟社区中的网民比在现实世界中有更多的言论自由。网民发表观点的门槛更低、成本更小。网络这种创造性

---

[1] 向淑君．敞开与遮蔽——新媒体时代的隐私问题研究．北京：知识产权出版社.2011:199.

[2] 张新宝．隐私权的法律保护（第二版）．北京：群众出版社.2004:206.

[3] Chao C H. Reconceptualizing the mechanism of Internet human flesh search: A review of the literature[C]//Advances in Social Networks Analysis and Mining (ASONAM), 2011 International Conference on. IEEE, 2011: 650-655.

的表达工具为网民提供了基本的言论自由空间，进而促进了信息的自由流通和民主化。

“人肉搜索”是随着网络技术和网民网络技能提高而出现的一种新现象，主要发生在中国语境中，西方国家一般将之称为“网络追踪”（cyber manhunt）。英国 BBC 在报道有关中国“人肉搜索”的新闻时直接把人肉搜索翻译成“human flesh search engine”，为了便于西方读者理解，BBC 特别将它注释为“搜捕女巫”（witch hunt），形容在中国如火如荼发展的“人肉搜索”就像当年人们群起围剿女巫的行动。在美国，媒体为表达中国的“人肉搜索”，专门创造了一个短语“中国特色的网上追捕”（Chinese style internet man hunt）。[1]“人肉搜索”这个术语形象地概括了这项技术的本质特征，即，集中无数网民的力量，人找人、人问人，根据蛛丝马迹搜索某人的详细个人信息，找到他是谁。其最大的特点是，以网民为资源，一人提问，八方回应，成百上千的人从不同途径对某个人的各种信息进行挖掘和搜索，并将当事人曝光。[2] 其基本过程如下：首先，网民张贴一个公开的问题，有时候附带着一些信息或者线索，比如网络论坛、社交网站或者博客上的照片或者视频，这个问题能够引起读者的兴趣或争论，一般是关于某个不知名的个人的越轨行为，呼吁网民通过集体搜索找出他是谁。[3] 然后，网民在浏览有关内容和线索的基础上做出回应。一些网民可能会主动将它转移到其他的社交网站上，并且做出公开的声明试图找出真相，这一声明反过来使得更多人做出回应。

“猫扑网”是中国“人肉搜索”的发源地。自 2001 年“陈自瑶”事件[4]

---

[1] 张乐．检索，道德与暴力：人肉搜索的社会学思考．当代青年研究．2009(2): 19-22.

[2] 向淑君．敞开与遮蔽．北京：中国知识产权出版社．2011:130

[3] Wang, F.-Y., Zeng, D., Hendler, J. A., Zhang, Q., Feng, Z., Gao, Y., Guanpi, L. (2010). A study of the human flesh search engine: Crowd-powered expansion of online knowledge.Computer,43(8), 45–53.

[4] 2001 年某日，有一非女性网民在猫扑网贴出一张美女照片，并吹嘘该女子是自己的女朋友。立时就有网友鉴定出，此女的真实身份是微软第一美女，其公司的女代言人陈自瑶，并贴出了她的大部分个人资料。微软陈自瑶事件开创了人肉搜索的先例，是第一次真正意义的人肉搜索事件。从此，一个真正意义上的、被人称为“人肉搜索”的互联网搜索行动诞生了。http://hi.baidu.com/52hack/item/5c33e51fefc01af965eabfee, 2014.5.24.

之后“人肉搜索”的发展便一发不可收拾，2006年的“虐猫事件”、[1]“铜须门”事件、[2]2007年华南虎事件、[3]2008年汶川大地震期间的“辽宁女骂

[1] 2006年2月28日，网民“碎玻璃渣子”在网上公布了一组变态而残忍的虐猫视频截图：一名打扮时髦的中年妇女用她那双崭新亮丽的高跟鞋跟踏进了小猫的肚子里。小猫张开了嘴巴，似乎在惨叫。但这只是一个开始，高跟鞋跟接着狠狠地插进小猫的嘴中，又插进小猫的眼睛里。小猫眼珠都被踩出来了，最后脑袋被踩爆了，“漂亮”的高跟鞋踩在一片血肉模糊之中。虐猫图片被公布后，网民们愤怒了，开始对图中女子展开人肉搜索。不久，有人把有关“踩猫”事件的网址公布出来，指出“踩猫”视频出现在踩踏世界的官方网站上。紧接着又有网友贴出该女照片，做成一张“宇宙通缉令”，让天下网友举报，不少网友表示愿意悬赏捉拿凶手。随后有人跟帖说，踩踏世界的官方网站和另一网站是同一IP。他还贴出具体信息，网站注册者是杭州某公司的法人代表郭某，男，等真实信息。3月2日，另一网友突然发帖：“这个女人是在黑龙江的一个小城……。”他的帖子让事件出现关键性转变。3月4日，有人确认了此信息，还补充了一些资料。虐猫事件的3个嫌疑人基本确定，距离“碎玻璃渣子”在网上贴虐猫组图不过6天时间，其效率之高可能不亚于警方的办案速度。这是人肉搜索史上一个里程碑式的事件。至此，“人肉搜索”的题材从最初的戏谑、娱乐内容，迅速转换为弘扬真善美、贬斥假恶丑的秩序维护和构建为主。http://hi.baidu.com/52hack/item/5c33e51fefc01af965eabfee,2014.5.24.

[2] 2006年4月12号深夜，一个网名为“锋刃透骨寒”的网友发帖自曝，其结婚6年的妻子，在玩《魔兽世界》期间与其公会会长“铜须”（一名在读大学生）在游戏中长期相处产生感情，并发生一夜情的出轨行为。同时他还贴了一段其妻“幽月儿”与“铜须”的QQ聊天纪录，并且公布了铜须的QQ号。此帖一出，立即在网上引起轩然大波。该帖每天点击超过20万次。对铜须的道德义愤成为网络舆论的主流，声讨铜须的帖子贴满各大论坛。随着事态不断升级，当事人发表题为《让生活继续》的帖子，希望结束此事。不过，玩家的争论还在继续，偏激的反对行动仍在进行。先是在游戏中抗议、静坐、游行、裸奔、自杀等行为对“铜须”进行声讨。由于参与人数众多，甚至使服务器瘫痪，游戏无法正常运行。紧接着，网友们又将铜须的真实姓名、籍贯、出生日期等信息贴了出来。甚至其所在院校的校长都受到了牵连，一度被质疑参加福布斯网站举办的首届最佳校长100名人榜评选大赛的评选资格。男主角被逼无奈，发布了视频声明希望事件得到平息，但网友却不买帐。最后在央视的参与下，事件再一步步得到平息。http://hi.baidu.com/52hack/item/5c33e51fefc01af965eabfee,2014.5.24.

[3] 2007年10月3日，陕西农民周正龙称在巴山拍到华南虎照片；同月12日，陕西省林业厅召开发布会展示华南虎照片。数小时后，质疑“虎照”真伪的帖子即出现在色影无忌论坛，此后网民不断从光线、拍摄角度、现实年画搜索等角度提出质疑。2007年11月15日，网民“攀枝花xydz”称虎照中的虎和自家所挂年画极其相似；此后几天，全国各地网民不断报告发现“年画虎”，遂引发了虎照真假的网上讨论，认为造假的声音逐渐占据了上风。曾在“虐猫事件”发挥重要作用的“西方不败”，通过百度“华南虎吧”仔细分辨了年画照片左下角的商标，并分辨出一个繁体的“龙”字。西方不败遂用“龙年画”、“龙壁画”、“龙墙画”等关键字在网上搜索。结果，他竟然找到了有同样商标的浙江义乌威斯特彩印包装公司的“鑫龙墙画”。“去义乌！去义乌！”西方不败激动得在“打虎QQ群”和论坛里高呼。2008年6月29日，所谓“华南虎照片”终于被认定为假照片，“拍照人”周正龙因涉嫌诈骗罪被逮捕、定罪。http://hi.baidu.com/52hack/item/5c33e51fefc01af965eabfee, 2014.5.24.

人事件”[1]都展示了“人肉搜索”无比强大的威力，它能集合众多网友的力量，发挥每个人的优势，观察、检索、追踪，最终将“被人肉者”的个人身份和信息公之于众或者抵达事情真相。考虑到“人肉搜索”的非凡效力，如果你不幸成为被人肉的目标，那隐藏个人信息基本上是不可能的。[2]“被人肉者”最终或遭辱骂、或丢工作、甚至被拘留，而众多网民则以此为实现社会正义惩罚示范者的方式而被崇高的道德感充血。“人肉搜索”既是网民自发参与的一种利益表达机制，也是一种社会行动的过程，其中涉及行动者、行动结构等诸多要素。网民通过寻找对同一个问题的答案进行集体行动（collective behavior），信息的收集和发布是主要的行动方式。“六度分隔”理论[3]展示了世界是多么小，而“人肉搜索”则以其强大的搜索能力验证了这一观点。

中国首个因“人肉搜索”引发的诉讼是“王菲诉大旗网案”（死亡博客案）。2007年12月29日，王菲的妻子姜岩从24层的家中跳楼自杀。随后，姜岩生前的博客被网友发现，上面记载了她因为“老公出轨”而经历的煎熬。针对王菲的“人肉搜索”就此展开，并且一发不可收拾。2008年1月10日，大旗网刊载了《从24楼跳下自杀的MM最后的日记》专题报道；天涯论坛也于当日发表《大家好，我是姜岩的姐姐》一文；姜岩的同学张乐奕于1月11日注

[1] 2008年5月21日，国外最大视频网YouTube上出现一段长4分40秒的视频，在视频中一名女子身处网吧，用很轻蔑的口气大谈对四川地震和灾区难民的看法，激烈和肮脏字眼充斥其中。她对地震表示有幸灾乐祸的感觉。网站没有颜色、电视里全是灾难报道、哀悼日让她玩不成游戏成了她抱怨的理由。随后该女子成了首页里的新闻人物，并开始在国外网站风传，不到1个小时，该视频被中国网民链接到了天涯、猫扑等国内大型论坛上，以前所未有的速度开始传播，网民开始震怒，一个“号召13亿人一起动手把她找出来”的“搜索令”发起，“辽宁女”和“辽宁骂人女”成为该女子的代号，迅速占据各网站的新闻首页，成为网友最高点击率、评论回复最多的事件。网友通过其上网的IP地址，找到上网的具体地点，随后，QQ号和QQ空间被找到，里面存储的相关资料，包括年龄、血型、居住地被公开，随着QQ密码被网友攻破，其同事的QQ号也被查出，信息被公布后，更大的搜索网铺开，半小时不到，有匿名网友发帖称得知该女子的详细信息。5月21日下午1时，沈阳市公安局苏家屯区分局根据网上提供的该女子的信息资料，在一家网吧将其抓获并拘留。警方称，该女因对网吧停止游戏娱乐活动不满而录制了辱骂视频，目前她已对自己的言论表示忏悔和道歉。http://hi.baidu.com/52hack/item/5c33e51fefc01af965eabfee, 2014.5.24.

[2] Cheng L, Zhang L, Wang J. A study of human flesh search with epidemic models[C]//Proceedings of the 3rd Annual ACM Web Science Conference. ACM, 2012: 67-73.

[3] Six Degrees of Separation，又名“六度分割理论”或“小世界理论”等，意指你和任何一个陌生人之间所间隔的人不会超过五个，也就是说，最多通过五个中间人你就能够认识任何一个陌生人。

册了“北飞的候鸟”网站。这3个网站上的部分文章均披露了王菲、“第三者”的真实姓名，以及王菲的工作单位、居住小区等内容，并把王菲及家人的姓名、照片、住址等信息公开披露。根据王菲在后来的起诉书里的说法，给他及家人的生活、工作、名誉造成极为恶劣而严重的影响：被骚扰，被单位辞退，其他单位也因之不敢聘用；父母住宅多次被人骚扰，门口两侧贴满诬陷恐吓标语；报刊、电视等多家媒体在报道姜岩死亡事件时作出了极不公正的报道。

2008年3月28日，不堪其扰的王菲以名誉权受损为由，将“北飞的候鸟”网站管理员张乐奕、大旗网和天涯社区告上法庭，要求赔偿7.5万元损失及6万元精神损害抚慰金。2008年12月18日，北京市朝阳区人民法院对中国“人肉搜索”第一案作出判决，判令被告大旗网赔偿因“人肉搜索”受到伤害的原告王菲精神抚慰金3000元等；被告张乐奕赔偿原告王菲精神损害抚慰金5000元等。

法院在判决书中说：

王菲的婚姻不忠行为、姓名、工作单位等信息被披露后，成为公众知晓其真实身份的依据，引发了众多网民的批评性言论和不满情绪的蔓延和爆发。网民们利用被披露的信息，开始在其他网站上使用“人肉搜索”的网络搜索方式，主动搜寻更多的关于王菲的个人信息，甚至出现了众多网民到王菲家上门骚扰的严重后果，使王菲正常工作和生活秩序受到严重影响。因此，在王菲婚姻不忠行为被披露的背景下，披露王菲的姓名、工作单位名称、家庭住址等信息亦侵犯了王菲的隐私权。

大旗网披露王菲的上述隐私内容后，引发了大量网民在众多互联网网站上持续发布大量信息，对王菲的行为进行批评和谴责。当网民从发表谴责性言论逐渐发展到对王菲进行密集的、长时间的、指名道姓的谩骂，甚至发生了上门张贴、刷写侮辱性标语等行为时，则可以认定对王菲的影响已经从互联网上发展到了现实生活中，严重影响了王菲的正常生活、使王菲社会评价降低。凌云公司在大旗网披露王菲隐私的行为致使王菲的名誉权亦受到侵害。[1]

[1] 北京市朝阳区人民法院审理王菲诉大旗网侵犯名誉权案民事判决书（2008）朝民初字第29276号 .http://old.chinacourt.org/html/article/200812/18/336414.shtml., 2014.5.24.

在"人肉搜索"的过程中，数量众多的参与者加入讨论的过程当中，因此，它既是一种积极的社会参与形式，又是一种集体的狂欢仪式；而"被人肉者"则深受其扰，未经其同意便被公开个人信息，同时遭受线上和线下的双重骚扰。"人肉搜索"时而充当网络警察的角色，时而起着规范警察的作用。

（1）网络警察。在某些情况下，"人肉搜索"扮演着网络警察和规范的作用。比如，在"山西微笑局长"落马事件中，网民启用"人肉搜索"将犯罪嫌疑人绳之以法。2012年8月26日，原陕西省安全生产监督管理局局长、党组书记杨达才在延安交通事故现场，因面含微笑被人拍照上网，引发争议，网友"人肉搜索"出杨达才佩戴名表的各类图片。2013年9月5日被告人杨达才因受贿、巨额财产来源不明罪获刑14年。在这个案例中，"因罪犯逍遥法外而感到沮丧的人，企图自行解决法律而展现出了错误的行为。在一些例子中，他们获得有益的结果——违法犯罪者被捕并受到惩罚。"[1] 在这种情况下，网络警察协助我们维持一个有秩序的社会。问题是互联网能否发挥出强化人们的能力以协助警察逮捕犯人？

在"辽宁女子骂人事件"中，如果骂人者的行为触犯了国家的法律法规，自有公安机关或有关部门出门整顿，不管怎样，对其进行"通缉"、"追捕"与"审判"的都不应该是并不掌握权力资源的普通网民的分内之事。而事实情况却恰恰相反，网友越俎代庖，代替公安机关履行职务。同时，如果由公安机关执法，"骂人者"并不会承受来自众多网民的指责与谩骂，也许她接受法律的惩罚之后，能回归到正常生活。但是网友将其个人信息公开的行为却为她带来了额外的惩罚包袱，这些包袱本是她不应该承受的，而且比应该承受的法律惩罚更加沉重，它可能是伴随终身的耻辱标记，就像印在脸上一样，时时告知他人自己曾经的行为，在这种情况下，已无救赎之可能。

（2）规范警察。在另外一些情况，网民扮演的则是"规范警察"的角色。当事人的轻微失范，但并不违反法律的行为可能会被暴露在网上，在这种情况下，互联网很快变成一个强力的规范强制实施的工具，无数的网民就是规范的强制执行者。

比如，在2006年的"虐猫事件"中，一张女子将一只可爱的小猫用高跟

[1] [美]丹尼尔·沙勒夫.隐私不保的年代.林铮顗译.南京：江苏人民出版社.2011:90.

鞋活活踩碎脑袋的照片在互联网上疯传。虽然虐待动物在中国不是犯罪行为，但是这幅残忍的照片引起了网民和读者的公愤。有网民将该女子的照片制成“通缉令”，很多网民参与到寻找“虐猫女”的行动中。经一名网友的辨认，“虐猫事件”的地点在黑龙江省某公园附近，“虐猫女”是某医院的一名护士，给“虐猫”录像的是当地电视台的一名记者。事件曝光后，她被解雇。

再如，国外有千奇百怪的网站试图建立一套不符合常理的“高标准”来约束每个人。有的网站容许用户张贴他们对所遇到的没礼貌之人的报道。有的网站允许用户张贴恶劣驾驶的信息，而识别的方式就是凭他们的牌照号码。还有的网站有无数的个人照片，是人们用来指称那些在公共场所讲手机声音过大的人。还有的网站允许服务人员在“不公平的付小费者数据库”内键入信息。内容包括恶劣的付小费者的名字和地点、小费、百分比，以及对付小费者的描述。[1]

在这些案例中，那些于规范不符的倒霉者的个人隐私都已经遭到泄露。而为数众多的网民扮演的角色显然不同于“网络警察”，而更类似于一种“规范警察”，他们给那些于道德规范不符的行为者贴上耻辱的标签，强制执行一套良善的约束制度，使每个人都变成看似良善而高贵的人。用残忍的方式虐待小动物这种行为确实会引起正常人，尤其那些倡导为虐待小动物立法者的反感。但是这种行为至少目前在中国还不是一种犯罪行为，甚至是当事人的行为艺术，或者是表达自由的体现，当然方式确实不当。所以，严格来说，当事人并不应该承受因此而丢工作这样严格的惩罚。但是，如果仅仅在道德上谴责的话，无数的“规范警察”不答应，他们试图为这种失范行为打上耻辱的烙印，让当事人承受超越道德谴责之外的惩罚。互联网使得在现实生活中无法实现的耻辱烙印成真。如果没有互联网，那些“倒霉蛋”们，不管是恶劣驾驶者、在公共场所大声讲电话者，还是不付小费者，都不会遭到法律、规范的约束或惩罚。但是，互联网使得情况发生了逆转，只要当事人的行为稍稍失范，或者令对方心中不快，这一行为就可能被公布到网上，承受羞辱与惩罚。在这一过程中，被惩罚者已经丧失了对个人所有信息进行掌控的可能性。一些人可能会说“隐私的减少可能允许人们更加拘谨诚实。但是，当

[1] [美]丹尼尔•沙勒夫.隐私不保的年代.林铮顗译.南京:江苏人民出版社.2011:99.

每个人的越轨行为都被曝光时，人们可能不会这么严厉地判断另外一个人。拥有你的个人信息可能不能改善我对你的判断。事实上，它可能增加我急匆匆谴责你的可能性。而且，丧失隐私可能会抑制自由。伴随着生活在一个完全透明的网络世界而来的高能见度可能意味着你将永不能战胜以前的错误。"[1]

（三）表达自由与隐私权

社交网站的出现大大降低了言论表达的门槛，提升了网络用户的表达自由，也恰恰是这一因素使得个人隐私经常处于被侵犯的境况，这二者之间该如何平衡？

1.新媒体环境下表达自由的延伸

在个人对隐私侵犯的各种现象中，最突出的冲突是在个人的表达自由和他人隐私利益之间。表达自由是指公民有权通过口头、书面、电子等各种手段与设备发表信息和意见的自由。人们在互联网上这类媒体上也享有表达自由。只要是合法的信息和言论，都可以通过互联网表达传播。互联网以其开放、多元、及时、互动的技术和环境特征，成为意见交流的最佳拍平台。[2] 除了高效和方便之外，互联网还从以下几方面拓展着网民的表达自由。

表达主体的延伸。网络表达的低成本意味着参与人数大幅增多，毕竟我国其他民意表达渠道成本较高、运行不够畅通，并且在很多情况下垄断在少数个人或集体手中，民众难有参与机会。但是互联网的到来改变了这一情况，虽然网络表达也要接受相关法律法规和政府规章的制约，但是这并不能抵销其对表达自由主体的大幅延伸效果。2010 年以来，微博已经成为深受中国网民欢迎并被广泛使用的一种网络新媒体。其低准入门槛能够包容各年龄、各受教育程度、各收入阶层的网络用户利用它发声。据中国互联网络信息中心（CNNIC）2012 年 1 月报告显示，截至 2011 年 12 月底，我国微博用户数达到 2.5 亿，较上一年底增长了 296.0%，网民使用率为 48.7%，微博用一年时间发展成为近一半中国网民使用的重要互联网应用。用户每秒产生 / 转发微博 785 条。用户人数如此庞大、增长速度如此之快，加上每秒近 800 条的更新量，使得以新浪微博为代表的微博媒介已经成为网民发表信息的重要平台、

---

[1] Daniel J. Solove . Do social networks bring the end of privacy? Scientific American. 2008.18.

[2] 胡颖 . 中国互联网表达自由的法律规制与保护 . 国际新闻界 . 2012.34(9): 19-25.

用户交流观点的“自由市场”。[1] 虽然，近两年来，微信的兴起对微博的使用构成的冲击使部分学者为微博唱衰，但是“马航失联事件”表明在涉及公众普遍关心的公共问题时，微信的朋友圈分享并不能取代微博上各家丰富的言论。虽然，微博用户的数量不及前两年，但是一旦出现重大公共议题，微博就立刻活跃起来，发挥着微信不可取代的信息交流作用。基于此，有学者主张，在互联网时代，微博的表达已经使得出版自由、新闻自由和言论自由融为一体，构成了表达自由。[2]

（2）表达内容的延伸。这是一个多元、包容的时代。新媒体上的内容以海量、快速、全方位为特征。新媒体不仅可以提供大量的文本信息，还有动画信息、视频信息等。而表达的主题也是海纳百川，无所不包。生活、学术、工作、休闲、娱乐、消遣，各种主题的信息都可以被挂在网上，供人使用或者消费。甚至，只要当事人愿意，上传裸体照片也未尝不可。“竹影青瞳”、“流氓燕”就是以此走红。多样和多元的表达内容是表达自由对隐私权构成消解作用的主要原因。

（3）表达时空的延伸。只要连接到互联网，获取和发布信息就是不受限制的事情，网络用户可以在24个小时之内的任何时间随心所欲地表达所思所想，而不必担心灵感或想法转瞬即逝的可能。

2. 表达自由与隐私权的平衡

新媒体技术赋予了个人空前的表达自由，表达主体、表达内容和表达时空这3个方面从不同的角度扩展、延伸着网络用户的表达自由。与此相对的，在隐私这头，新媒体环境展现出来的是全面沦陷。首先是政府机关、各种商业企业组织通过各种各样的监控管理手段和搜集渠道将个人信息纳为自己的“盘中餐”。其次，每个陌生人都可能会随时拍下他人的百态上传分享。最后，个人的隐私意识似乎也更加薄弱，“永不停歇”地将自己的私密信息主动拿出来与他人分享。正是因为这种个人隐私全面衰落的现状，所以有人大胆断言在新媒体环境中，隐私已经不复存在了。但是事实是这样吗？尤其是在个人行使表达自由时对自己或他人隐私造成的侵害可能性越来越大的前提下，

[1] 靖鸣．微博表达自由：言论，出版和新闻自由边界的消解与融合．新闻爱好者．2012 (8): 1-3.

[2] 靖鸣．微博表达自由：言论，出版和新闻自由边界的消解与融合．新闻爱好者．2012 (8): 1-3.

这能说明表达自由全面获胜，而隐私全线溃败吗？

笔者认为，这种说法不够准确。事实上，那些主动晒个人信息的行为不能说明个人隐私意识的薄弱，恰恰相反，当自己的隐私遭到侵犯时，他们的隐私意识能够被马上唤醒，而且会采取法律手段捍卫自己的隐私利益。

比如，斯泰茜•斯奈德（Stacy Snyder）是一位单身母亲，她最大的梦想就是成为一名教师。2006 年春天，25 岁的她完成了所有学业，并且对她未来的事业充满了期待。但她的梦想破碎了。她心仪的工作单位明确地告诉她，她不能成为一名教师。理由是，她的行为与一名教师不相称。校方指的是一张网上的照片，照片里的她头戴一顶海盗帽子，举着塑料杯轻轻地啜饮着，斯奈德曾将这张照片放在 MySpace 她的个人网页上，并且取名为“喝醉的海盗”。这张照片是她为了搞怪而给朋友看的。然而，在斯奈德实习的那所大学里，一位过度热心的教师发现了这张照片，并上报给校方，校方认为网上的这种照片是不符合教师这个职业的，因为学生可能会因看到教师喝酒的照片而受到不良影响。[1] 后来斯奈德起诉了这所学校，虽然未能胜诉，但说明了她并未完全放弃自己的隐私。

这个案例展示的是社交网络上的信息被滥用的可能性，也是个人的表达自由被他人无限扩展的可能性。斯奈德只想把搞怪的照片分享给有亲密关系的朋友娱乐消遣，却未曾想到它竟然成了被他人利用来反对自己的证据。作为互联网中的一员，她确实应该对网络的分享性有所估计，谨言慎行，但若要求她对这一无法预料的后果加以预测显然是过分的要求。因此，虽然个人主动将信息晒到网上，但是不意味着他们放弃了对这些信息中所包含的隐私利益，恰恰相反，一旦这些信息的可获得范围超出了其本有的预期，也就是自己的表达自由被他人滥用或者延伸，隐私主体就会马上意识到并且会尽力捍卫之。

在这种情况下，如何平衡表达自由与隐私之间的关系就不是简单的唯一标准可以做到的。它需要综合考虑各种因素，包括动机、后果以及合理隐私期待等问题。否则将会导致一边倒的结果，而不管倒向哪一方，这将都是对

---

[1] ［英］维克托•迈尔—舍恩伯格著．删除——大数据取舍之道．袁杰译．杭州：浙江人民出版社．2013:5.

人性之善的基本价值的伤害。

IT 时代，个人已经成为越老越重要的隐私侵犯主体，这主要是由于社交网站的兴起，以及随之而来的“一呼百应”式的网民集体行动和狂欢的可能性。由于“隐私悖论”的存在，出于维系关系，管理个人形象，以及强化社会资本的需要，个人在明知存在滥用风险的情况下在社交网站提供着个人生活的细节，而他人则出于“正义感”的喷张以及对狂欢的渴望肆意消费着他人的个人信息，这二者合理造就了 IT 时代个人成为隐私侵犯的越来越重要的主体。

本章小结

本章主要聚焦在 IT 时代对个人隐私权的多源头侵犯，其中包括政府、大众媒体、商业企业组织和个人。其中，政府和大众媒体是传统的隐私侵犯主体，而商业组织和个人是伴随着 IT 时代的来临新出现的隐私侵犯主体。技术为这些社会各方主体赋予了强大的信息收集、存储、加工和共享能力，这种信息能力极容易对个人隐私造成威胁。现代政府以国家安全、社会安全以及信息公开、保障知情权的名义，广泛安装监控设备，披露个人信息，甚至倒卖个人信息获利。电子摄像头、个人信息监控、网络数据库建立了一种超级数字“圆型监狱”，使人无时无刻不处于被监视和被观察的状态，个人在其中完全丧失了建构自我的可能性，而且本人在无意识状态中提供监视所需的信息，主动参与这一监视过程。媒体也一直是隐私权的重要威胁，事实上，隐私作为一种权利意识明确出现在法学领域中与大众媒体紧密相关。借助新技术技术，传统大众媒体的信息采集能力和传播能力得到空前强化，在商业利益刺激下，窥探隐私、曝光隐私成为一门生意，这一点在互联网平台上体现得尤为明显。个人隐私在 IT 时代的一个重要变化在于由过去的精神利益更多地转变为财产利益，尤其是个人信息，其已经成为信息社会重要的经济资源，对其开发利用是新经济的重要组成部分。商业企业组织将消费者个人信息当成商业资源的一部分进行收集和挖掘，通过累积构建消费者的购物信息的“个人侧面像”。但信息的开发利用如果不能建立起一套有效的保护机制，隐私侵犯便不可避免，比如，市场上出现了专门售卖个人隐私的公司，这也是今天人们的正常生活屡遭骚扰的重要原因。此外，随着网络及新媒体的普及，个人泄露自己或他人隐私的现象也越来越多。网上社区、博客、微博、微信等各类媒体既是个人展示自我与他人的平台，也是隐私泄露的重要平台。在这种隐私侵犯现象的背后实则是各种权利与隐私权的冲突，比如国家和社会安全、公民知情权、言论自由、交易自由、表达自由权等等，面对这些复杂微妙的权利冲突，法律在进行调整和规制时总是会有所偏颇，因此，需要在对隐私权进行法律保护的基础上，综合运用技术等其他手段建立隐私保护的框架。

结语 | Conclusion

国家治理与全球治理视野下的隐私问题

隐私侵犯的现实状况迫使每个人反思，法律在保护隐私问题上究竟效力几何？除了法律之外，是否还有其他可以选择的对个人隐私的保护手段？

IT 时代，如何阻断对隐私的多源侵犯？显然，单靠国家政府是不够的。这是因为，技术与权力有结盟的可能，其结果将是对公共利益和个人隐私的无限损害。防止政府作为唯一的行动者垄断技术资源进而伤害人的自由的最好方式是从“管理”（rule）走向“治理”（governance），从善政走向善治，从政府的统治走向没有政府的治理，从民族国家的政府统治走向全球治理。[1]所谓治理，是“私人和公共的个人或公共机构管理其公共事务的诸多方式的总和。它是使相互冲突的或不同的利益得以调和并且采取联合行动的持续的过程。它既包括有权迫使人们服从的正式制度和规则，也包括人民和机构同

[1] 俞可平主编 . 全球化：全球治理 . 北京：社会科学文献出版社 .2003:2.

意的或以为符合其利益的各种非正式的制度安排。”[1] 这一概念背后的共识是政府与私营部门之间的界限趋于模糊，政府机构不再是统治、管理的唯一行动者，多元主体共同参与到这一过程中来。治理理论的主要创始人之一詹姆斯·罗西瑙 (James Rosenau) 指出，与统治不同，治理指的是一种由共同的目标支持的活动，这些管理活动的主体未必是政府，也无须依靠国家的强制力量来实现。[2]

具体说来，这些参与治理的多元主体可以包括，政治行为主体，如政治家、官僚等；市场行为主体，如个人、企业、中间性组织；其他社会行为主体，如各种公民社会组织、利益集团等；外部行为主体，如外国政府、跨国公司、国际金融机构、国际 NGO 等。[3]

在民族国家 (nation) 这个大的治理结构之中，治理的多方主体，政府、市场与公民社会相互协调、相互扶助，形成了一种共生与互补的关系形态。[4] 具体来说，政府与市场看作是两种非此及彼、相互替代的协调机制，而是更加强调二者的相互增进与互惠共生的关系，即市场的有效运行需要一个有能力的政府的培育和扶持，市场的繁荣同样有助于转变政府职能，提高治理绩效。在政府与市场之外，国家治理还引入了维系公共秩序与促进发展的第三个重要维度——公民社会。公民社会所提供的公共物品和服务可以同时缓解市场失灵与政府失灵，公民社会所孕育的社会资本则可以发挥增进信任、消弭利益分歧的社会黏合剂的功能。[5]

治理理论为阻断 IT 时代对隐私的多源侵犯提供了一个参考性和指导性的框架。隐私侵犯问题涉及多方利益和多重动机，调动除政府外的多方力量参与可以提高隐私侵犯治理问题的效果。

具体说来，法律依然是治理隐私侵犯问题的重要措施，因为“作为唯一合法性强制主体的政府所提供的法律和各种博弈规则为市场经济与公民社会

---

[1] Commission on Global Governance. Our Global Neighborhood- The Report of the Commission on Global Governance. Oxford University Press. 1995:2-3.

[2] 赵景来 . 关于治理理论若干问题讨论综述 . 世界经济与政治 .2002.3.

[3] 张慧君 . 景维民 . 国家治理模式构建及应注意的若干问题 . 社会科学 .2009 (10): 9-15.

[4] 张慧君 . 景维民 . 国家治理模式构建及应注意的若干问题 . 社会科学 .2009 (10): 9-15.

[5] 张慧君 . 景维民 . 国家治理模式构建及应注意的若干问题 . 社会科学 .2009 (10): 9-15.

的平稳有效运行创建了一个基本的制度环境，没有政治与法律这一坚固/外壳的保护，市场中必然出现大量的欺诈、违约以及损害公共安全的各种机会主义行为，也必然会导致市场经济秩序的紊乱。”[1] 法律是前提，也是保障其他措施奏效的基础。

但是，诚如前文论述的那样，在阻断隐私的多源侵犯上法律的效力的确有限。正如张维迎所说，法学界、经济学界及其他社会科学界过去10多年的研究表明，法律的作用被人们大大高估了；法律在多大程度上有效，取决于社会规范在多大程度上支持它。如果法律偏离了社会规范，执行成本就会提高很多，甚至根本得不到执行。法律的有效性，即法律能不能得到执行，依赖于社会规范。[2] 而且，法律救济方式的属性也决定了其在阻断隐私侵犯和补偿被侵犯人的权益时时常失灵。金钱赔偿是法律救济的主要方法，但是由于隐私侵犯的特殊性，单纯的金钱补偿往往不能补救被侵犯者的利益。“法院能强制一个被告履行一项转让土地的契约，但是它不能强制他去恢复一个私人秘密被严重侵犯的人的精神安宁。”[3] 因此，以物质手段作为对隐私侵犯的救济显然是不够用的。

根据理查德·斯皮内洛（Richard Spinello）的观点，通过法律和规范来控制技术一直是一个徒劳无益的举措，而用技术“校正”技术一直更为有效。比如他说，法律制度很难禁止色情在互联网上的传播，但是，过滤下流信息的屏蔽软件却要成功得多。[4] 不过，斯皮内洛不是一个技术乌托邦主义者，他在建立网络行为的约束框架时，借鉴了劳伦斯·莱斯格（Lawrence Lessig）教授的分析框架。莱斯格教授在其《代码和赛博空间的其他法律》一书中，规范网络行为的四种约束：法律、规范、市场和代码（code）。法律自不必说，规范指的是网络礼仪和社交习惯，市场则以多种方式约束行为，比如点击量、信息流量等。需要说明的是代码，代码指的是软件的代码，其建构互联网的

[1] 张建伟.转型、变法与比较法律经济学——本土化语境中法律经济学理论思维空间的拓展.北京：北京大学出版社.2004:138-164.

[2] 张维迎.法律与社会规范.文汇报.2004年4月27日，中国网，http://www.china.com.cn/chinese/OP-c/553728.htm, 2014.4.4.

[3] [美]罗斯特·庞德.通过法律的社会控制.沈宗灵译.北京：商务印书馆.2009:35.

[4] [美]理查德·斯皮内洛.铁笼，还是乌托邦：网络空间的道德与法律.李伦译.北京：北京大学出版社.2007:1.

程序和协议，是网络空间的架构。

在莱斯格框架基础上，斯皮内洛指出，应当把基本伦理规则也就是元规范从社会规范中抽取出来，使其具备普遍有效性，成为制定法律、建立社会机制和管理网络的基础。这种元规范指的是内在于人性、对人类繁荣必不可少的知性之善，也就是中国文化中所讲的至善。因此，斯皮内洛建立的网络行为约束框架是，在核心道德价值的统领之下，法律、代码、规范、市场4个因素协同约束网络。

国内有学者[1]将这一分析框架运用于网络隐私权保护，将代码更换为技术，这一更换有助于在国内学术语境中理解其所指称对象，但将其中社会规范因素省略却值得商榷。正如张维迎所说，社会规范，而非法律规则，才是社会秩序的主要支撑力量。离开社会规范，特别是在IT时代，技术赋权使得人人具有传播能力的背景下，除却社会规范因素来谈隐私侵犯问题，是十分不够的。此外，之前框架的局限还在于忽视了法律、技术、规范、市场之间的相互作用对隐私权保护产生的影响问题。因此，综合以上学者们的研究成果，本研究提出以下治理隐私侵犯的一般框架。见下图：

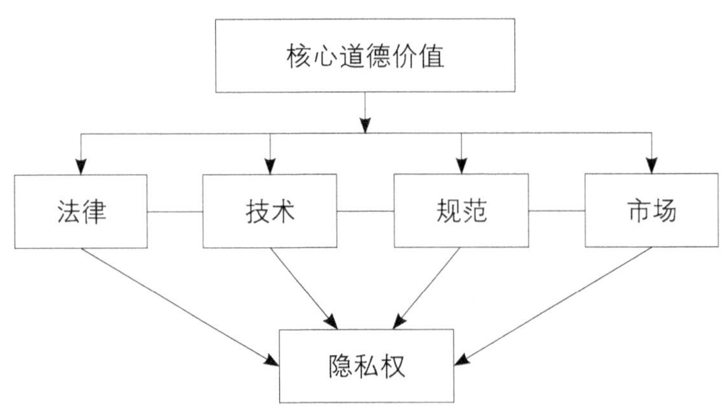

这一分析框架是基于网络行为约束的基础上发展而来的，它能否应用在这里作为一切隐私权保护的分析框架？答案是可能的，这是因为：首先，本研究的目的主要侧重在IT时代的隐私侵犯问题；其次，即便是用它来分析传

[1] 王菲．互联网精准营销的隐私权保护：法律，市场，技术．国际新闻界．2012.33(12): 90-95.

统的隐私侵犯，这一分析框架依然有用，当然，这取决于如何定义分析框架中的概念。也正是为了使得这一分析框架有着更为广泛的适用性，才将原理论中的代码改为技术概念，这样，我们可以将之定义为一切用于隐私权保护的工具和策略。此外，建立框架还有一个危险是，可能会割裂要素之间的联系，凸显了一种关系，就意味着对其他关系的遮蔽。任何框架的建立都是对事实的简化，但为了论述的集中和有效，似乎唯有如此。不过，在论述时需要考虑其关系的复杂性。具体来说，这一框架包含着如下要素。

一、隐私权的核心价值：自由与尊严的统一

隐私权对于人们来说，究竟意味着什么，前面已进行过探讨。无论是美国偏向对自由的保护，还是欧陆偏向对尊严的推崇，其并无实质差别。他们都是为了遵循人类基本的善。价值共识的形成是一切行动的前提，它在规范现实和网络空间方面起着结构性的或指导性的作用。

如果说至善的追求看起来过于抽象而难以琢磨的话，建立一套行之有效的规范性原则或许是更为可能的。当然，当说到最基础的原则时，常常会想到“黄金律”，其特指的是基督教《圣经・新约》中所说的“你想要人家怎样待你，你就要怎样待人”道德原则。这类似于中国人常说的将心比心。然而，仅有这一条似乎仍然难以把握日常生活的行动原则。

因此，雅克・蒂洛（Jacques Thiroux）和基思・克拉斯曼（Keith Krasemann）将人类道德体系所遵循的基本原则概括为生命价值原则、善良（正当）原则、公正（公平）原则、说实话或诚实原则、个人自由原则。也就是说，人类行为要受到保存和保护人的生命的必要性，行善止恶的必要性，分配好处和坏处时公平待人的必要性，说实话和诚实的必要性，以及自主的原则。[1]

斯皮内洛在探讨网络规范原则时引入了汤姆・比彻姆（Tom Beauchamp）和詹姆斯・奇尔德雷斯（James Childress）提出的生物医学伦理学四原则，分

[1] ［美］雅克・蒂洛．基思・克拉斯曼．伦理学与生活（第 9 版）．北京：世界图书出版公司 .2008:147-154.

别是自主、不伤害、有利和公正。[1]国内不少学者受到这一引介的影响，在研究网络伦理时多以这四原则为基础提出自己的观点。如有学者认为，功利原则、尊重原则、发展原则也应成为应遵循的信息伦理原则。[2]还有的学者将“允许”也作为一种原则，认为在多元社会中，涉及他人的行动的权威只能从别人的允许中来，允许是道德权威的必要条件。[3]还有的学者将知情同意原则也纳入进来，并指出，人们在行使自己的信息权利时，应该使受到影响的利害关系人充分知晓其信息行为及可能的后果，并有效地做出决策。[4]对于IT时代的隐私权保护来说，自主原则、不伤害原则、知情同意原则、尊重原则也许是最应该遵循的四项基本原则。但这些原则中也并不是同等重要的，一般认为，不伤害原则是所有约束中最为底线的原则，而对于隐私保护来说，自主原则也许是最为重要的价值追求。对于作为隐私的个人信息，遵循知情同意的原则，可能既能保护个人隐私权，又不至于妨碍信息的自由流通，遏制信息经济的活力。隐私权是人格尊严权，如果在人们的社会交往和网络交往中，具有一种尊重他人的意识，隐私侵犯可能就会有所收敛。总之，在制定法律、设置规范、操控技术以及自由交易时，在协调隐私权与知情权、公共安全、言论自由权等权利时，如果能够建立一套行动背后的伦理价值体系，对隐私权的保护就有了框架性的价值基础。

二、隐私侵犯的法律救济

IT时代，借助于新传播技术的隐私侵犯能否通过法律规制？尽管前面分析了法律在维护个人隐私的问题上有这样或那样的不足，但是这并不能抹杀法律在保护个人隐私问题上的重要性，毕竟作为一种强制的力量，法律比其他的规制措施更正式，也具有更多的合法性。因此，全球多数国家治理互联网的努力并没有放弃，在保护IT时代隐私权方面，如前所述，多数国家都出

---

[1] Beauchamp L. Tom. James F. Childress. Principles of biomedical ethics. Oxford university press. 2001.

[2] 曹劲松．宋惠芳．信息伦理原则的价值取向与责任要求．江海学刊．2004 (5): 57-63.

[3] 孙景艳．试论网络社会中的伦理原则．现代远距离教育 .2006 (5):79-80.

[4] 沙勇忠．基于信息权利的网络信息伦理．兰州大学学报：社会科学版．2006.34(5): 54-59.

台或者设立了保护隐私权的法律与司法程序。况且，不仅在国家内部开展治理，一些区域性的国际组织也通过国际法展开跨国个人隐私保护，这当然因应了IT时代的信息全球化趋势。

如欧洲1995年制定通过的《个人数据保护指令》，提出成员国应当保护自然人的基本权利和自由，特别是他们与个人数据处理相关的隐私权，同时也要求各成员国不得以保护理由来限制或者禁止成员国之间个人数据的自由流动。[1]该指令第25条规定，只有当第三国确保能够为个人数据提供充分程度（adequate level）的保护时，才能将个人资料移转或传送至第三国，这条规定被称为欧盟的“充分保护”标准。“充分保护”标准为美国企业在欧盟开展业务设置了限制性的门槛。为解决这个问题，欧盟和美国于2000年达成了《安全港协定》（Safe Harbor），实现了信息的对接。由此可以看出的是，网络时代的隐私权保护，不仅需要国内法律的制定与完善，还需要全球的治理与协作。

在新媒体环境下，对隐私权的法律保护需要考虑的一个核心问题是，公开的信息还应不应该得到隐私权的法律保护。这是因为，由于社交网站的冲击，对隐私的关注点已经不是信息本身的私密性，而在于对已经公开的信息要“自己说了算”。传统观点认为，已经公开的信息就不再是隐私，因而不必受到隐私权的保护。但是，在新技术环境下，用传统的非此即彼的方式对隐私进行二元理解是不适当的。

在新技术环境中，由于公共领域与私人领域的边界一直处于流动之中，所以传统上的“一旦信息向其他人公开，它就不再是私密的”这种主张需要重新调整。这种隐私概念对社交网络来说完全不适用，尤其是因为社交网络的链接便利性，个人本想在一定范围内公开的信息完全有可能被他人复制分享给他人。以下例子可作为说明。

2006年，Facebook发起了一个专题叫News Feeds，当用户的肖像改变或者更新时将会告知这个人的注册好友。但是让Facebook的运营者大吃一惊的是，许多用户都出离愤怒。将近700,000人投诉。乍一看，对News Feeds的

[1] 欧盟个人数据保护的立法情况简介. http://news.ccidnet.com/art/1032/20100124/1986019_1.html, 2014.4.5.

抗议是莫名其妙的。许多抗议的用户的肖像完全暴露给了公众。所以为什么他们认为告诉朋友们他改变了肖像是对隐私的侵犯呢？

2007年，Facebook又遭遇了公众的抗议，彼时，它发起了一个由Social Ads和Beacon两个部分组成的广告系统。在Social Ads下，不管用户什么时候写下对于一件商品或电影的肯定评价，Facebook将在推送给朋友们的广告中会使用他们的名字、照片和说的话，以期朋友的认可能比广告更能引起其他的用户购买这件商品。在Beacon中，Facebook做与各种其他商业网站有关的数据共享。如果一个人在Fandango上或其他网站上买了一张电影票，那一信息将会突然出现在这个人的公共主页上。

Facebook没有充分告知其用户就推广了这些项目。人们不知不觉地发现自己在他们的朋友的主页上像骗子似的推销商品。一些人很震惊地看到他们在其他网站上私下购买的行为突然作为他们的主页的一部分出现在Facebook网站上向公众公开。强烈抗议和随后呼吁Facebook改变它的行为的线上请愿——迅速吸引了数以万计的请愿签名最终导致了一些改革。

这些例子说明人们的隐私观念发生了新的变化，人们对隐私的感知不再是总涉及秘密的分享，已经公开的信息也有可能被纳入隐私的范畴。社交网络上的用户不再将隐私看成藏在黑暗壁橱里的秘密，而认为问题是“可获得性”的问题。他们指出许多人不会认真地仔细审视他们的照片以致于注意到细微的变化和更新，这使得他们能够在无意识的状态下做出改变。而且，Facebook用户不愿意他们的身份被用来在Social Ads上兜售商品。写下一个人有多享受一部电影或一张CD是一件事；它被用在一个广告牌上向其他人兜售商品是另一回事。但是Facebook的News Feeds和Social Ads这样的项目使得网络用户的个人信息、消费信息被更公开地注意到，甚至被用来做为广告营销的手段。

此时，用户对于隐私的异议就不再是其私密性；而是关于信息的可获得性问题，尽管个人已将信息公开在了网络上，但是Facebook的行为导致其被擅自扩大公开，而且这个范围已经超出了当事人的预期，因此当事人感觉自己丧失了对隐私的控制。社交网站的用户与他们的朋友和粉丝公开分享他们的想法、情绪和情感的时候，是带着一种理解的，即信息是以它们被披露的时刻呈现的政策为基础，这些信息只会分享给那些选择的人。[1] 这一主张就像1890年沃伦和布兰代斯在《隐私权》中主张的个人有权利决定“他的想法、情感和情绪在哪种程度上传播给其他人”一样有效、一样有重大作用。本质上说，这是一种允许个人对已经披露的信息继续享有隐私权的主张。

芝加哥法学院教授利奥尔·斯特拉西利维茨（Lior Strahilevitz）在确定之前已经被披露的信息当中是否存在隐私利益时说，确定披露后的信息中是否存在隐私利益的法学分析不是取决于信息被披露的人数，而应该是，如果信息停留在局限于披露的原初群体中，信息应该被视为私密的，即使这样的群体是很大的。[2] 也就是说，个人可能会在社交网络上披露信息，假定已经在信息共享的获取上设置了参数。当一个人限制了在社交网络上分享的信息的获取途径时，这个人对那个信息的隐私权不能被消灭。[3] 虽然社交网络的使用者很愿意分享信息，但是他们应该保留着限制信息共享给想要的受众的权利。每个人都有权利保留他自己的感情，如果他愿意的话。他当然有权利决定是否公开它们，或者只让它们进入朋友的视野。即使他们选择将它们表达出来，通常他也保留着设定公开的界限的权利。

即使用户在网络上披露了个人信息，他依然享有隐私利益，对这一权利能够实施能提供的救济方式是，一旦一个人为自己的网络建立了隐私设置和参数，若作出会使任何之前受到用户限制的信息公开的改变，社交网络必须征得用户的事先同意。如果不能获得同意，揭露这些信息将会构成法定违法行为。

因此，在互联网环境下，隐私已经不必然意味着是秘密，所以在某种程度上通过法律方式认可已经公开的信息当中也具有隐私价值可以更好地应对互联网技术对个人隐私构成的威胁及挑战。

对于中国来说，传统隐私保护的相关法律还没有建立起来时，又遭遇了新媒体的挑战，这也就使得中国有关隐私保护立法工作变得更为迫切。通过

[1] Connie Davis Powell.You Already Have Zero Privacy, Get over It-Would Warren and Brandeis Argue for Privacy for Social Networking. Pace L. Rev. 2011(31):146.

[2] Lior J. Strahilevitz. A social networks theory of privacy[C]//American Law & Economics Association Annual Meetings. bepress, 2005: 42.

[3] Connie Davis Powell.You Already Have Zero Privacy, Get over It-Would Warren and Brandeis Argue for Privacy for Social Networking. Pace L. Rev. 2011(31):146.

前文的梳理可以发现，中国至今仍然没有一部完整的隐私保护法律，个人信息保护法尽管呼声很高，但至今也未出台。不仅隐私保护，对于整个互联网来讲，国内都缺乏一部真正意义上的互联网法律。目前，关于互联网的治理，主要以行政法规、部门规章为主。且在互联网整个管理过程当中，宪法不如一般的法律，一般的法律不如行政法规，行政法规不如部门规章，而部门规章在非常多的时候不如领导的批示。[1] 如果这一状况得不到有效地改善，不能树立宪法和法律的权威，即使出台隐私法或个人信息保护法，隐私侵犯的状况也未必能够得到有效地改善。

为了应对新技术对个人隐私带来的威胁，结合中国对个人隐私的保护现状，要完善对个人隐私的保护，出台专门的个人信息保护法是当务之急。这可以健全和完善我国本就薄弱的对包括个人信息在内的个人隐私的法律保护体系，尽快解决救济隐私侵犯“无法可依”以及“求助它法”的现状。事实上，自 2003 年起，《个人信息保护法》专家建议稿就开始起草，2005 年，我国第一部《个人信息保护法》启动立法程序。虽然该法案至今仍未正式出台，但是一些法学家对个人信息以及隐私保护问题的关注一直持续。《个人信息保护法》起草人之一、中国社会科学院法学所宪法行政法研究室主任周汉华教授指出，草案除了保护个人信息不受到侵犯外，还保护公民充分了解自己的信息、修改自己错误信息的权利。为了保护个人信息，政府会成立专门的执法机构：个人信息保护办公室，并设有信息专员。[2]

专门的个人信息保护法应该强化信息主体的各项权利，其中包括决定权、知情权、修改权、删除权等等。其中尤其值得强调的是，删除权作为“被遗忘权”的同义表述应该成为新技术环境下对新隐私观念进行保护的核心权利。

1980 年国际经济合作组织发布的理事会劝告八项原则可以作为我国个人信息保护制度的基本依据。OECD 八项原则包括：（一）收集限制的原则。个人资料的收集应有限制。一切个人的资料，必须采用合法且公正的方式，须在适当的场合告知资料主体并取得其同意方可收集。（二）资料内容的原则。

[1] 胡泳 . 中国互联网立法的原则问题 .http://media.sohu.com/20130427/n374280349.shtml, 2014.4.5.

[2] “起草人披露《个人信息保护法》草案内容，我国将设立个人信息保护办，” http://www.jxpost.com.cn/newspaper/newspaper_con.jsp?id=492, 2014. 7.9.

对个人资料按其利用的目的并且在利用目的范围内正确使用，必须保证资料的完整，防止资料污损。（三）目的明确化原则。收集个人资料的目的、收集时间和最后时间点必须明确化。其后资料的利用也应保证，该收集目标的实现与该收集目的无矛盾，并且目的的变更也必须明确化，限制实现其他目的。（四）利用限制性。个人资料不允许供明确化目的之外的其他目的展示利用，但资料主体同意或者法律另有规定的不在此限。（五）安全保护的原则。必须采取合理的安全保护措施，防止个人资料的丢失、损坏或不当使用、修正、展示。（六）公开原则。关于个人资料的开发、运用政策，一般应公开。个人资料的存在、性质及主要利用目的，资料管理者的识别、通常住所应清楚以方便利用。（七）个人参加原则。个人享有的权利包括：从管理者或其他方面确认自己的资料是否被利用的权利；对自己资料在合理期限内采用必要的不过度的费用和合理的方法和容易明白的形式告知自己的权利；上述要求被拒绝时有要求说明理由和提出异议的权利；对自己资料提出异议或异议被承认时要求消除、修正、维护完整性和纠正的权利。（八）责任原则。资料管理者对上述诸原则的实施负有遵从的责任。[1] 这八项原则基本涵盖了隐私权在 IT 时代的主要权利诉求，为制定个人信息保护法律提供了原则性框架。法律虽然不能阻止隐私侵犯的发生，但它试图为权利划清边界，法律存在的意义也许是，为整个规范提供了底线要求，当侵犯触及底线时，人们拥有救济的途径。也就是说，只有触及法律时，人们才能真切地感觉到它的存在。

三、作为规范力量的隐私保护技术

从广义上来说，技术也是规范的一部分。就技术与法律的关系而言，技术作为经济关系中的决定性因素，其进步直接推动着财富的增长，从而也推动着各种“权”的总量增长，并导致权利、权力分配原则和规则的变化。因而，作为现实的生产力，技术在归根结底的意义上决定着法这种以权利和权力为核心的社会规范的内容。[2] 在传统社会，技术作为一种规范力量体现的还不突

---

[1] ［日］加藤良夫 . 实务医事法讲义 . 民事法研究会 .2007:64-65.

[2] 童之伟 . 再论法理学的更新 . 法学研究 .1999. 2(5).

出。但随着科技的发展，尤其是信息技术的广泛利用，技术在现代生活规范中发挥着越来越重要的影响力。

法律固然能够协调权利冲突，但权利真正实现却需要执行成本。法律只是为权利划定了基本底线，要真正依靠法律达到权利的实现，往往需要社会支付较大的成本，甚至动用国家强制力。而技术却能够直接、高效、精准、经济地为权利划清边界，实现对权利的保护。如通过网络过滤技术，就能够很好地保护少年儿童。就法律和技术的关系而言，两者是相互依存的关系，技术的发展影响法律制度。法律的变迁离不开许多与社会科学紧密相关的专门技术。[1] 同时，作为社会规范，技术与法律相互依存，在全社会的规模上调整人们的行为，参与财产、利益和各种权利、权力的分配。这种意义上的技术，既需要法律承认、支持，又受到法律的限制。[2]

法律与技术的协同合作，法律作为后盾，技术作为主要手段，是形成社会约束的两支重要力量。在 IT 时代，对于隐私权保护而言，技术更能发挥积极的主导力量，通过程序设计，实现对隐私的有效保护。隐私在信息技术社会遭遇风险，首先面临的是数据挖掘技术与数据保护技术的对决。如何在数据应用的同时保护数据隐私，一直是信息技术领域内在探讨的问题。因此，要阻断隐私侵犯的来源，技术的应用不可忽略，甚至，像隐私侵犯这样的法律问题，经常可以通过技术手段来得到解决。具体来说，当前的隐私保护技术以下几种类型：

（1）基于数据失真的隐私保护技术。它是使敏感数据失真但同时保持某些数据或数据属性不变的方法。其优点在于计算开销小、实现简单，但问题是数据失真并且严重依赖数据，不同数据需要设计不同的算法。

（2）基于数据加密的技术。它是采用加密技术在数据挖掘过程中隐藏敏感数据的方法，多用于分布式应用环境中。其特点在于数据真实、无缺损，能够高度保护隐私，但缺陷在于计算开销、通信开销大，部署复杂，实际应用难度较高。比如，TextSecure 是一项对短信加密的技术，无论是发送过程还是存储在手机时都是加密的。它与一般的短信应用程序几乎一样，而且也很

[1] 苏力 . 法律与科技问题的法理学重构 . 中国社会科学 .1999 (5).

[2] 罗莉 . 作为社会规范的技术与法律的协调——中国反技术规避规则检讨 . 中国社会科学 .2006 (1): 72-84.

容易使用。TextSecure 为默认的短信应用程序提供了一个安全和隐私性能更好的替代程序。所有消息都是在本机加密的，因此，如果手机丢失或被盗，消息仍是安全的。而且，TextSecure 不是简单地把信息隐藏起来，而是采用加密技术确保信息真正的安全。[1]

（3）基于限制发布的隐私保护技术：数据匿名化。即在隐私披露风险和数据精度间进行折中，有选择地发布敏感数据及可能披露敏感数据的信息，但保证对敏感数据及隐私的披露风险在可容忍范围内。其特点在于，适用于各类数据、众多应用，算法通用性高，能够保证发布数据的真实性，实现简单，缺陷在于存在一定程度的数据缺损和隐私泄露，实现最优化的数据匿名开销较大。比如，Disconnect.me 就是一款具备隐私保护特点的软件是，从名字就可以推断其核心要义。它是一款隐藏网上身份的浏览器扩展工具。Disconnect.me 可以让你监控和阻止网站收集你的数据，目前可以监控超过 2000 个网站。一旦发现网站试图获取你的数据，它将把数据进行加密处理。在没有得到用户允许的情况下，Disconnect.me 不会搜集用户的 IP 地址和任何个人信息。[2]

一般来讲，当针对特定数据实现隐私保护且对计算开销要求比较高时，基于数据失真的隐私保护技术更加适合；当更关注于对隐私的保护甚至要求实现完美保护时，则应该考虑基于数据加密的隐私保护技术，但代价是较高的计算开销（在分布式环境下，还会增加通信开销）。而数据匿名化技术在各方面都比较平衡：能以较低的计算开销和信息缺损实现对隐私保护。[3]

自从“棱镜门”事件以来，一些保护隐私的软件开始受到网络用户的追捧。比如，DuckDuckGo 是一款互联网搜索引擎，其之所以能在谷歌、微软和雅虎占据美国网络搜索市场 96% 的份额的情况下在夹缝中获得生存主要就是得益于其主张维护使用者的隐私权，并承诺不监控、不记录使用者的搜寻内容。自“棱镜门”事件曝光后，DuckDuckGo 的搜索量不断创出历史新高。有美国科技网站预计，从 DuckDuckGo 的搜索量暴增可以看出，互联网用户正越来

[1] 世界各国加强立法保护网络隐私 . 深圳特区报 .2013.6.24. http://sztqb.sznews.com/html/2013-06/24/content_2526195.htm, 2014.4.9.

[2] 世界各国加强立法保护网络隐私 . 深圳特区报 .2013.6.24. http://sztqb.sznews.com/html/2013-06/24/content_2526195.htm, 2014.4.9.

[3] 周水庚 . 李丰 . 陶宇飞等 . 面向数据库应用的隐私保护研究综述 . 计算机学报 .2009.32(5): 847-861.

越关注隐私问题，DuckDuckGo 将逐步成为重要的搜索引擎。另一个最有名的隐藏网上行踪的程序是洋葱路由器托尔（Tor）。托尔可帮助网民隐藏IP地址，有效阻止被追踪。这个程序既没有“后门”，也从不保留可以确认其用户的记录。Wickr 公司也创造了一种同名应用程序，允许人们加密和销毁在移动装置发送的资料。[1] 这些超前的隐私保护技术可以防患于未然，防止基于网络记录和追踪技术的隐私侵犯现象的发生，于无形之中节约了司法成本和管理成本。

由于技术具有的价值中立及普遍性，中国与国际接轨并非不可能，这也是中国融入国际环境的必经之路。积极学习国外的先进隐私保护技术既能保证网络用户的隐私和信息安全，也是与国际隐私保护水平和标准接轨，进而展开国际合作和对话交流的前提条件。

四、作为非强制性的社会规范

从广义上说，法律、技术都属于规范内容，而这里所说的规范仅指道德性的、文化性的约束。威廉斯把社会规范定义为人们期待的、共有的行为方式。从这个意义上说，价值是规范的中心要素。[2] 因此，社会规范不同于法律，它是非强制的。但非强制并不等于没有约束力，事实上，社会规范很多时候比法律更能约束人们的日常生活言行。社会规范正如哈耶克所说的“自发演生的秩序”，是自下而上自然形成的，它具有民间法律的性质。IT 时代之所以出现各类新的隐私侵犯现象，往往不是法律缺失造成的，而是社会规范的缺失。特别是在网络上，由于匿名隐身的特性，使得传统的社会规范难以发挥约束力，各种侵权行为频频发生。因此，要防止各种隐私侵害现象的出现，同样非常重要的一环就是重建网络社会规范，并使之与传统社会规范统合。

规范如何形成，有着丰富的研究成果。根据郑晓明等学者的梳理[3]，主要有以下观点：社会规范是社会成员在共同活动（互动）中形成[4]；规范一般是

[1] 世界各国加强立法保护网络隐私 . 深圳特区报 .2013.6.24. http://sztqb.sznews.com/html/2013-06/24/content_2526195.htm, 2014.4.9.

[2] 沙莲香 . 现代社会学 . 北京 : 中国人民大学出版社 .1994:202-203.

[3] 郑晓明 . 方俐洛 . 凌文辁 . 社会规范研究综述 . 心理学动态 . 1997. 4.

[4] Sherif M. The Psychology of Social Norms. New York: Harper &Row Publishers,1966.

通过暗示、相互模仿、顺从后逐步形成。[1] 一般有三个阶段：顺从、同化、内化；社会群体的内在行为模式常常固化为规范。规范可从周围的社会环境中导入，但往往由领导人来决定，同时社会群体内发生的重大事件也会产生某种规范；[2] 规范的产生往往通过制度的、自愿的和进化的过程产生。制度规范往往由领导人或外在权威来制定，自愿的规范往往是所有成员协商的结果，而渐进的规范是良好的行为被强化、互相学习的结果。[3]

也有学者通过对囚徒困境、搭便车效应、破窗效应 3 种理性人的策略选择进行分析后认为，规范在现实生活中的作用越大，人们越愿意遵守规范；规范在现实生活中的作用越小，人们越是轻视规制力；而政府的规制力和自我规制力是举足轻重的。[4]

由此可以看出的是，要使良好的社会规范得以形成，从而有效地促使隐私权的合理保护，需要政府和公众的协同，需要建构一套开放的结构，允许借鉴外来规范，通过技术和制度设计，促使社会成员展开充分互动，建构主体关系，形成公序良俗。

首先，除了前面分析过的政府的法律规制外，公众的自我规制应该得以宣扬和建构。简单来说就是个人应加强隐私的防护意识与对他人隐私的尊重意识，也就是前文所提到的“隐私素养”、“编辑头脑”。如在社交网络上，由于缺乏个人隐私的保护意识，很多个人隐私被无意泄露。根据一份对 2277 位美国成年人在社交网络当中隐私管理的调查报告显示，有 58% 的受访者将主资料页面设置为私密，只有好友可以看到，19% 的受访者将个人资料页面设置为半公开，只有好友和好友的好友可以看到，但是仍有 20% 的用户个人资料完全公开。[5] 在隐私意识相对缺乏的中国，情况也许会更加严重。

其次，除了政府作为主导，建立一套制度设计外，更重要的是形成网络

---

[1] Kelman H C. The Small Group Research. Annual Review of Psychology,1990,41,585-634.

[2] Feldman D C. The Development and Enforcement of Group Norms. Academy of Management of Review.1984(9):947-953.

[3] Opp K D. The Evolutionary Emergence of Norms. British Journal of social Psychology.1982(21):139-49.

[4] 朱力 . 社会规范建设的困境——三种理性人的策略性选择 . 探索与争鸣 . 2009 (10): 44-48.

[5] 调查显示社交网络用户隐私保护意识逐步增强 [EB/OL].[2012-06-17]. http: //www.cnii.com.cn/icp/content/2012-02/27/content_959730.htm, 2014.4.5.

共同体。网络共同体的构建，是形成网络社会规范的结构性需求。只有形成共同体，成员之间才有对话互动可能，才可能在对话互动中学习、模仿、顺从、同化、内化共同价值约束，形成保护自身隐私和尊重他人隐私的意识。

再次，通过借助传统社会规范，逐步形成网络社会规范。网络不是全新的，它同现实社会仍然有着千丝万缕的联系。甚至不少学者认为，没有必要为网络专门立法规制。虽然不必这么保守，但传统的社会规范仍然具有强大的约束力是毋庸置疑的。对于隐私保护，也许可以将这些规范加以调整，使之适应IT时代的隐私保护是可能的。如美国就没有专门为个人信息保护制定专门法，而是将之纳入到隐私法中加以保护，体现了这种规范的延续。同样，作为非强制的社会规范，网络社会规范更应该借助传统，形成规范，以实现最小成本的转型。当然，以前人的研究看，这种对外来规范的借鉴，需要的是领导人的决定。因此，作为领导者应有此种意识责任：为建设自由而负责的新型社会规范提供支持。

具体到中国语境之下，规范可以也应该成为对隐私权的法律救济措施的重要补足措施，其中最为重要的规范形式是自律，即，培育行业自律文化，建立防止隐私侵犯的自我约束机制。

其他国家的现实实践可以为我国的制度建设提供有益的借鉴和启示。前文中论述过，美国虽然从20世纪70年代开始就颁布了一系列保护隐私权的法律法规，但是其依然将行业自律视为保护网络隐私权的主要手段，积极发挥企业作为保护隐私权的主体性作用，同时，政府通过建设一个有意义的、对消费者友善的隐私环境来支持私营部门进行的自我规范。[1]美国的自律机制有着发达的文化基础，而英国报刊行业则也在1991年成立了行业自律机构报刊投诉委员会（Press Complaints Commission，简称“PCC”）来专门负责处理公众对报纸及杂志报道内容的投诉，其中当然包括报刊侵犯隐私利益的内容。PCC的第一个举动就是制定了一个报业行为准则。其内容主要涉及“准确(报道失实)”和“隐私”两个方面,其中,禁止媒介对正在医院治疗的病人的采访报道成为首批内容。经过几次修改,这一规定是这样表述的：“（一）

[1] 各国立法保护网络隐私：美国：法律与自律并行.中国科学报.http://tech.gmw.cn/2012-12/13/content_5999714.htm, 2014.4.9.

记者或摄影师在医院或相同机构调查（采访）时，必须向负责人说明记者的身份，并在进入非公共领域前征得同意。（二）对在医院或相同机构中的个人进行采访时，对介入隐私的限制尤为关切。"[1] 虽然 2011 年《世界新闻报》窃听丑闻爆发之后，公众对该自律机制对报刊的职业道德和标准的规制质疑重重，但是"基于英国传统上对新闻自由的尊重，以及长久以来形成的保守主义和执政党的意识形态，无论政界还是媒体行业，首选的方式仍是通过改进自律组织进行渐进式修补。英国对报刊的规制将继续在加强行业自律的体制下前行。"[2] 因此，可以想见在将来，自律，而非强制的立法依然是英国保护个人隐私的首选方式。

英美两国对隐私权的自律保护模式可以对我国的隐私权保护提供有益的借鉴。不得不承认的一个事实是，中国自律文化基础和渊源远不及英美两国深厚，长期以来，由于政府权力在社会各个层面和领域的弥散和扩张，其他社会主体未能各司其职，充分发挥各自的能量和弹性，成为政府主导之外的能动力量。其中包括行业自律机制也是如此，一直处于畸形的发展状态。但是，必须看到的是，在"小政府"的国际大趋势下，中国的行业自律文化和机制建设也亟需培育和建设，它不但能节约司法成本，还能强化行业内主体的自省意识，是法律救济隐私侵犯的有益补充。

五、市场竞争的道德效应与外部性

研究市场，能否从道德角度？如果按照经济学家樊纲的说法，"经济学就其学科、就其就其职业来说是'道德中性'的，经济学家是'不讲道德'的"。[3] 然而，不可否认的是，经济行为本身是会带来道德效果的。经济学家茅于轼《中国人的道德前景》一书中不少内容都是在讲如何通过市场的逻辑建立道德体系。[4] 事实上，道德规范问题背后有一套利益冲突和衡量机制在发挥作用，而利益的分配与再分配可以通过市场机制调节，市场机制的经济理

[1] 徐迅 . 以自律换取自由——英国媒介自律与隐私法 .1999(5):29-31.

[2] 周丽娜 .《莱韦森报告》与英国报刊自律的未来发展 . 现代传播 .2013(4):50-52.

[3] 樊纲 . 经济学家谈道德？经济学消息报 .1994.12.8.

[4] 茅于轼 . 中国人的道德前景 . 广州：暨南大学出版社 .2008.

性假设，是市场机制调节的基本前提。也就是说，在市场机制中，每一个具有经济理性的人可以通过交换机制获取自身利益，从而形成契约性规范效应。这种效应之所以得以形成，是因为每个人都可以从中获得益处，而为了持续获得这种益处，人们会约束自己的言行以保持这种交换机制持续进行，因此，从这个意义上来说，市场机制可以获得某种道德规范效应。

但要取得这一效应，需要有一定的前提，比如充分开放的市场竞争。只有在充分开放的市场竞争中，每个竞争主体才会遵循经济理性，自觉寻求更为稳妥长久的赢利机制。竞争的压力会迫使产品或服务提供者充分考虑用户的需求，真正尊重顾客，提供高质量的产品或服务。而如果缺乏竞争，市场的这种道德规范效应便会消失，甚至产生负效应。这一道理十分简单，比如，如果一个电子邮件服务商，泄露用户个人信息，致使经常收到垃圾邮件，那么用户自然会选择另一家没有泄露个人信息或者垃圾邮件少的公司，那么，原先这家公司可能就无法生存。在这种优胜劣汰的过程中，市场竞争的规范效应得以发挥，亦可能形成对个人隐私的有效保护。但如果是非自由竞争的环境，便可能会出现逆淘汰的问题，提供高质量服务的公司由于支付了更高的成本，但用户却无法选择高质量服务，最终也会使得市场规范效应丧失。

然而，市场是否有失灵的地方？这涉及市场的外部性问题。所谓外部性，是指个体经济单位的行为对社会或者其他个人部门造成了影响(例如：环境污染）却没有承担相应的义务或获得回报。对于隐私来说，因为成本（隐私的失去）嫁祸给了其数据被出卖的个人，而卖方没有计入这些成本。从经济学家的视角看，这个问题是一个权衡出售数据带来的经济利益与侵犯隐私的社会成本的问题。[1] 如何解决这一外部性，向来是自由主义和凯恩斯主义的争论焦点。

按照凯恩斯主义的观点，保护隐私应当由政府出台法律。不过在自由主义看来，市场也许是更有效、更增进福利的方法。诺贝尔经济学奖获得者科斯就对政府干预表示怀疑，政府管理机构常常不了解他们试图规制的产业。而更为可怕的是，政府的干预存在攫取的可能，通过攫取，被规制者影响规

---

[1] [美]理查德•斯皮内洛铁笼，还是乌托邦：网络空间的道德与法律.李伦译.北京：北京大学出版社.2007:36.

制者，从而使规制者不再代表公共利益行事。科斯说，“没有比规制者和被规制企业之间的邪恶联盟用压制手段解决竞争问题更令人作呕的景观了”[1]。况且，正像前面分析的那样，政府在对互联网等新媒体的管理上，效果常常不尽如人意。

因此，通过市场形成的规范性效应有助于个人隐私的保护，特别是在IT时代，隐私侵犯的主体多源化的背景下，仅靠过去的政府规制通常难以奏效。不过，同样能够看到的是，仅仅依靠市场也是不充分的，市场的外部性仅靠市场自身难以彻底解决，仍然需要法律、技术、社会规范的合力协同。

在中国的现实条件下，也需要市场因素积极主动参与到隐私保护的框架当中来。市场经济早已经被纳入社会主义经济的范围之内，相应的，充分的市场竞争也须得到鼓励以在救济隐私侵犯中发挥更大的作用，这可以发挥企业等私营市场主体的积极性，使其在保护网络隐私权上更加有所作为。

由上述的分析可以看出，隐私侵犯的有效治理，需要建立一套整体性框架。在核心道德价值的统领下，需要法律、技术、社会规范、市场的协同保护。过去以法律为主导的隐私权保护框架，在新媒体背景下难以为继，只有和技术、社会规范、市场等其他规范因素共同作用，才能在新媒体下背景下，实现个人隐私权的合理保护。

当然，这些规范因素在对隐私权保护时力量不会是均等的，但究竟哪种力量成为主导，可能不同倾向的学者会有不同的答案。凯恩斯主义者可能会认为政府出台法律保护最为重要，技术乌托邦主义者可能倾向于技术控制，而文化论者也许会认为社会规范更为重要，自由主义者则可能会觉得市场的自我修正机制会更可靠。而这争论的背后也许是价值信仰的不同，而信仰则是无法证实或证伪的。尽管信仰不争论，但就本研究来说，关于隐私保护，与其他因素相比，至少法律似乎没有像在传统社会那样具有那么凸显的力量了，尽管即使在IT时代，其重要性毋庸置疑。另一方面，技术的地位却在上升。正如有学者指出的那样，在能够通过技术手段保障自己权益的情况下，人们

[1] Ronald H. Coase. The theory of public utility pricing and its application. The Bell Journal of Economics and Management Science. 1970: 113-128.

对技术规范的需求会超过法律规范。[1] 而正式基于这一事实，莱斯格指出，网络政策中最显著的变化恐怕要算技术在其中的角色转变：技术即法律。[2]

由此，在IT时代，以伦理价值作为统领，以技术校正技术为主要手段，以法律为救济底线，以社会规范为场域，以市场为机制，多因素协同治理，应该成为隐私权保护的基本框架。

回顾全篇，在这里不妨总结一下，新技术究竟为个人隐私带来了什么？

首先是个人隐私观念的变化。在这个问题上，中国与欧美国家经历了先分野后合流的路径。在传统的中国社会，隐私意味着“阴私”，意指羞耻之事。在欧美国家，隐私意识和隐私权自诞生始就是一种积极的价值，对个人和社会具有多重值得肯定的意义。在现代社会，中西的隐私观念出现了合流之势，认可隐私至少包含着私人空间和私人信息两方面意义，此所谓“隐”和“私”的双重含义。在政府部门、商业企业以及个人利用网络技术对隐私构成前所未有的威胁的情况下，私人信息在“隐私”所含意义中的比重有增长之势，而且，所谓私人信息的范围也越来越广，在传统上不那么私密的个人信息也被感知为隐私的一部分。正是在这意义上，个人信息才作为隐私的一部分或者人格权的一种在各国的法律中凸显出来。除此之外，享有或捍卫隐私的感觉已经不是传统上的“免于”侵犯或公开的消极含义，而变成了“主动控制”的积极含义。这基本已是一种共识性的感知。

其次，各国用法律形式将隐私观念的这种变化予以确认。在保护隐私的传统利益的基础上，加入了对新的隐私利益的法律保护，或通过制定关于个人信息保护的成文法的方式，比如，属英美法系的英国通过制定成文法的方式保护个人信息隐私，展示出了大陆法系的特征；或通过调整现有法律取向的方式，比如，德国在确定一般人格权的界分时，为应对新技术环境的挑战，从传统的“领域理论”转向“信息的自我决定理论”。这种保护是应对新技术侵犯个人隐私的应激反应和必然选择，更是大势所趋。

第三，法律本身在治理以互联网为代表的新媒体时存在的固有缺陷不足以应对所有的隐私侵犯问题，保护所有的隐私利益。所以，如政府、大众传

[1] 罗莉．作为社会规范的技术与法律的协调——中国反技术规避规则检讨．中国社会科学．2006(1): 72-84.

[2] Lawrence Lessig. Code 2.0. Basic Book. A Member of the Perseus Books Group.2006:1.

媒这样的传统隐私侵犯源在技术的赋权下，以前所未有的方式威胁着个人隐私，甚至形成了侵犯个人隐私的制度性结构。而随着电子商务的兴起以及智能手机、移动网络的全面覆盖，各种商业企业组织以及形形色色的陌生人也全部成为隐私侵犯的新风险，成为这些源头中的新成员。如此造成了在新时代中个人隐私侵犯的全面风险化。

最后，由于法律手段在保护隐私方面的固有局限性等诸多原因，所以需要改变过去以法律为主导的隐私侵犯治理框架，在人性至善的核心价值统领下，综合运用法律、技术、社会规范、市场等各种规范力量，构建隐私权保护的新框架。

参考文献 | REFERENCE DOCUMENTATION

中文文献：

1.[德] 迪特尔 . 梅迪库斯 . 邵建东译 . 德国民法通论 . 北京：法律出版社 .1991.

2.[德] 哈贝马斯 . 公共领域的社会结构 . 江晖 . 陈燕谷主编 . 文化与公共性 . 北京：生活 . 读书 . 新知三联书店 .2005.

3.[德] 哈贝马斯公共领域的结构转型 . 曹卫东等译 . 北京：学林出版社 .1999.

4.[德] 康德 . 道德形而上学原理 . 苗力田 . 译 . 上海：上海人民出版社 .1986.

5.[德] 康德 . 法的形而上学原理——权利的科学 . 沈叔平译 . 北京：商务印书馆 .1991.

6.[德] 康德 . 历史理性批判文集 . 何兆武译 . 北京：商务印书馆 1990.

7.[法] 托克维尔 . 论美国的民主 .（上卷）. 董果良译 . 北京：商务印书馆 .1988.

8.[美] 乔万尼 • 萨托利 . 民主新论 . 冯克利、阎克文译 . 上海：上海人民出版社 .2009.

9.[美] 丹尼尔 • 沙勒夫 . 隐私不保的年代 . 林铮顗译 . 南京：江苏人民出版社 .2011.

10.[美] 杰夫 • 贾维斯 . 公开——新媒体时代的网络正能量 . 北京：中华工商

联合出版社 .2013.

11.[美] 劳伦斯 • 弗里德曼 . 选择的共和国——法律、权威与文化 . 高鸿钧等译 . 北京 : 清华大学出版社 .2005.

12.[美] 理查德 •A• 斯皮内洛著 . 世纪道德———信息技术的伦理方面 . 刘钢译 . 北京 : 中央编译出版社 .1999.

13.[美] 理查德 • 斯皮内洛铁笼 . 还是乌托邦 : 网络空间的道德与法律 . 李伦译 . 北京 : 北京大学出版社 . 2007.

14.[美] 罗斯特 • 庞德 . 通过法律的社会控制 . 沈宗灵译 . 北京 : 商务印书馆 .2009.

15.[美] 马克 • 波斯特 . 第二媒介时代 . 范静咏译 . 南京 : 南京大学出版社 .2005.

16.[美] 迈克尔 • 埃默里等 . 美国新闻史——大众传播媒介解释史（第九版）. 展江译 . 北京 : 中国人民大学出版社 .2009.

17.[美] 欧文 • 戈夫曼 . 日常生活中的自我呈现 . 黄爱华 . 冯刚译 . 杭州 : 浙江人民出版社 .1989.

18.[美] 乔万尼 • 萨托利 . 民主新论 . 冯克利 . 阎克文译 . 上海 : 上海人民出版社 .2009.

19.[美] 雅克 • 蒂洛 . 基思 • 克拉斯曼 . 伦理学与生活 .(第 9 版). 北京：世界图书出版公司，2008.

20.[美] 詹姆斯 • 布坎南 : 宪法秩序的经济学与伦理学 . 朱泱等译 . 北京 : 商务印书馆 .2008.

21.[日] 加藤良夫 . 实务医事法讲义 . 民事法研究会 2007.

22.[日] 五十岚清 . 人格权法 . [日] 铃木贤、葛敏译 . 北京 : 北京大学出版社 .2009.

23.[英] 安东尼 • 吉登斯 . 民族 - 国家与暴力 . 胡宗泽等译 . 北京 : 生活 • 读书 • 新知三联书店 1998.

24.[英] 彼得 • 斯特克、大卫 • 韦戈尔 . 政治思想导读 . 舒小昀等译 . 南京：江苏人民出版社 .2005.

25.[英] 韦德 . 行政法 . 徐炳译 . 中国大百科全书出版社 1997.

26.[英] 维克托 • 迈尔—舍恩伯格 . 删除——大数据取舍之道 . 袁杰译 . 杭州 : 浙江人民出版社 2013.

27.香港法律改革委员会报告书——侵犯私隐的民事责任 : http://www.hkreform.gov.hk/chs/docs/rprivacy-c.pdf.

28.曹劲松 . 宋惠芳 . 信息伦理原则的价值取向与责任要求 . 江海学刊 . 2004 (5): 57-63.

29.曾尔恕 . 黄宇昕 . 美国网络隐私权的法律保护 . 中国人民公安大学学报：社会科学版 .2004. 19(6): 66-74.

30.陈清秀：宪法上人性尊严 . 载李鸿禧教授六秩华诞祝寿论文集 . 台北：月旦出版社股份有限公司 .1997.

31.陈卫星 . 传播的观念 . 北京：人民出版社 .2004.

32.程恩富 . 新自由主义的起源 . 发展及其影响 . 求是 . 2005 (3): 38-41.

33.代玉梅 . 自媒体的传播学解读 . 新闻与传播研究 .2011.5.

34.戴维•米勒 . 韦农•波格丹诺 . 布莱克维尔政治学百科全书 (修订版) 北京：中国政法大学出版社 .2002.

35.党玺 . 公民隐私权利的宪法保护———深圳"电子眼事件"引发的法律思考 . 太平洋学报 .2009.4.

36.丁楠 . 潘有能 . 数据挖掘中的隐私保护：法律与技术 . 理论与探索 .2007(6).

37.樊纲 . 经济学家谈道德？经济学消息报 .1994.12.8.

38.高立忠 . 隐私权与知情权的法律边界 . 社会科学家 . 2008 (6): 71-74.

39.高宣扬 . 当代社会理论 (上册). 北京：中国人民大学出版社 .2005.

40.郭小平 . 蔡凯如 . 私密话题：当代中国私人话语向大众传媒的扩张 . 新闻大学 . 2003.2:012.

41.哈贝马斯 . 公共领域的社会结构 . 江晖 . 陈燕谷主编 . 文化与公共性 . 北京：三联书店店 .1998:125.

42.韩文成 . 网络信息隐私权法律保护研究 . 河北法学 . 2007. 25(12):85-90.

43.汉娜•阿伦特 . 公共领域和私人领域 . 载汪晖、陈燕谷主编 . 文化与公共性 . 北京：三联书店 .1998.

44.洪海林 . 个人信息保护立法理念探究——在信息保护与信息流通之间 . 河北法学 .2007. 25(1): 108-113.

45.胡雁云 . 我国个人信息法律保护的模式选择与制度建构 . 中州学刊 .2011 (4): 105-107.

46.胡颖 . 中国互联网表达自由的法律规制与保护 . 国际新闻界 .2012.34(9): 19-25.

47.胡泳．众声喧哗．桂林：广西师范大学出版社 .2008.
48.黄桂兴．浅论行政法上的人性尊严理念．栽城仲棋主编．行政法之般法律原则．台北：三民书局 .1988.
49.胡磊．试论网络隐私权的隐私范围及其保护——从“Google Earth”事件说开去．情报资料工作 .2007.3.
50.吉兰湘．杨畅．共和主义宪政情景中的公民参与．西安交通大学学报：社会科学版．2013. 33(5): 56-61.
51.戢渼钧．关于个性化信息服务的隐私保护．图书情报工作 .2006.2.
52.蒋舸．个人信息保护法立法模式的选择——以德国经验为视角．法律科学：西北政法学院学报．2011.29(2): 113-120.
53.靖鸣．微博表达自由：言论．出版和新闻自由边界的消解与融合．新闻爱好者：下半月．2012 (8):1-3.
54.卡罗尔•佩特曼．参与和民主理论．陈尧译．上海：上海人民出版社 .2006:101.
55.康晋颖．论英国个人数据保护制度．硕士论文．经济贸易大学．国际法学 .2005.
56.孔令杰．个人资料隐私的法律保护．武汉：武汉大学出版社 .2009.
57.李德成．网络隐私权保护制度初论．北京：中国方正出版社 .2001.
58.李非．富与德———亚当•斯密的无形之手市场社会的架构．天津：天津人民出版社 .2001:165.
59.李浩培．吴传颐等．拿破仑法典．北京：商务印书馆 2009.
60.李静．网络隐私权保护的立法研究．青岛：中国海洋大学 .2009.
61.李军．私法自治的基本内涵．法学论坛 .2005.19(6): 78-81.
62.李欣人．人学视野下的媒介演进历程．山东师范大学学报：人文社会科学版 .2006.50(4): 96-99.
63.李莹．论网络环境中的隐私安全与防护 .2011.4.
64.李震山．人性尊严与人权保障．台北：元照出版公司 .2000.
65.林莉．刘祖云．政府与公民关系的组合模式：一种逻辑分析的进路．理论探讨 .2010. 3: 035
66.刘华．论政府信息公开的若干法律问题．政治与法律 .2008 (6): 66-71.
67.刘焕成．网络隐私保护对策研究．情报科学 .2003(4):428-433.

68.刘一兵 . 网络环境下的隐私与隐私保护 . 情报科学 .2003.6.

69.刘颖 . 论个性化信息服务中的隐私保护 . 情报科学 .2007.12.

70.罗莉 . 作为社会规范的技术与法律的协调——中国反技术规避规则检讨 . 中国社会科学 . 2006 (1): 72-84.

71.吕艳滨 . 个人信息保护法制管窥 . 行政法学研究 .2006 (1): 87-91.

72.吕耀怀 . 当代西方对公共领域隐私问题的研究及其启示 . 上海师范大学学报 : 哲学社会科学版 .2012. 41(1): 5-17.

73.茅于轼 . 中国人的道德前景 . 暨南大学出版社 .2008.

74.孟晓明 . 网络隐私的安全防护策略研究 . 现代图书情报技术 .2005.

75.美国公民教育中心 . 隐私 . 刘小小译 . 北京 : 金城出版社 .2011.

76.[美] 杰夫・贾维斯 . 公开——新媒体时代的网络正能量 . 北京：中华工商联合出版社 .2013.

77.齐爱民 . 个人信息保护法研究 . 河北法学 .2008.4:15-33.

78.沙莲香 . 现代社会学 . 北京 : 中国人民大学出版社 . 1994.

79.沙勇忠 . 基于信息权利的网络信息伦理 . 兰州大学学报 : 社会科学版 . 2006. 34(5): 54-59.

80.石佳友 . 网络环境下的个人信息保护立法 . 苏州大学学报 : 哲学社会科学版 .2013.33(6): 85-96.

81.石元康 : 当代西方自由主义理论 . 北京 : 三联书店 .2000.

82.宋小卫 . 美国《情报自由法》的立法历程 . 新闻与传播研究 .1994 (2):80-87.

83.苏力 . 法律与科技问题的法理学重构 . 中国社会科学 .1999.5.

84.孙景艳 . 试论网络社会中的伦理原则 . 现代远距离教育 .2006 (5): 79-80.

85.童之伟 . 再论法理学的更新 . 法学研究 .1999 (2):5.

86.涂慧 . 试论中国个人信息的法律保护 . 西北大学学报 : 哲学社会科学版 .2010.40(2): 149-153.

87.汪习根 . 陈焱光 . 论知情权 . 法制与社会发展 .2003. 2.

88.王菲 . 互联网精准营销的隐私权保护 : 法律 . 市场 . 技术 . 国际新闻界 .2012.33(12): 90-95.

89.王利明 . 论个人信息权的法律保护——以个人信息权与隐私权的界分为中心 . 现代法学 . 2013. 35(4):62-72.

90.王利明．隐私权概念的再界定．法学家.2012.1(1): 108-120.

91.王利明．公众人物人格权的限制和保护．中州学刊.2005.2: 92-98.

92.王利明．隐私权的新发展．人大法律评论.2009.1:003.

93.王玲玲．田田．论人格权模式保护个人信息的合理性．安徽大学法律评论.2012(2):142-149.

94.王树义．朱娜．移动社交媒体用户隐私保护对策研究．情报理论与实践.2013.7.

95.王秀哲等．我国隐私权的法律保护研究．北京：法律出版社.2011:65.

96.王泽鉴．人格权的具体化及其保护范围•隐私权篇(上).比较法研究.2009.1:1-20.

97.王泽鉴．人格权法．北京：北京大学出版社.2013.

98.魏晓阳．日本隐私权的宪法保护及其对中国的启示．《浙江学刊》2012.1:124-129.

99.魏永征．新闻传播学法教程（第二版）．北京：中国人民大学出版社.2002.

100.魏永征．英国．媒体和隐私的博弈——以《世界新闻报》窃听事件为视角．新闻记者.2011.10:29-34.

101.文正邦．宪法与行政法论坛(第二辑).北京：中国检察出版社.2006:116.

102.向淑君．敞开与遮蔽．北京：知识产权出版社.2011:195.

103.谢青．日本的个人信息保护法制及启示．政治与法律.2007(6):152-157.

104.辛文娟．彭李余．社交网络环境下大学生隐私保护现状及对策研究——基于对重庆市六所高校的问卷调查．中国出版.2013.5.

105.徐丛青．论"私人话语"适当回归私人领域．现代传播.2002:43-44.

106.徐敬宏．欧盟网络隐私权的法律法规保护及其启示．情报理论与实践.2009(5):117-120.

107.徐迅．以自律换取自由．国际新闻界.1999(5):29-31.

108.徐振雄．法治视野下的正义理论．洪叶文化事业有限公司.2005:51.

109.颜厥安．自由权之内部与外部维系结构．载公法学与政治理论．吴庚大法官荣退论文集．元照出版股份有限公司.2004.

110.杨佶．域外个人信息保护立法模式比较研究——以美、德为例．图书馆理论与实践.2012(6): 79-81.

111.杨立新.关于隐私权及其法律保护的几个问题.人民检察.2000.1:2.

112.杨桃莲.私人领域的凸现与当今媒介文化的“私人化”.国际新闻界.2009(10): 50-53.

113.余凌云、王洪芳、秦晴主编.摄像头下的隐私权.北京:中国人民大学出版社.2008:13.

114.展江、雷丽莉.隐私权法的西风东渐与本土发展探析.南京社会科学.2013.6:99-107.

115.展江、吴薇.开放与博弈——新媒体语境下的言论界限与司法规制.北京:北京大学出版社 2013:221.

116.展江.哈贝马斯的“公共领域”理论与传媒.2003(3):123-128.

117.张娟.个人信息公法保护历程述评——以美国信息隐私权、德国信息自决权为中心安徽大学法律评论.2013(1):150-159.

118.张莉.论隐私权的法律保护.北京:中国法制出版社.2007.

119.张民安.美国当代隐私权研究——美国隐私权的界定、类型、基础及分析方法.广州:中山大学出版社.2013.

120.张晓辉.大众媒介变迁中的隐私公开现象研究.北京:中国传媒大学出版社.2012.

121.张晓辉.论大众媒介上的隐私公开现象.国际新闻界.2005.3:55-58.

122.张新宝.隐私权的法律保护.(第二版).北京.群众出版社.2004.

123.赵化杰.大陆法系与英美法系的比较.河南机电高等专科学校学报.2010(6):77-79.

124.赵修义.主体觉醒和个人权利意识的增长——当代中国社会思潮的观念史考察.华东师范大学学报:哲学社会科学版.2003. 35(3): 7-12.

125.郑晓明.方俐洛.凌文辁.社会规范研究综述.心理学动态.1997. 4.

126.郑永年.技术赋权:中国的互联网、国家与社会.邱道隆译.北京:东方出版社.2014.

127.周丽娜.《莱韦森报告》与英国报刊自律的未来发展.现代传播.2013(4):50-52.

128.周丽娜.媒体与隐私——英国新闻报道侵犯隐私案件研究.北京:中国传媒大学出版社.2013.

129.周水庚．李丰．陶宇飞等．面向数据库应用的隐私保护研究综述．计算机学报.2009.32(5): 847-861.

130.朱力．社会规范建设的困境——三种理性人的策略性选择．探索与争鸣.2009 (10): 44-48.

131.左艳华．网络环境下个人隐私的侵犯与保护．情报杂志.2002(4).

外文文献：

1.Abdullah Al Hasib. Threats of online social networks. IJCSNS International Journal of Computer Science and Network Security. 2009.9(1).

2.A Besmer and H Richter Lipford.Moving Beyond Untagging: Photo Privacy in a Tagged World.CHI2010.2010.

3.Acquisti A, Gritzalis S, Lambrinoudakis C, De Capitani di Vimercati S (eds) Digital privacy: theory, technologies, and practices. Auerbach, Boca Raton. 2007.

4.Adam N. Joinson, Carina B. Paine. Self-disclosure, privacy and the Internet. In: Joinson AN, McKenna KYA, Postmes T, Reips U (eds) The Oxford handbook of Internet psychology. Oxford University Press. Oxford. 2007.

5.Adam N. Joinson. ‘Looking at’, ‘looking up’ or ‘keeping up with’ people? Motives and uses of Facebook. Paper presented at the CHI 2008 – Online Social Networks, Florence.

6.Alessandro Acquisti. Ralph Gross. in Golle, P. and Danezis, G. (Eds).Imagined communities: awareness, information sharing, and privacy on the Facebook. Proceedings of 6th Workshop on Privacy Enhancing Technologies, 28-30 June, Robinson College, Cambridge, UK.

7.Alessandro Acquisti, Ralph Gross. Imagined communities: awareness, information sharing, and privacy on Facebook. Paper presented at the Privacy Enhancing Technology workshop, Cambridge, 2009.

8.Alessandro Acquisti, Ralph Gross. Predicting Social Security numbers from public data. Proceedings of the National Academy of Sciences (PNAS), 2009.

9.Alessandro Acquisti, Sabrina Di Vimercati, Costos Lambrinoudakis, Stefanos Gritzalis (eds). Digital privacy: theory, technologies, and practices. Auerbach,

Boca Raton. 2007.

10.Altman I. The environment and social behavior: privacy, personal space, territory, crowding. Brooks/Cole, Monterey. 1975.

11.Alyson L. Young. Anabel Quan-Haase. Information revelation and Internet privacy concerns on social network sites: a case study of Facebook. Paper presented at the C&T '09, Pennsylvania.2009.

12.A Man's House His Castle.9 PUB. OPINION 342. 1890. quoted in. Note.The Right to Privacy in Nineteenth Century America. Harvard Law Review. Vol. 94. No. 8. 1981:1892-1910.

13.Alan Furman Westin. Privacy and freedom. New York: Atheneum. 1970:32-39.

14.Alejandro Portes. Social capital: its origins and applications in modern sociology. Annu Rev Sociol. 1998(22):1–24.

15.AlessandroAcquisti1, RalphGross. in Golle, P. and Danezis, G. (Eds).Imagined communities: awareness, information sharing, and privacy on the Facebook. Proceedings of 6th Workshop on Privacy Enhancing Technologies, 28-30 June, Robinson College, Cambridge, UK. 2006.

16.Al Hasib, A. Threats of online social networks. IJCSNS International Journal of Computer Science and Network Security, Vol. 9 No. 11, 2009:288-93.

17.Alyson L. Young. Anabel Quan-Haase, A. Information revelation and internet privacy concerns on social network sites: a case study of Facebook. Proceedings of the 4th International Conference on Communities & Technologies (C&T' 09), 25-27 June, ACM, Pennsylvania, PA, 2009.

18.Amanda Lenhart, Mary Madden. Teens, privacy & online social networks. Pew internet & Americanlife project.2007.

19.Anthony Neoh.Hong Kong' s Future: The Viewof a Hong Kong Lawyer. California Western International Law Journal.Vol.22.1992:332-333.

20.Aricak, T., Siyahhan, S., Uzunhasanoglu, A., Saribeyoglu, S., Ciplak, S., Yismaz, N. and Memmedov, C. (2008).Cyberbullying among Turkish adolescents. CyberPsychology & Behavior, Vol. 11 No. 3.

21.Arthur R. Miller. The assault on privacy: Computers. data banks. and dossiers.

University of Michigan Press. 1971:25.

22.Barnes SBA privacy paradox: Social networking in the Unites States. First Monday.2006.11(9).

23.Beate Rössler. The value of privacy. Polity. 2005:174-177.

24.Beauchamp T L. Childress J F. Principles of biomedical ethics. Oxford university press. 2001.

25.Benjamin E. Bratman. Brandeis and Warren's The Right to Privacy and the Birth of the Right to Privacy. Tenn. L. Rev.. 2001. 69: 623.

26.Berlin I. Two concepts of liberty. in his four essays on liberty. New York : Oxford university Press.1969: 131.

27.Bernhard Debatin. Ethics, Privacy, and Self-Restraint in Social Networking. Privacy Online, Springer-Verlag Berlin Heidelberg, 2011.

28.Bernhard Debatin, Jennette P. Lovejoy, Ann-Kathrin Horn M.A, Brittany N. Hughes. Facebook and online privacy: attitudes, behaviors, and unintended consequences. J Comput-Mediat Commun 2009.15(1).

29.Bernal P A. A right to delete?[J]. European Journal of Law and Technology. 2011. 2(2).

30.Binder, J., Howes, A. and Sutcliffe, A. in Greenberg, S., Hudson, S.E., Hinckley, K. and Morris, M.R. (Eds) . The problem of conflicting social spheres: effects of network structure on experienced tension in social network sites. Proceedings of the 27th Annual CHI Conference on Human Factors in Computing Systems, 2009.4-9 April, ACM, Boston, MA.

31.Bettina Berendt, Oliver Günther, Sarah Spiekermann. Privacy in e-commerce: stated preferences vs. actual behavior. Commun ACM 2005.48(4):101–106.

32.Blanchette J F. Johnson D G. Data retention and the panoptic society: The social benefits of forgetfulness. The Information Society. 2002. 18(1): 33-45.

33.Bonnie A. Nardi, Diane J. Schiano, Michelle Gumbrecht. Blogging as social activity, or, would you let 900 million people read your diary? In: Proceedings of computer supported cooperative work 2004, Chicago.

34.boyd d, Hargittai E . Facebook privacy settings: Who cares? First Monday.

2010.15(8).

35.Brian Ekdale, Kang Namkoong, Timothy Fung, David D. Perlmutter. Why blog? (then and now): exploring the motivations for blogging by popular American political bloggers. New Med Soc. 2010(12):217–234.

36.Cass R. Sunstein.Why Societies Need Dissent. Harvard University Press.2003: 157–158.

37.Charles Fried. Privacy. 77 Yale Law Journal. 1968:475-477.

38.Charles J. Sykes.The End of Privacy.St. Martin's Press.1999:15-16.

39.Charles R. Berger James J. Bradac. Language and social knowledge. Uncertainty in interpersonal relations. Edward Arnold, London.1992.

40.Chen P M. Law and justice: the legal system in China 2400 BC to 1960 AD. Dunellen Publishing Company. 1973:124.

41.Chris Conley.The Right to Delete. European Journal of Law and Technology. 2011.2(2).

42.Christiansen L. Personal privacy and Internet marketing: An impossible conflict or a marriage made in heaven? Business horizons, 2011.

43.Christofides E, Muise A, Desmarais S. Information disclosure and control on facebook: are they two sides of the same coin or two different processes? Cyberpsychol Behav.2009.12(3):341–345.

44.Clark LA, Roberts SJ. Employer’ s use of social networking sites: a socially irresponsible practice. J Bus Ethics 95:507–525.2010.

45.Clive Thompson. Brave new world of digital intimacy. The New York Times. 2008.

46.Connie Davis Powell.You Already Have Zero Privacy. Get over It-Would Warren and Brandeis Argue for Privacy for Social Networking. Pace L. Rev. 2011. 31: 146.

47.Curt J. Dommeyer. Barbara L. Gross. What consumers know and what they do: an investigation of consumer knowledge, awareness, and use of privacy protection strategies. J Interact Mark 2003.17.

48.Cynthia M H Bane; Marilyn Cornish; Nicole Erspamer; Lia Kampman.

Self-disclosure through weblogs and perceptions of online and "real-life" friendships among female bloggers. Cyberpsychol Behav Social Netw 2010.13(2):131–139.

49.danah boyd, Eszter Hargittai. Facebook privacy settings: Who cares? First Monday. 2010.15(8).

50.danah boyd. Taken out of context: American teen sociality in networked publics. PhD Dissertation, University of California, Berkeley.2008.

51.danah m. boyd, Nicole B. Ellison. Social network sites: definition, history, and scholarship. JComputMediat Commun. 2008.13.

52.Daniel J. Solove. Do social networks bring the end of privacy?[J]. Scientific American. 2008. 18.

53.Daniel J. Solove. A Brief History of Information Privacy Law. GWU Law School Public Research Paper No215. The George Washington University Law School.2006.

54.Daniel J. Solove.Privacy and Power: Computer Databases and Metaphors for Information Privacy[J]. Stanford Law Review. 2001(53):1393.

55.Daniel J.Solove..Paul M. Schwartz. Information Privacy Law.3rded.Wolters Kluwer.2009:2.

56.David A. Andson. Anderson D A. The failure of American privacy law. Protecting Privacy: The Clifford Chance Lectures. 1999. 4.

57.David Brind. The Transparent Society: Will Technology Fore Us To Choose Between Privacy and Freedom. Basic Books. 1998.

58.David Flint. Law shaping technology: technology shaping the law. Int Review Law Comput Technol. 2009.23(1–2):5–11.

59.David J. Houghton, Adam N. Joinson. Privacy, social network sites, and social relations. J Technol Human Serv 2010.28(1):74–94.

60.David J. Kupfer.Privacy. autonomy. and self-concept. American Philosophical Quarterly. 1987: 81-89.

61.David L. Bazelon.Probing Privacy. Gonz. L. Rev. 1976. 12: 587.

62.David Jacobson. Contexts and cues in cyberspace: the pragmatics of naming in text-based virtual realities. J Anthropol Res. 1996.52:461–479.

63.David Rosenblum. What anyone can know: the privacy risks of social networking sites. IEEE Security & Privacy. 2007.5(3):40-9.

64.Debatin B, Lovejoy JP, Horn A-K, Hughes BN. Facebook and online privacy: attitudes, behaviors, and unintended consequences. J Comput Mediat Commun.2009(15):83–108.

65.DeCew JC(2006) Privacy. Stanford encyclopedia of philosophy. Available at. http://plato.stanford.edu/entries/privacy/#PriTec 2014.4.5.

66.DeVries W T. Protecting Privacy In the Digital Age. Berkeley Tech. LJ. 2003. 18: 283.

67.Domingo R Tan. Personal Privacy in the Informational Age: Comparison of Internet Data Protection Regulation in the United Stated States and the European Union. Loy. LA Int'l & Comp. LJ. 1999(21): 661.

68.Dr. Joris van Hoboken.The Proposed Right to be Forgotten Seen from the Perspective of Our Right to Remember. Freedom of Expression Safeguards in a Converging Information Environment. June. 2013.

69.E. Donnerstein. The internet. In: S Victor C. Strasburger, Barbara J. Wilson, Amy B. Jordan (eds). Children,adolescents, and the media. Sage, Thousand Oaks, 2009.

70.Edward J. Bloustein.Privacy as an aspect of human dignity: An answer to Dean Prosser. NYUL Rev.. 1964. 39: 962.

71.E.J. Westlake. Friend me if you Facebook: generation Y and performative surveillance. Drama Rev 52(4):21.2008.

72.Ellison N, Steinfield C, Lampe C. (2007) The benefits of Facebook "friends": exploring the relationship between college students' use of online social networks and social capital. JComput-Mediat Commun 12, 4.

73.Ellul J. Merton R K. The technological society. New York: Vintage books. 1964.

74.Emily Christofides, Amy Muise, Serge Desmarais. Information disclosure and control on facebook: are they two sides of the same coin or two different processes? Cyberpsychol Behav.2009.12(3).

75.Esma Aimeur, Sébastien Gambs, Ai Ho. Towards a privacy-enhanced social networking site. In Availability, Reliability, and Security, 2010. ARES'10 International Conference on (pp. 172-179).

76.F Werro.The Right to Inform v the Right to be Forgotten: A Transatlantic Clash. in A Colombi Ciacchi. C Godt. P Rott and LJ Smith(eds) . Haftungsbereich im dritten Millennium / Liability in the Third Millennium (Baden-Baden: Nomos. 2009) 285-300.

77.Feldman D C. The Development and Enforcement of Group Norms. Academy of Management of Review.1984.9.947-953.

78.Foucault M. Discipline and punish: The birth of the prison [M]. Random House LLC. 1977.

79.Fuchs, C. studiVZ: social networking in the surveillance society, Ethics and Information Technology. 2, 2010.12(2).

80.G. Edward White. Tort Law In America: An Intellectual History. 174. quoted in. Neil M. Richards & Daniel J. Solove. Prosser's Privacy Law: A Mixed Legacy. California Law Review. 2010: 1887-1924.

81.Gross R, Acquisti A. Information revelation and privacy in online social networks. Paper presented at the 2005 ACM workshop on privacy in the electronic society, Alexandria.2005.

82.G.S. Hans. Balancing Privacy and Free Expression in the 'Right To Be Forgotten' . Published on Center for Democracy& Technology. May 9. 2013.

83.Haddadi, H. and Pan Hui, in IEEE (Ed.).To add or not to add: privacy and social honeypots. Proceedings of the ICC 2010: IEEE International Conference on Communications, 23-27 May, IEEE, Capetown, South Africa.

84.Hao Wang. Protecting Privacy in China: A Research on China' s Privacy Standards and the Information Privacy Legislation in Modern China.Springer-Verlag Berlin Heidelberg 2011:38-39.

85.Haferkamp N, Nicole Krämer.Creating a digital self: impression management and impression formation on social networking sites. In: Drotner K, Schrøder

KC (eds) Digital content creation: creativity, competence, critique. Peter Lang, New York, 2010:129–149.

86.Harvey Jones, José Hiram Soltren.Facebook: threats to privacy (white paper, December 14, 2005); Jump K. A new kind of fame: MU student garners a record 75,000 Facebook friends.Columbia Missourian, 1.9.2005.

87.Hauch J M. Protecting private facts in France: the Warren and Brandeis tort is alive and well and flourishing in Paris. [J]. Tul. L. Rev.. 1993. 68: 1219.

88.Helen Nissenbaum. Privacy in context. technology, policy, and the integrity of social life.Stanford University Press, Stanford.2010:221ff.

89.Hoy MG, Milne G Gender differences in privacy-related measures for young adult facebook users. J Interactive Advertising. 2010. 10(2):28–45.

90.Houghton DJ, Joinson AN. Privacy, social network sites, and social relations. J Technol Human Serv 28(1):74–94. 2010.

91.Hsiu-Chia Ko, Feng-Yang Kuo.Can blogging enhance subjective well-being through self-disclosure? CyberPsychol Behav. 2009(12):75–79.

92.Human Dignity. Revista Juridica U.P.R.Vol. 67:3:334.

93.Hyman Gross.Privacy and Autonomy. in James Roland Pennock& John William Chapman. Privacy.Atherton Press. 1971:169.

94.Hyman Gross.The Concept of PrivacyThe. NYUL Rev.. 1967. 42: 34.

95.I. Altman, Dalmas A. Taylor. Social penetration: the development of interpersonal relationships. Holt, Rinehart and Winston, New York, 1973.

96.I. Altman. The environment and social behavior. Privacy, personal space, territory, crowding. Brooks/Cole, Monterey.1975:18.

97.Ian Goldberget al.Trust. Ethics. And Privacy. BUL Rev. 2001. 81: 407.

98.Irwin Altman. Privacy Regulation: Culturally Universal or Culturally Specific? The Journal of Social Issues 33.1977: 66-84.

99.Irwin R. Kramer. Birth of Privacy Law: A Century since Warren and Brandeis. The. Cath. UL Rev. 1989.

100.James B. Rule. Graham Greenleaf.Global Privacy Protection. Edward Elgar Publishing. 2010:81.

101.James Q. Whitman. The two western cultures of privacy: Dignity versus liberty. Yale Law Journal. 2004: 1151-1221.

102.James Rachels. Why privacy is important. Philosophy & Public Affairs. 1975: 323-333.

103.James S. Coleman. Social capital and the creation of human capital. Am J Sociol 94(Supplement):S95–S120.1988.

104.Jasmine E. McNealy. J.D. Ph.D.The Emerging Conflict Between Newsworthiness And

105.J.Binder, A.Howes, A.Sutcliffe, in Greenberg, S., Hudson, S.E., Hinckley, K. and Morris, M.R. (Eds), The problem of conflicting social spheres: effects of network structure on experienced tension in social network sites. Proceedings of the 27th Annual CHI Conference on Human Factors in Computing Systems, 2009.4-9 April, ACM, Boston, MA.

106.J. Donath, D.boyd d. Public displays of connection. BT Technol J 2004.22(4):71–82.

107.Jed Rubenfeld. The right of privacy. Harvard Law Review. 1989: 737-807.

108.Jef Ausloos. The 'Right to be Forgotten' –Worth remembering? Computer Law & Security Review. 2012. 28(2): 143-152.

109.Jeffrey H. Reiman. Privacy. Intimacy and personhood. Philosophy & Public Affairs. 1976: 26-44.

110.Jeffrey Rosen. The right to be forgotten. Stanford law review online.2012. 64: 88.

111.Jerry Berman&Deirdre Mulligan.Privacy in the digital age: Work in progress. Nova Law Review.Vol.23:549. 1999.

112.Jingchun. Cao. Protecting the Right to Privacy in China. Victoria U. Wellington L. Rev. 2005. 36: 645.

113.Joan Morris DiMicco. David Millen. Identity management: multiple presentations of self in facebook.In: Proceedings of the 2007 ACM conference on supporting group work, ACM Press, Sanibel Island, 2007: 383–386.

114.John A. Bargh, Katelyn Y. A. McKenna.Grainne M. Fitzsimons.Can you see the real me? Activation and expression of the “true self” on the internet. J Soc Issues 2002.58(1).

115.John Hartley. Communicative democracy in a redactional society: the future of journalism studies. Journalism. 2000(1):39-48.

116.Joinson and Whitty 2008.Joinson AN, Whitty M (2008) Watched in the workplace. Infosecurity 5(1):38–40.

117.Jon A. Lehman.The Right to Privacy in Germany. The [J]. NYUJ Int'l. & Pol. 1968. 1: 106.

118.Jonathan Kahn. Privacy as a Legal Principle of Identity Maintenance. 33 SETON HALL L. R EV. 371 (2003).Cf . Hugh Miller. III. DNA Blueprints. Personhood and Genetic Privacy. 8 HEALTH MATRIX 179 (1998). Sally F. Goldfarb. Violence Against Women and the Persistence of Privacy. 61 OHIOS T. L.J.1. 2000.

119.Jonathan Zittrain. The Future of the Internet—And How to Stop It (2008); Jeffrey Rosen. The Web Means the End of Forgetting. N.Y. Times Mag21. 2010.

120.Jones H, Soltren JH (2005) Facebook: threats to privacy (white paper, December 14, 2005).

121.Joseph B. Walther.Computer-mediated communication: impersonal, interpersonal, and hyperpersonal interaction. Commun Res. 1996.23(1):3–43.

122.Joseph S. Fulda.Data Mining and Privacy. 11 Alb. L.J. Sci. & Tech. 105 2000-2001.

123.Judee K. Burgoon, Jerold L. Hale.Nonverbal expectancy violations: model elaboration and application to immediacy behaviors. Commun Monogr 1988.55(1):58–79.

124.Julia Angwin & Steve Stecklow. ‘Scrapers’ dig deep for data on Web. The Wall Street Journal. Retrieved April 24. 2011.

125.Jump K. A new kind of fame: MU student garners a record 75,000 Facebook friends.Columbia Missourian, 1.9.2005.

126.Junghyun Kim. Jong-Eun Roselyn Lee. The facebook paths to happiness:

effects of the number of facebook friends and self-presentation on subjective well-being. CyberPsychol Behav Soc Netw. 2011(14):359–364.

127.Kelman H C. The Small Group Research. Annual Review of Psychology.1990.41.585-634.

128.Ken Gormley. One Hundred Years of Privacy. Wisconsin Law Review. 1335.1992.

129.Kevin Lewis, Jason Kaufman, Nicholas Christakis. The taste for privacy: an analysis of college student privacy settings in an online social network. J Comput Mediat Commun. 2008(14).

130.Kiyoshi Murata & Yohko Orito.The right to forget/be forgotten. Ethics In Interdisplinary And Intercultural Relations. 2011:192-199.

131.Koops. Bert-Jaap.Forgetting Footprints. Shunning Shadows: A Critical Analysis of the 'Right to Be Forgotten' in Big Data Practice. SCRIPTed. 2011. 8(3): 229-256.

132.Lauren B. Cardonsky. Note “Towards a Meaningful Right to Privacy in the United Kingdom.” 20 B.U.Int’ l L. J. 393.399. 2002.

133.Laurenceau J-P, Feldman Barrett L, Pietromonaco PR.Intimacy as an interpersonal process: the importance of self-disclosure, partner disclosure, and perceived partner responsiveness in interpersonal exchanges. J Pers Soc Psychol. 1998(74):1238–1251.

134.Lawrence Lessig. Code 2.0[M]. Basic Book. A Member of the Perseus Books Group.2006:1.

135.Leanne K. Knobloch. Perceptions of turmoil within courtship: associations with intimacy, relational uncertainty, and interference from partners. J Soc Pers Relat. 2007.24(3):363–384.

136.Leigh Clark, Sherry Roberts. Employer’ s use of social networking sites: a socially irresponsible practice. J Bus Ethics 95:507–525.2010.

137.Lenhart A, Madden M. Teens, privacy & online social networks. Pew internet & American life project 2007.

138.Lessig L. Code and other laws of cyberspace. Basic books. 1999.

139.Lewis K, Kaufman J, Christakis N. The taste for privacy: an analysis of college student privacy settings in an online social network. J Comput Mediat Commun .2008.14:79–100.

140.Linda Christiansen. Personal privacy and Internet marketing: An impossible conflict or a marriage made in heaven?[J]. Business horizons, 2011.54(6).

141.Lin Nan. Building a network theory of social capital. In: Lin Nan, Karen S Cook, Ronald S. Burt (eds). Social capital theory and research. Transaction Publishers, New Brunswick, 2001:3–30.

142.Lior J. Strahilevitz. A social networks theory of privacy[C]//American Law & Economics Association Annual Meetings. bepress. 2005: 42.

143.Liu Hugo, Maes PM, Davenport G. Unraveling the taste fabric of social networks. Int J Semantic Web Inf Syst 2006.2(1):42–71.

144.Liu Hugo. Social network profiles as taste performances. J Comput-Mediat Commun 13(1).2007.

145.Liu S-H, Liao H-L, Zeng Y-T.Why people blog: an expectancy theory analysis. Issues Inform Syst. 2007(8):232–237.

146.Livingstone S. Taking risky opportunities in youthful content creation: teenagers’ use of social networking sites for intimacy, privacy and self-expression. New Media Soc. 2008(10):339–411.

147.LJ Bannon.Forgetting as a Feature. not a Bug: The Duality of Memory and Implications for Ubiquitous Computing.CoDesign. Vol. 2. No. 1. March2006:3–15.

148.Louis Leung. User-generated content on the internet: an examination of gratifications, civic engagement and psychological empowerment. New Med Soc. 2009(11) .

149.Lucas D. Introna.Privacy and Computer: Why We Need Privacy in the Information Society.Metaphilosophy.1997. 28(3): 259-275.

150.LüYao-Huai.Privacy and Data Privacy in Contemporary China. Ethics and Information Technology. 2005. 7(1): 7-15.

151.Marc Ziegele. Oliver Quiring. Privacy in Social Network Sites. Privacy Online,

Springer-Verlag Berlin Heidelberg, 2011:175-190.

152.Mayer-Schönberger. Delete: The Virtue of Forgetting in the Digital Age. Princeton and Oxford: Princeton University Press 2009.

153.Meg Leta Ambrose& Jef Ausloos.The Right to Be Forgotten Across the Pond. Journal of Information Policy3 (2013):1-23.

154.Mireille Hildebrandt. Privacy and identity. In: Claes E, Duff A, Gutwirth S (eds) Privacy and the criminal law. Intersentia, Oxford, 2006:43–57.

155.Mishna F, McLuckie A, Saini M. Real-world dangers in an online reality: a qualitative study examining online relationships and cyber abuse. Soc Work Res 33(2):107–118. 2009.

156.Moira Burke, Cameron Marlow, Thomas M. Lento. Social network activity and social well-being. In: Proceedings of ACM CHI 2010: conference on human factors in computing systems, ACM, New York, 2010:1909–1912.

157.Monika Taddicken and Cornelia Jers. The Uses of Privacy Online: Trading a Loss of Privacy for Social Web Gratifications? Privacy Online, Springer-Verlag Berlin Heidelberg, 2011:148.

158.Nancy L. Collins, M Lynn Carol Miller. Self-disclosure and liking: a meta-analytic review. Psychol Bull. 1994.116(3):457–475.

159.Neil M. Richards & Daniel J. Solove. Privacy' s other path: Recovering the law of confidentiality. the Georgetown law journal. 2007(96):123.

160.Nicole B. Ellison, Charles Steinfield, Cliff Lampe. The benefits of Facebook "friends" : exploring the relationship between college students' use of online social networks and social capital. JComput-Mediat Commun 12, 4.2007.

161.Nicole B. Ellison, Jessica Vitak, Charles Steinfield, Rebecca Gray, and Cliff Lampe. Negotiating Privacy Concerns and Social Capital Needs in a Social Media Environment. Privacy Online, Springer-Verlag Berlin Heidelberg, 2011:19.

162.Nicole Krämer. The privacy paradox on social network sites revisited: the role of individual characteristics and group norms. J Psychosoc Res Cyberspace. 2009.

163.Nita L. Allen. Uneasy Access: Privacy for Women in a Free Society. Rowman & Littlefield. 1988:15.

164.Note.The Right to Privacy in Nineteenth Century America. Harvard Law Review. 1981.94(8).

165.Oded Nov, Sunil Wattal. Social computing privacy concerns: antecedents and effects. Paper.2009.

166.Opp K D. The Evolutionary Emergence of Norms. British Journal of social Psychology.1982(21):139-49.

167.Oscar Ruebhausen & Orville Brim. Jr. Privacy and Behavioral Research. Columbia Law Review. 1965: 1184-1211.

168.Parks MR, Roberts LD. "Making MOOsic" : the development of personal relationships on line and a comparison to their off-line counterparts. J Soc Pers Relat. 1998.15:517–537.

169.Patti M. Valkenburg. Jochen Peter. Social consequences of the internet for adolescents: a decade of research, Current Directions in Psychological Science. 2009.18(1).

170.Patricia Mell.Big Brother at the Door: Balancing National security with Privacy under the USA PATRIOT ACT. Denver University Law Review. 2002. 80: 375.

171.Paul Haridakis, Gary Hanson. Social interaction and co-viewing with youtube: blending mass communication reception and social connection. J Broadcast Electron. 2009(53):317–335.

172.Paul M. Schwartz&Karl-Nikolaus Peifer. Prosser's Privacy and the German Right of Personality: Are Four Privacy Torts Better than One Unitary Concept? California Law Review. 2010: 1925-1987.

173.PaulFarhi. Me Inc. Getting the Goods On Consumers; Marketing Firms Want Basic Data About You and Me. But We' re Wising Upto What Those Facts Are Worth. WASH. PosT. Feb. 14. 1999. at H01.

174.Peng Shin-yi.Privacy and the construction of legal meaning in Taiwan.The International Lawyer. 2003: 1037-1054.

175.Peter Fleischer.Foggy Thinking about the Right to Oblivion.2011.March 09.

Available at: http://www.pogowasright.org/foggy-thinking-about-the-right-to-oblivion/.

176.Privacy Online, Springer-Verlag Berlin Heidelberg.

177.Proceedings of the workshop on privacy in the electronic society, ACM, Alexandria.

178.Ralph Gross, Alessandro Acquisti. and H.JohnHeinz III.in De Capitani Di Vimercati, S. and Dingledine, R. (Eds), Information revelation and privacy in online social networks (The Facebook case). Proceedings of the 2005 ACM Workshop on Privacy in the Electronic Society (WPES), 5-7 November, ACM, Alexandria, VA.

179.Ralph Gross, Alessandro Acquisti. Information revelation and privacy in online social networks. Paper presented at the 2005 ACM workshop on privacy in the electronic society, Alexandria.2005.

180.Randall P. Benzanson. The Right to Privacy Revisited: Privacy. News. and Social Change. 1890-1990[J]. California Law Review. 1992. 80(5).

181.Raymond Tang. Approaches to privacy – the Hong Kong experience.

182.Raymond Wacks. Privacy and Press Freedom. Blackstone Press Limited. 1995:50

183.Richard B. Parker.A Definition of Privacy. Rutgers Law Review 1973-1974(27): 275-296.

184.Richard Rosenberg. The social impact of computers. Academic Press Professional. Inc.1992:351.

185.Robert D. Putnam. Bowling Alone: The collapse and revival of American community. New York: Simon & Schoster.2000.

186.Robert E. Mensel. "Kodakers Lying in Wait" : Amateur Photography and the Right of Privacy in New York. 1885-1915 [J]. American Quarterly. 1991. 43(1): 24-45.

187.Robert Lee Hotz. The really smart phone. The Wall Street Journal. Retrieved April 24, 2011.

188.Robert Kirk Walker.The Right to Be Forgotten. Hastings Law Journal.

2012.64(101):257-286.

189.Rolf H. Weber. The right to be forgotten: more than a Pandora's box? Journal of intellectual property. information technology and e-commerce law. 2011. 2: 120-130.

190.Ronald H. Coase. The theory of public utility pricing and its application. The Bell Journal of Economics and Management Science. 1970: 113-128.

191.Rouvroy A. Poullet Y. The right to informational self-determination and the value of self-development: Reassessing the importance of privacy for democracy[M]//Reinventing Data Protection?. Springer Netherlands. 2009: 45-76.

192.Rubin M R. Dervin B. Private rights. public wrongs: The computer and personal privacy. Greenwood Publishing Group Inc. 1989:8.

193.Ruth Gavison.Privacy and the Limits of Law. Yale law journal. 1980.

194.Ryan Moshell. And Then There Was One: The Outlook for a Self-Regulatory United States Amidst a Global Trend Toward Comprehensive Data Protection. Texas Tech Law Review.2005.

195.Sabine Trepte and Leonard Reinecke. The Social Web as a Shelter for Privacy and Authentic Living. Privacy Online, Springer-Verlag Berlin Heidelberg, 2011:61-73.

196.Sameer Hinduja.Personal information of adolescents on the Internet: a quantitative content analysis of MySpace. J Adolesc. 2008(31):125–146.

197.Samuel D. Warren and Louis D. Brandeis. The right to privacy. Harvard law review. 1890: 193-220.

198.Sandra Petronio. Boundaries of privacy. State University of New York, Albany.2002.

199.Sandra Petronio. Communication boundary management: a theoretical model of managing disclosure of private information between marital couples. Commun Theory 1991.1(4):311–335.

200.Sanna Kulevska.The Future of Your Past: A Right to be Forgotten Online? June 24. 2013.

201.Sarah Spiekermann, Spandauer Str, Jens Grossklags. E-privacy in 2nd generation E-Commerce: privacy preferences versus actual behavior. Paper presented at the ACM conference on Electronic Commerce, Tampa, 2001:14-17.

202.Schatz Byford K (1996) Privacy in cyberspace: constructing a model of privacy for the electronic communications environment. Rutgers Comput Technol Law J 24:1.

203.Schneier. B. 2006.The Eternal Value of Privacy.Wired News.

204.Shao G. Understanding the appeal of user-generated media: a uses and gratifications perspective. Internet Res .2008(19):7–25.

205.Sheizaf Rafaeli, Yaron Ariel. Online motivational factors: incentives for participation and contribution in wikipedia. In: Azy Barak (ed) Psychological aspects of cyberspace: theory, research, applications. Cambridge University Press, Cambridge, 2008: 243–267.

206.Sherif M. The Psychology of Social Norms. New York: Harper &Row Publishers.1966.

207.Sonia Livingstone. Taking risky opportunities in youthful content creation: teenagers' use of social networking sites for intimacy, privacy and self-expression. New Media Soc. 2008(10).

208.Spiros Simitis. Reviewing Privacy in an Information Society.135U. Pa.L.Rev.707.1987: 736-737.

209.Stahl B C.Responsibility for Information Assurance and Privacy: A Problem of Individual Ethics?.Journal of Organizational and End User Computing. 2004(16).

210.Stecklow Steve, Sonne Paul. Shunned profiling technology on the verge of comeback. The Wall Street Journal. Retrieved April 24, 2011.

211.Stephen T. Margulis Privacy as a social issue and behavioral concept. Journal of social issues. 2003. 59(2).

212.Sunni Yuen. Exporting trust with data: audited self-regulation as solution to cross-border data transfer protection concerns in the offshore outsourcing industry. The Columbia Science and Technology Law Review. 2008(9).

213.Susan B. Barnes. A privacy paradox: Social networking in the Unites States. First Monday. 2006.11(9).

214.Tamara Afifi, John Caughlin, Walid Afifi.Exploring the dark side (and light side) of avoidance and secrets. In: William R. Cupach，Brian H. Spitzberg (eds) The dark side of interpersonal relationships, 2nd edn. Erlbaum, Mahwah, 2007:61–92.

215.Tavani Herman.Privacy-enhancing technologies as a panacea for online privacy concerns. J Inform Ethics fall.2000:26–36.

216.Tavani H T.KDD.Data Mining and the Challenge for Normative Privacy.Ethics and Information.1999 (1):265-273.

217.The Right To Be Forgotten. Northern Kentucky Law Review. 2012:119-135.

218.Thompson C . Brave new world of digital intimacy. The New York Times. 2008.

219.Tufekci Z. Can you see me now? Audience and disclosure regulation in online social network sites. B Sci Technol Soc. 2008.28(1):20–36.

220.Ulrike Hugl. Reviewing person's value of privacy of online social networking. Internet Research, 2011, 21(4).

221.Valkenburg, P.M. and Peter, J. Social consequences of the internet for adolescents: a decade of research. Current Directions in Psychological Science, Vol. 18 No. 1. 2009.

222.Vega Tanzina. Code that tracks users’ browsing prompts lawsuits. The New York Times. Retrieved April 24, 2011.

223.Viviane Reding.EU Data Protection Reform and Social Media: Encouraging Citizens’ Trust and Creating New Opportunities. speech at the New Frontiers for Social Media Marketing conference. Paris. France. Nov. 29. 2011. accessed Feb. 14. 2013. available at :http://europa.eu/rapid/press-release_SPEECH-11-827_en.htm.

224.W.A. Parent. A New Definition of Privacy for the Law. Law and Philosophy 2. 1983.

225.Wacker G. The Internet and censorship in China [J]. China and the Internet: Politics of the digital leap forward. 2003: 58-82.

226.Wacks.R. The Poverty of “Privacy” The [J]. Colum. J. Gender & L.1992. 3: 119.

227.Warner J. The right to oblivion: data retention from Canada to Europe in three backward steps[J]. University of Ottawa Law & Technology Journal. 2005. 2(1): 75-104.

228.William L. Prosser. Privacy[J]. Cal. L. Rev. 1960. 48: 383.

229.Zeynep Tufekci . Can you see me now? Audience and disclosure regulation in online social network sites. B Sci Technol Soc. 2008.28(1).

230.Zizi Papacharissi and Paige L. Gibson. Fifteen Minutes of Privacy: Privacy, Sociality, and Publicity on Social. Network Sites. Privacy Online, Springer-Verlag Berlin Heidelberg, 2011:76.